JN041938

認知科学講座 ❸

鈴木宏昭 編

心と社会

東京大学出版会

Cognitive Science 3: Mind and Social Environment
Hiroaki SUZUKI, Editor
University of Tokyo Press, 2022
ISBN978-4-13-015203-7

「認知科学講座」刊行にあたって

　認知科学とは，心と知性を科学的・学際的に探究する学問である．認知科学の萌芽は 1950 年代，そして開花を始めたのは 70 年代と言える．日本でも 1980 年代に満開・結実の時を迎えた．こうした第一世代が着実に知見を重ねる中，1990 年代，その土壌に新たな種子がまかれることとなり，この種子は 21 世紀になり第二世代の認知科学として果実を生み出した．その結果，知性はそれまでに考えられてきたものとは大きく異なる姿を見せることになった．大きな変化は「身体」「脳」「社会」の三つにまとめられるように思われる．これらはいずれも伝統的な認知科学の枠組みの中で中核を占めるものではなかったが，現代の認知科学を支える柱となっている．

　伝統的な立場からは単なる情報の入口と出口と見なされていた「身体」は，現代認知科学では知性の重要なパートナーであることが明らかになっている．また，人間が行うような高度な認知を支える脳活動を探ることは長らく困難であったが，新たなテクノロジーにより，それを詳細なレベルでとらえることができるようになった．その結果，「脳」の各部位，そのネットワークの驚異的な働きが解明されるようになった．一方，われわれの心は身体，脳にとどまるわけではない．われわれはモノ，ヒトのネットワーク，すなわち「社会」の中で，様々な調整を行いつつ，日々の生活を巧みに営んでいる．したがって，社会は進化，発達を通して，われわれの心の中に深く組み込まれている．こうした心の本源的社会性は，様々なアプローチによってあらわになってきた．身体，脳，社会への注目に基づく変化が起こり始めてから数十年が経過する中で，さらにその先を見据えた，つまり第三世代の認知科学構築のためのフレームワーク，方法論の提案も活発になってきた．

　このような動向を踏まえ，本講座は第 1 巻「心と身体」，第 2 巻「心と脳」，

第3巻「心と社会」，第4巻「心をとらえるフレームワークの展開」という構成となった．各巻では，そのテーマの中で最も根源的であり，かつ最もアクティブに研究が展開している領域を章として配置した．加えてテクノロジーとのかかわり，哲学的な検討も重要であると考え，これらの分野の研究者による章も置かれている．

　現代認知科学のこうした発展，展開を，認知科学はもちろん，関連諸分野の研究者，学生，大学院生の方々と共有したいと考え，本講座を企画した．読者の方々がこれを通して新たな人間像，知性観を知るとともに，さらなる発展に向けたパートナーとなってくれることを期待する．

　　2022 年 9 月

編集委員一同

序　関係性の認知科学の多様性

鈴木宏昭

　認知科学は 1950 年代に芽吹き，70 年代に花開いた．この時代にとられた心への基本的なアプローチは，表象と計算である．入力情報が得られ，それに対して計算（処理）を行い，表象を作り出す．そして，その表象にさらなる計算を重ねて，より適切な表象を作り出す，そうした過程として人間の認知をとらえようとした．この過程ででき上がる表象の性質，それを生み出す計算のアルゴリズムを特定すれば，人間の心が理解できるとされていた．そして人間の認知を計算機プログラムでシミュレーションすることを通して，「頭の中」で行われる処理の解明に多くの研究者が注力を注いだ．この結果，それ以前の行動主義ではブラックボックスとされてきた，心，知性の多くの知見を得ることができた．認知科学のパイオニアの 1 人であり，その時代のリーダーであり，1978 年にノーベル経済学賞を受賞したハーバート・サイモンは，1992 年の論文で次のように述べている．

　「妥当な尺度を使う限り，認知科学者が人間の心と脳について知っていることは，地球物理学者がプレートテクトニクスについて知っていることよりも多いし，粒子物理学者が基本的粒子について知っていることより，また受精卵から複雑な多細胞生物に変化するプロセスについて生物学者が知っていることよりも，はるかに多い」(Simon, 1992).

　皮肉にも，こうしてサイモンが認知科学の貢献を誇らしく語った時あたりから，これまでの主流の認知科学を批判し，それとは異なる指向を持つ研究プログラムが提案され，展開していくようになる．一つ目の展開は，本シリーズ第 1 巻で取り上げた身体性認知科学であり，もう一つは第 2 巻の認知神経科学である．

　三つ目が本巻で取り上げる，認知を状況，環境，社会，文化との関係の中で

とらえる立場である．これは，人間の認知を個体の頭の中の問題だけではなく，認知が行われる状況，それを構成する他者，モノとの関係でとらえようとする立場である．この結果，進化心理学，社会学，社会心理学，文化心理学などの分野の研究者たちが，認知科学に参入することとなった．また，従来から行われてきた認知発達研究も，言語，概念などのいわゆる「認知的」な側面の研究に加えて，社会性の発達が重要な部分を占めるようになった．さらに，人やモノとのかかわりを扱ってきた共同認知研究，分散認知，インタフェース研究も一挙に開花することとなった．

　こうした社会学的シフトの中核に存在し，伝統的なアプローチに対して最も鋭い批判を行ったのが状況論である．伝統的な見解からすれば，表象も計算も人間＝認知主体の内部に存在するものである．だから，表象と計算を明らかにするというアプローチは，頭の中の働きだけを研究すればよいとする立場である．このリサーチ・プログラムでは，状況や環境は，情報の入力源，そして行為の向かう先として扱われ，多くの場合研究の対象外とされた．しかし，われわれは虚空の中で沈思黙考するわけではない．認知，行為は必ずある状況の中で行われている．そして，その状況に存在するモノ，他者とのかかわりの中で認知，行為は生み出されており，単なる情報の入力源，行為の実行先ではない．認知は状況に埋め込まれている．だとすると，状況から切り離された心の中を探ることは，一面的ではないだろうか．このような批判が状況論 (situated cognition) を唱える立場の人たちからなされるようになった．この経緯と発展，そして今後の課題については，第3章で詳しく論じられている．

　また，状況論の立場からなされる研究は，必然的に認知が行われている現実の状況，つまり日常生活場面＝フィールドに出向いて行わねばならない．そこでは状況を構成する様々な事物，人が複雑なネットワークを構成している．こうした現場では，実験室的な統制を加えて研究することはほぼ不可能に近い．そうしたことで，従来の研究とは異なる方法論（たとえば相互行為分析，エスノグラフィー，談話分析など）が採用される．これらの方法論が用意している分析概念を用いることによって，一見その場その場で適当になされているかのように思える活動が，精妙な原理に従って行われていることが明らかになっている．

このような新しい方法論，特に相互行為分析による研究については，実例を交えながら，第4章において詳しい解説がなされている.

　状況論に加えて，1990年代に大きく花開いたのは進化心理学（evolutionary psychology）である. 700万年前頃に現れたヒト亜族（*Hominina*）と呼ばれるものから，進化によって数十の種が生み出され，その中で現在生存しているのはなぜかわれわれホモ・サピエンスのみである. 現世人類の出現の鍵は，言うまでもなく進化なのだが，進化という概念は基本的に環境を前提としている. つまり，環境に適応した個体が，次世代にその遺伝子をより多く残すことで種の進化が生み出される. その意味で環境を考えない進化というものはあり得ない. ここでもまた，個体内部だけを研究するのではなく，それを取り巻く環境との関連をとらえる必要性が見て取れる. また，人間も含めた霊長類の進化を考える際には，自然環境だけが問題となるわけではない. 同じ集団の個体，そしてそれらの集合体＝社会も環境となる. こうしたことから進化心理学，進化人類学は，社会脳という概念を生み出し，人の知性をとらえる新しい視点を提供した. 社会脳（social brains）とは，ホモ・サピエンスに固有な認知は複雑化した社会への適応が生み出したとするものである. 心の理論，マインド・リーディング，共同，共感などは，こうした適応の産物と考えられている. これを実現する脳の基盤構造は進化が生み出しているが，これを発達の過程でチューニングしていく必要がある. こうした社会性の発達の過程については，第1章に，その障害も含めて詳しく解説されている.

　社会自体は地球上のどの地域にも存在しているが，そこには大きな多様性が存在している. それは生活環境が異なるからであるし，そこでの人の活動が蓄積され，次世代へと伝わっていくからである. このような蓄積と伝達・獲得は文化的学習（cultural learning）と呼ばれる. 個体はその成長の過程で，自分の属する社会の文化に固有な様々な暗黙の規範を獲得する. したがって，異なる文化圏に属する人々の認知の様式，感情の認知，表出は大きく異なることもある. さらに自己はこうした文化的環境の中で形成されるわけだから，異なる文化において形成される自己は，それに固有な部分を必ず含むことになる. こうしたことはグローバル化が進み，様々な文化圏の人々が交流する世界では問題を引き起こすこともある. その一方で，文化の様式からの安易な演繹による社

会的ステレオタイプをも生み出し，これはまた別の問題を引き起こす．これらについては，第2章において詳しく論じられている．

このように，われわれ人間は状況，環境，文化への適応を迫られ，その中で認知活動を行い，知性を育んでいる．一方，われわれは環境を構築し，変革する主体でもある．教育，特に公教育はそうした営みの代表例であろう．学校教育は先人の残した知見を次世代に適切に，かつ効率的に伝達する方法であり，実際には経験しない事柄を学習者に伝えることができる．これによって次の世代の人間は先人の肩に乗って進むことが可能になる．つまり，世代を重ねるに従って，スタートラインの環境が異なってくるのだ．ただ，労働集約型の産業が中心となる時代に生み出された学校教育は，その特有の時代的背景を反映しており，現代においては不必要とは言わないが，不十分であることは多くの論者の指摘するところである．こうした中で，現代で必要とされる能力を作り出すための新たな試みが始められている．学習科学（learning science）は，教えられた事項の記憶と活用を超える能力の育成のための環境作りを，20世紀後半から続けてきた．特に協調学習（collaborative learning）は，新しい時代における学習環境構築のキーワードとなっている．これについては，その基盤となる共同問題解決研究も含めて，第5章で，その歴史的経緯と現状，そして今後の課題が論じられている．

さらに，20世紀後半から始まったインターネット革命，21世紀に入るとユビキタス環境，モバイル化，深層学習を中心とした人工知能の第三次ブーム，さらにはロボット，バーチャルリアリティの出現により，われわれの生活環境は劇的な変化を遂げつつある．このような短期間の環境の劇的な変化に対しては，進化はもちろん，文化的学習のような緩慢な仕組みでは対応ができない．それゆえ，現在の人類の適応機構の中で何とか対処できる人工物を作り出す必要がある．特に，人間とインタラクションをある程度まで自律的に行うような人工物＝エージェントは，人間の他者理解をベースにしたものとならざるを得ない．こうしたエージェントの開発については，エージェントと人のインタラクション（human-agent interaction）研究をベースにした第6章で詳しく論じられる．このような，開発と一体となった認知研究は，構成論的なアプローチと呼ばれているが，人間の認知自体についても多くの洞察を与えてくれる．

　こうした動向について，哲学からの検討がなされるのが第7章である．ここでは，知性を理論的知性，実践的知性，工作的知性ととらえたアリストテレスの哲学から始まり，理論的知性を偏重した近代科学の文脈で初期の認知科学を批判的にとらえ，そこから日常生活の中で発揮される実践的知性の解明の重要性を現象学的な身体論の中で説いている．このように，第7章は本巻の他の章の歴史的，理論的基盤をより広い思想史の文脈の中で論じている．本シリーズ第1巻の各章とも深いつながりを持っている．

　関係，社会をベースにした認知科学の新たな展開は，他の展開と比べて方法論的にもかなり多様な展開を見せている．実験科学的な手法を用いて社会性にアプローチするような展開もある（第1章，第2章）．一方，エスノメソロドジー，エスノグラフィー，相互行為分析のようなアプローチもある（第3章，第4章）．また，研究者が学習環境をデザインする中で人の認知の変化を追うという立場もあれば（第5章），ロボット，エージェントのような人工物をまず作り，そうした環境の中での認知を検討するという構成論的な立場もある（第6章）．

　このように多様な対象，状況，方法論が生み出す，認知研究の関係論的，社会学的な展開のパワー，可能性が読者の方々に伝わり，新たな世代の認知研究が加速することを願う．

引用文献

Simon, H. A. (1992). What is an "explanation" of behavior? *Psychological Science, 3*, 150–161.

目　次

第1章 社会的認知の発達と可塑性・多様性

千住 淳

1 はじめに

社会脳・社会的認知

　本書のテーマにもなっているように，ヒトの認知機能の解明には社会という視点が欠かせない．ヒトの認知発達が開放系であること，またヒトの発達環境において，生存・学習の両者における最も重要な要因が他者あるいは社会であることからも，このことは明らかである．さらに，ヒトに限らず，生物進化における社会的要因の効果については，進化生物学や行動生態学の主要なテーマの一つになっている．社会脳仮説，社会脳研究が成立した歴史的経緯を概観すると，この点がよく見えてくる．

　社会脳研究とは，もとは進化生物学や行動生態学の分野において提唱された概念であり，「霊長類進化における脳の大型化（大脳化）は，複雑な社会構造への適応進化として，最もよく説明できる」という仮説（社会脳仮説）を一つの基盤としている．そもそも，霊長類の生態学的特徴として高次な社会性を挙げる議論は社会的知性仮説，マキャベリ的知能仮説（Byrne & Whiten, 1988）から連綿と続くものであるが，社会脳仮説が注目された一つの大きなきっかけは，ロビン・ダンバーが報告した比較解剖学研究（Dunbar, 1998）であった．この研究では，霊長類の異なる種の間に見られる脳の大きさの違いと群れ（社会構造）の大きさの間に強い関連が見られること，さらに，この関連性が，食性や環境などの要因よりも強く脳の大きさと関連していること，が報告されている．より近年の研究にはダンバーの知見を支持しないものもあるが（DeCasien *et al.*, 2017），社会的な環境への脳機能の適応，認知機構の適応というテーマは，

広範な生物学, 脳科学, 認知科学における主流の一つとなった.

　ダンバーに先駆けて, おそらく最初に「社会脳」という言葉を用いたのはレスリー・ブラザーズによる理論論文 (Brothers, 1990) である. 霊長類の一種であるヒトの脳機能が, どのように社会的な環境に適応しているのかを認知神経科学, 行動神経科学の手法で明らかにすることを提唱し, 霊長類の行動研究と神経生理学研究を統合するプロジェクトを訴えた Brothers (1990) は, 当時の認知科学研究の流れの影響もあったと思われるが, 社会的行動の基盤となる脳機能,「社会脳」を生得的なモジュールとしてとらえ, 脳機能局在を明らかにすることを大きな目的の一つとしていた. 社会的認知やその脳神経基盤について, 生得的・モジュール的な構成要素を探す研究の流れは, その後も連綿と続いている. 後述する, 自閉スペクトラム症 (自閉症) の中核的障害を「社会的認知」あるいは「心の理論」モジュールの欠損としてとらえる理論的枠組みも, こういった生得的モジュールから社会的認知をモデル化する視点と起源を一つにしていると言える.

　一方, 社会的認知研究・社会脳研究は, 社会心理学や行動経済学などの社会科学とも融合を見せ, ヒトの社会行動の神経基盤について研究する「社会神経科学」と呼ばれる研究分野を形成している. また, その理論的基盤についても, 神経構成論 (neuroconstructivism) (Westermann et al., 2007) やダイナミックシステムズアプローチ (Thelen & Smith, 1996) などの理論的枠組みや, あるいは古典的な連合学習理論などとも統合されるに至り (Heyes, 2011), より可塑的・動的なシステムとして社会的認知およびその脳神経基盤をとらえる研究も多くなってきている. 自閉症者, 特に知的発達・言語発達の困難さを伴わない自閉症者の脳機能や認知特性について, 社会的認知の領域特異性, 領域一般性の両者の主張からどのように説明するかについては, 社会的認知研究における論争の一つの焦点になっていると言ってもよいだろう.

本章の構成

　本章では, 筆者の専門である発達認知神経科学, 自閉症研究の知見を中心としながら, 社会的認知の発達とその可塑性, 多様性について議論する. 本章は大きく 4 部構成となっており, まず次節 (第 2 節) では社会的認知の「能力」

と「運用」を分けて考える必要性について，筆者らの研究や，近年注目を浴びている認知生態学（cognitive ethology）の視点から議論する．加えて，筆者らが過去に提案した「速い経路による修飾モデル（fast-track modulator model）」とその改訂の過程について概観し，脳機能レベルで社会的認知の自発性をとらえる必要性について主張する．

　第 3 節では社会的認知の発達とその可塑性について，主に乳幼児研究に基づいた発達初期の様相に関する実証研究をもとに議論する．「生まれか育ちか」という古典的な二元論を基盤としながらも，生物学的要因と環境からの学習，環境への適応に伴う可塑的な変化（発達）を相互作用による専門化（interactive specialisation）の視点から包括的に議論し，生まれと育ちの双方向的な相互作用から適応的な社会認知が発達する機序について概観する．

　第 4 節では社会的認知発達の多様性やその「障害」について，自閉症研究を中心に概観する．まずは社会性の「障害」としてとらえられていた自閉症理解の変化について，脳の多様性（neurodiversity）運動の流れや「個性と障害」の複雑な関係性について議論し，ヒトという生物における社会的認知発達の多様性の現れとして自閉症をとらえる視点の重要性を主張する．その後，筆者らの自閉症研究など実証研究から得られた知見を概観し，自閉症における社会的認知の非定型性，それが社会適応を困難とする「障害」につながる機序について議論する．

　第 5 節では再び，社会的認知の発達とその脳神経基盤について理論的な考察を行う．第 2 節から第 4 節までに紹介した実証的知見を総括し，社会的認知発達とその可塑性・多様性を包括的にとらえる理論的枠組みについて探索し，今後の研究の方向性について議論する．

2　社会的認知の生態学

実験室と現実との乖離

　認知心理学を含む実験心理学では，標的とする認知処理（あるいは知覚，情動などのより広汎な心的処理）を定量的に計測するため，信頼性・妥当性の高い実験系を構築することが必要とされることが多い．特に，反応時間や正答率，注

視時間などの行動指標，皮膚電位や心拍，あるいは脳波や脳血流などの生理指標を従属変数として用いた研究では，個別の試行にランダムに乗ってくるノイズを抑制するため，極めて統制された画一的な環境で複数回（時には数百回）の試行を行い，それらの代表値を従属変数として用いることによりS/N比を十分に高める操作がなされることが多い．たとえば，他者の情動表出に対する生理的な覚醒度の変化を計測したい場合，外界から（余分な）刺激が入りにくい静かで隔離された実験室内に実験参加者を配置し，十分に標準化され，信頼性と妥当性が検証された表情刺激画像を静止画または動画でモニタ上に繰り返し提示し，各試行における生理指標（皮膚電位や瞳孔径など）を実験条件ごとに加算平均した値を従属変数として用いた統計解析を行う，といった手続きがとられる．

　こういったいわゆる「実験室実験」は心的事象の定量的な計測を可能とし，実験心理学，認知心理学を大きく発展させた．認知処理の脳神経基盤を探る認知神経科学においても，こういった制御された実験室実験の手法は主流となっている．一方，こういった実験室実験によって得られた結果の「生態学的妥当性」は，常に批判の対象となっている．たとえば，現実場面で友人や取り引き先の表情を見た時の反応と，実験室で何も知らない他者，あるいは人工的に合成された表情刺激を見た時の処理がどこまで同質なものとしてとらえられるか，という批判が可能である．何をもって生態学的に妥当な場面と見なすかの判断は難しいが，認知生態学と呼ばれる新たな学問分野では，より現実に近い場面で認知機能を計測し，実験室実験の結果と比較・検証するという試みが始まっている（Kingstone *et al.*, 2008）．たとえば，実際に実験参加者が大学キャンパス内を歩いている際の視線行動をゴーグル型のアイトラッキングカメラで計測し，より現実に近い場面ですれ違う他者にどのように視線を向けるかを計測したところ，実験室で同様な動画刺激を見ている際の視線行動とは異なるパターンが見られることも報告されている（Kingstone, 2009）．

　もちろん，いわゆる「現実場面」は一回性が高く再現性に乏しい．ゆえに，現実場面で計測された行動指標，生理指標がその場に偶然存在した交絡変数の影響ではなく，研究の対象となっている認知処理の発露であるのかどうかを検証することは単純ではなく，研究者の工夫や新しい方法論が必要とされる分野

であると言える．たとえば，筆者らが二者間の会話時の相手の顔に向ける視線行動の文化差を計測した実験（Haensel *et al.*, 2020a; Haensel *et al.*, 2022）では，実験室で「自然な」会話を，複数の参加者ペアから，眼鏡型のアイトラッカーを装着した状態で，ある程度再現可能なかたちで生起させるのにかなり苦労した経験がある．予備実験を繰り返し行った結果，入念な教示とある程度構造化された課題（自己紹介や簡単なゲームなど）を設定し，「会話が弾む」文脈を研究者側である程度導入するべきである，という結論になった．自然な会話とは一体どのように定義したらよいのだろうかと，共同研究者と頭をひねったことは記憶に新しい．

社会的認知の自発性

　筆者が実験室実験と現実場面の乖離に関心を持ち始めたのは，自閉症研究がきっかけとなっている．まず，他者のあくびが感染するという現象（あくびの伝播）について自閉症児を対象に実験室実験を行ったところ，定型発達児で見られるあくびの伝播が自閉症児には見られないことが示された（Senju *et al.*, 2007）．あくびの伝播そのものは霊長類や他の動物種にも幅広く見られる現象であったため（Joly-Mascheroni *et al.*, 2008; Palagi *et al.*, 2009），おそらくあくびの伝播そのものを担う機序ではなく，当該の実験環境（あるいは現実場面）であくびの伝播機構を駆動する前段階での非定型性が見られるのではないかと仮定した．特に，他者の顔に自発的に注意を向ける傾向，自発的な社会的注意の違いに着目し，アイトラッカーを用いて実験参加者が画面上の顔刺激に注視した場合のみあくび動画を提示する実験系（視線随伴刺激提示）を作成したところ，自閉症児も定型発達児と変わらずあくびの伝播を見せることを示した（Usui *et al.*, 2013）．

　また同じくらいの時期に，他者の意図や知識などを推測し，それに基づいて他者の行動予測を行うという認知処理である「心の理論」について，言語教示や言語性の反応を用いない課題を作成することにより，言語獲得前の乳幼児が複雑な心の理論課題に通過することが報告されていた．筆者らのグループは乳幼児向けに開発された非言語的な心の理論課題を自閉症者に適用したところ，通常の言語教示に基づいた心の理論課題に通過することのできる自閉症成人が，

こういった乳幼児向けの非言語的な心の理論課題に通過しないことが示された（Senju *et al.*, 2009）．これについても，おそらくは心の理論を処理する機構そのものの障害ではなく，非言語課題場面（あるいは現実場面）において心の理論処理を駆動する前段階において，定型発達成人との違いが出ているのではないかと筆者は考えている．ただ，あくびの伝播課題とは異なり，自閉症者の非言語的な心の理論を自然に駆動するような実験条件の設定には未だ成功しておらず，今後の検討が必要である．

これらの研究結果は，定型発達者があまり構造化されていない課題場面，あるいはより構造化されていない現実場面で見せる認知処理は，当該の処理を可能とする能力に加えて，当該の場面で関連性の高い情報を自発的に選択し，関連性の高い処理を自発的に駆動する「自発性」が必要なのではないか，というのが筆者の仮説である．

自発性とは何か

自発性という用語は筆者のオリジナルではなく，乳幼児における心の理論についての論争の中ですでに見られる用語，「自発的な認知（spontaneous cognition）」を元としている（e.g., Baillargeon *et al.*, 2010）．自発的な認知処理は，教示に基づいた（instructed）認知処理と対立する概念であり，明示的な教示や課題設定による構造化なしに，主体的に選択され，駆動する働きであると考えることができる．

自発的認知と関連は高いが同一ではない概念として，潜在的認知（implicit cognition），自動的あるいは反射的認知（automatic / reflexive cognition）などが挙げられる．それぞれの概念は研究者により定義が異なり，一義的に説明することが困難であるが，ここで可能な限り概念の切り分けを試みる．まず潜在性については意識下による処理，意図に基づかない処理を指すことが多いように見受けられるが，自発的認知は必ずしも意識によるモニタリングが介在する可能性を排除しない．たとえば，教示に基づかなくとも，当人の知識や経験から，特定の処理を自覚しながらも自発的に選択する場面では，顕在的ではあるものの自発的な認知処理が行われているということができる．次に自動的認知であるが，こちらはモジュール性や生得性と合わせて議論されることが多く，

トップダウンな制御を受けつけず，刺激に対応して自動的・反射的に駆動される認知処理を仮定していると言える．一方，自発的認知は必ずしも自動性を前提としないと考えられる．たとえば，同一の社会的刺激に対して常に同一の処理が自動的に駆動されるわけではなく，過去の経験からの学習や文脈情報による修飾，あるいは動機づけなど内部状態の違いに伴う優先順位の変化など，状況に応じて同一の刺激に対し，異なる処理が「自発的」に選択される可能性を考えることができる．

　筆者らは，自発的な社会的認知の中でも，特に対面コミュニケーションにおいて重要な非言語チャンネルである視線への自発的な定位反応，および他者から自身に向けられた視線による社会的認知の修飾（アイコンタクト効果）について，理論的・実証的な研究を行ってきた．本節の終わりに，アイコンタクト効果の脳神経基盤および発達の機序に関する「速い経路による修飾モデル」とその改訂について紹介する．

速い経路による修飾モデル

　「速い経路による修飾モデル（fast track modulator model：FTM モデル）」（Senju & Johnson, 2009）は，自分に向けられた視線あるいはアイコンタクトを知覚することにより，社会的認知に特化した脳神経ネットワークである「社会脳ネットワーク」の活動に修飾が見られること（アイコンタクト効果），また社会脳ネットワークのうちどの部位がアイコンタクト効果を見せるのかについては一様ではなく，課題や刺激などの文脈依存性が見られることが示唆されていたことを説明するためのモデルとして提案された．

　FTM モデルでは大きく三つの経路が仮定されている（図1-1）．一つ目の経路は上丘や視床枕，扁桃体など皮質下の構造から構成される「速い」経路であり，知覚された顔や視線などの社会的刺激はまずこの速い経路で検出され，定位反応が惹起されることが想定されている．二つ目の経路は主に大脳皮質の視覚系から構成される「遅い」経路であり，旧来の認知神経科学で主に報告されてきた視覚処理を行い，情報をより高次の連合野に経由することが想定されている．FTM モデルでは，速い経路で検出された社会的刺激に関する情報が高次連合野に修飾をかけることにより，遅い経路による主流の処理に影響を与え

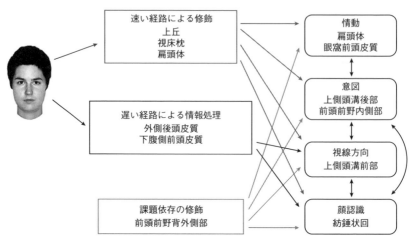

図 1-1　FTM モデルの仮定する三つの経路（Senju & Johnson, 2009）

ることが想定されている．三つ目の経路である課題依存の修飾系は，いわゆる
トップダウンの認知制御を行う系として想定されており，前頭前野背外側部な
どの寄与が想定されている．FTM モデルでは，三つ目の経路による課題依存
のトップダウンな制御と，一つ目の速い経路による刺激駆動型の修飾が相互作
用を行うことにより二つ目の遅い経路での処理を調整することが仮定されてい
る．その後，三つ目の経路として想定されている課題依存のトップダウンな制
御が，二つ目の経路として想定されている大脳皮質における低次の処理にもか
かっていることを示唆する研究が多く報告されていたため，Burra *et
al.*（2019）ではこれら二つの経路の相互作用についても FTM モデルの改訂版
に盛り込んだ．

　FTM モデルは，処理時間の異なる複数の経路を想定することにより，刺激
駆動型のボトムアップな処理が，高次連合野においてトップダウンな制御をか
けることを仮定している．その後，一つ目の速い経路については必ずしも皮質
下のみを経由する経路を想定する必要はなく，大脳皮質においてもいくつかの
途中段階をスキップするような「速い皮質経路」を想定し，視床枕や扁桃体な
どの皮質下の構造には速い経路ではなく，各段階で処理を修飾するループ構造
によるハブとしての役割を想定するモデルも提案されている（Pessoa &

Adolphs, 2010).

　FTM モデルから導かれる予測としては，①自分に向けられた視線の検出は極めて短い潜時で起こること，②意識による注意の割り当てを必要としないこと，③皮質下の経路に入力が可能な低空間周波数帯で提示された刺激に選択的な反応を示すこと，などが挙げられる．これらの予測について，①については顔刺激に対するサッケード潜時を眼電図（electrooculogram: EOG）によって計測した実験により，自分に向けられた視線に対する高速サッケード（express saccade）の潜時減少が確認された（Mares *et al.*, 2016）．また，②については両眼間抑制（interocular suppression）を用いた実験研究（Stein *et al.*, 2011）や，半側空間無視の症例を対象とした実験研究（Leal Rato *et al.*, 2019）より，自分に向けられた視線の処理は意識的な処理や注意を必要としないことも示された．一方，③の自分に向けられた視線に対する速い処理が低空間周波数帯において提示された刺激に特化するという予測に関しては，筆者らの研究からは支持されなかった（Mares *et al.*, 2018）．これらの研究から，自分に向けられた視線の検出は速い意識下の処理によって行われていること，ただしそれが皮質下の経路によって担われているかどうかは不明であることが示唆される．

社会的認知の能力と運用

　本節では，社会的認知を最適化された実験室実験場面で発揮することができる能力だけではなく，より生態学的に妥当な，現実に近い場面で運用するのに必要な機序について考察した．特に，教示や課題の構造化なしに自発的に関連性の高い社会的情報を処理する「社会的認知の自発性」について概念を整理し，筆者らが提案した FTM モデルからその認知神経科学的基盤について議論した．

　社会的認知の自発性について，特に自発的な社会的刺激への定位反応については，速く無意識的な処理が寄与している可能性が示唆されている．一方，そういったすばやい定位反応が社会的な状況判断や意思決定，行動選択など，より複雑な社会的認知をどのように制御し，適応的な社会行動につながるのかについては未知な点が多い．特に，FTM モデルで想定された，刺激駆動型のトップダウン的な修飾については，それがどのように実装されており，どのような計算を担っているのかについての具体的な仮説が内包されておらず，今後の

課題となっている．

　また，社会的認知の自発性を考える上で，その発達機序の理解は不可欠である．特に，自発性と重なりが大きいが異なる概念として本節で議論した潜在性や自動性・反射性は，発達に関連する概念である「生得性」と併せて議論されることも多い．自発的な社会的定位反応や社会的認知が生得的なものなのか，それとも発達の過程で経験に応じて可塑的に変化するかを理解することは，社会的認知の自発性が実装される過程を理解する上で極めて重要であると考えられる．ゆえに，次節では社会的認知の発達と可塑性について議論する．

3　社会的認知の発達と可塑性

生得モジュール説を超えて

　社会脳あるいは社会的認知と生得性が関連づけられて議論されるようになった要因は複数あると考えられる．まず大きな歴史的要因として，ブラザーズらが社会脳研究を提唱した時代の認知科学において，モジュール説が大きな影響力を持っていたことが挙げられる．特に，進化的に獲得された領域特異的な認知機能は生得的なモジュールとして実装されるという議論は，進化心理学などの領域で幅広く行われており（Cosmides & Tooby, 1997），その文脈で社会的認知へと機能的に特化した脳領域の存在は，それらの生得性の傍証として扱われてきた文脈がある．また，初期の乳児研究，特に新生児を対象とした研究から，生後数時間から数日の新生児において，すでに社会的な刺激である他者の顔（Johnson *et al.*, 1991）や自分に向けられた視線（Farroni *et al.*, 2002）への選択的な定位反応が見られることが報告されたことも，社会的認知の生得性を支持する論拠としてよく使われている．加えて，自閉症などの発達障害において見られる一般的な認知発達や言語発達と社会的認知発達の乖離についても，社会的認知が領域特異的な発達を示し，自閉症と関連する遺伝要因によって選択的に欠損する事象として生得性の傍証とされていた（Baron-Cohen, 1995）．

　一方，社会的認知（あるいは認知発達全般）における生得性を認めない強い理論的立場も存在する．たとえば，行動主義の原則に立ち，社会的認知を経験に基づく連合学習によって説明する議論も幅広くなされており（Heyes, 2011），

社会的認知発達における先験的・生得的な要因の有無をめぐって論争が行われている．また，社会的認知の領域特異性についても議論は分かれており，一般的な認知発達の一部として社会的認知の発達や自閉症における障害を議論する動きも盛んである（Leekam, 2016）．

　生まれか育ちか，生物学的準備性か経験・学習による機能獲得か，という議論は本質的かつ極めて古く，社会的認知研究に特化したものではない．また同時に，実際の実証研究においては極端な生得説や経験説を支持する証拠は出にくく，「生まれも育ちも」という中庸な議論に収斂することも多い．ただし，この場合においても，人が進化の過程で獲得してきた種特異的，種に普遍的な認知発達の特徴と，個別の養育環境，社会環境に対する適応学習の結果として生み出されてきた形質がどのように相互作用を起こし，その相互作用がどのような機序によって発達するかについては，実証研究を包括的に説明できる理論的な枠組みが必要であるとも言える．本節では，相互作用による専門化（interactive specialisation）という理論的枠組み（Johnson & Munakata, 2005）をもとに，社会的認知がどのように発達し，個別の社会的環境に適応するかについて議論する．

相互作用による専門化

　相互作用による専門化とは，生得的・遺伝的なモジュールの存在を仮定せずに脳機能の局在を説明する理論であると言える．たとえば，ヒトの大脳皮質では顔刺激の同定や認識を行う際に紡錘状回で局所的な活動が見られることが，ヒトにおいて普遍的・通文化的に確認されている（Kanwisher & Yovel, 2006）．相互作用による専門化は，この背景として紡錘状回で局所的に遺伝子発現が起こり「顔モジュール」が形成されると仮定するのではなく，より領域一般的で動的な発達過程により，紡錘状回への顔処理の局在化の「創発」を説明することが可能なモデルである．

　相互作用による専門化では，発達初期には入力された刺激の処理が特化の進んでいない脳において広範な活動を引き起こすと仮定しており，これはたとえば異なる年齢群における顔処理時の脳神経活動を fMRI で計測した研究からも支持されている（Cohen Kadosh & Johnson, 2007）．次に，様々な脳部位は神

11

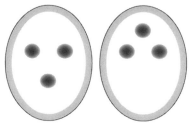

図1-2 皮質下の経路を活性化するのに最適と思われる光刺激の模式図（Johnson, 2005 を改変）
このような構成は, 遠くからの顔検知および近くからのアイコンタクトの検知に最適である.

経構築上の違いにより応答特性が異なり, たとえば神経細胞が密になることにより, 空間分解能が上がる代わりに時間分解能が低い部位が存在したり, 逆に大型の神経細胞が疎に分布することにより, 時間分解能が高い部位が存在したりしていることを前提としている. こういった様々な反応特性を持つ部位がそれぞれ同一の情報を処理した場合, 処理速度や性能に優劣が生じることが想定される. その結果, 神経ダーウィニズムと呼ばれる過程により, 最も効率のよい処理を行える脳部位は当該の情報処理を学習する機会が増え, その結果ますます当該の情報処理を「独占」することとなる. こういった学習と特化, その結果による処理機会の独占が雪だるま式に相互作用することにより, 当該の情報処理に特化した領域特異的な構造が創発される, という理論である. また, いったん領域特異性が創発され始めると, 各領野間の位置関係も領域特異性の創発に寄与すると考えられる. たとえば, 顔処理を独占した部位と距離的に近い, あるいは連絡が密である脳部位は, 顔処理に関する情報に暴露される機会が増え, 結果的に顔処理に関連の深い情報処理への専門化が起こることが想定される.

　相互作用による専門化説に基づいた顔処理の脳機能局在について, たとえばマーク・ジョンソンは, 単純な視覚的パターンの構成（CONSPEC）（図1-2）への先験的な傾性（disposition）と相互作用による専門化によって顔処理への脳機能局在が起こることを議論している（Morton & Johnson, 1991）. FTM モデルはこのジョンソンのモデルを基盤としているため, 脳神経基盤は共通であり, 初期の単純な顔様の視覚的パターンへの形成は比較的発達初期に成熟している皮質下のネットワークにより検出され, 定位反応を引き起こすとしている. この定位反応により, 顔処理に最適な構造を持つ大脳皮質ネットワークへの繰り返し入力が引き起こされ, 経験による学習と相互作用による専門化を通じて大脳皮質における顔処理に特化したネットワークが形成される, という議論である. FTM モデルにおいても同様に, CONSPEC により自分に向けられた視線

への定位反応が発達初期から繰り返し惹起されることにより，当該の経路からのトップダウンな制御系が発達すると仮定している．

　留意すべき点として，前述のモデルは乳幼児の学習が極めて社会的なものであり，養育者など他者から十分に足場かけ（scaffolding）をなされた上での社会的学習が起こることを前提としている．CONSPEC は顔検出の機構としては極めて粗削りであり，自然環境をランダムに知覚した際には高い確率で誤った検出（false positive）を引き起こす可能性がある．ところが，乳幼児は一人で世界に放り出されて観察学習を行うわけではなく，極めて向社会的かつ利他的にふるまう（あるいは愛情にあふれた）養育者によって，関連性の高い刺激の選択や十分なフィードバックなど最適化された学習環境で社会的学習を行うため，乳児側に備わる傾性は最低限のものでも，十分に最適化された初期学習が起こると想定されている．つまり，ヒトにおける社会的認知の進化は，密接な親子関係や家族構造に基づいた，遺伝子の継承にとどまらない，行動に基づいた世代間の形質伝達（Smith & Kirby, 2008）が起こっている一例であると考えることもできる．

個別の社会環境への適応

　相互作用による専門化説に基づいて脳機能発達をモデル化した時，社会的認知にかかわる脳機能の局在化や刺激応答特性などは，個別の乳児が発達する社会的環境に応じて可塑的に構築されると考えられる．実際，脳機能発達の可塑性や社会的環境への特化は言語発達や顔認知の発達において報告されており，たとえば母語に使用されない子音の違い（たとえば日本語における L と R の違いなど）についてなされた研究では，日本語を母語とする乳児は生後半年頃までは L と R の聞き分けができるにもかかわらず，その後数カ月で当該の聞き分けができなくなることが報告されている（Kuhl *et al.*, 1997）．日本語学習を行う環境において L と R の聞き分けは関連性が低いため，脳機能発達の過程で知覚処理が関連性の高い情報の弁別へと収斂していく過程（知覚狭隘化：perceptual narrowing）において弁別能力が失われていくと考えられている．同様に，生後半年頃までの乳児はヒト以外の霊長類の顔から個人を弁別することが可能であるが，知覚狭隘化に基づいて顔弁別の処理がヒトの顔に関連性の高い

13

情報に特化していき，ヒト以外の霊長類の顔弁別が困難になることも報告されている（Pascalis *et al.*, 2002）．つまり，言語学習や顔学習といったヒトの種に特徴的な発達は，先験的な傾性と社会的環境あるいは養育者などからの足場かけの相互作用によって規定されているものの，それらの学習がどのような情報に特化するかについては，個別の社会的環境に応じて可塑的に変化することがうまくモデル化されているということもできる．

　筆者らの研究グループでは，養育者との非言語コミュニケーション経験が社会的認知の可塑的な発達に与える影響を調べるため，視覚障害を持つ養育者（母親）のもとで育つ乳児の視線認知の発達について，縦断的研究を行った．視覚障害を持つ母親は，視線をコミュニケーション手段として用いたり，乳児からの視線コミュニケーションに応答したりすることが困難である．ゆえに，そういった母親のもとで育った乳児は，視線コミュニケーションについて独特な社会的経験をすると想定される．そういった，視覚障害を持つ養育者，持たない養育者に育てられた際に生じる視線コミュニケーション経験の違いが，視線認知の発達にどのような影響を示すかを調べた研究である．この一連の研究の結果，視覚障害を持つ母親に育てられた乳児は社会行動全般の発達やより一般的な認知・言語・運動発達においては視覚障害を持たない母親に育てられた乳児と違いを見せないものの，画面上に提示された顔刺激の目の部分を注視する時間が相対的にやや短くなったり，画面上に提示された人物の視線方向に自身の視線を向ける（視線追従）際に，その人物が見ていた対象物に注意を停留させる時間がやや短くなったりするといったように，他者の目や視線方向に向ける注意に違いが見られることが示された（Senju *et al.*, 2015）．また，事象関連電位法による脳機能計測研究からは，視覚障害を持つ母親に育てられた乳児は，知覚された視線の移動に対して視覚障害を持たない母親に育てられた乳児と同様の脳波成分を見せるものの，それらの脳波成分が他者の視線移動の方向（自分に向けられるか自分から遠ざけられるか）の違いに選択的な振幅調整を示すことがないことが確認された（Vernetti *et al.*, 2018）．これらの研究結果は，養育者との視線コミュニケーション経験の違いは，視線処理の認知・脳神経機序に特異的な違いを乳児期においてすでに引き起こすものの，より広範かつ一般的な社会行動や認知の発達には大きな影響を与えないことを示唆している．ま

14

た，現実問題への示唆として，視覚障害を持つ母親に育てられることは，社会行動や認知の発達の遅れにつながるものではないということが挙げられる．障害を持つ当事者が親となることに対して，心ない批判や差別的な見方がされることは決して少なくないが，特にこの研究では，視覚障害は子どもの社会行動や認知の初期発達におけるリスク要因とはなっていないことが示されており，重要な視点を与えていると言える．

　筆者らが行った，視覚障害を持つ母親に育てられた乳児を対象とした発達研究からは，もう一点重要な示唆が得られている．これは，乳児期の社会的経験に基づく社会的認知発達の可塑性は，曝露量に応じて学習量が変わるといった受動的な過程ではなく，社会的環境への適応を促す能動的な過程ととらえられる，というものである．たとえば，視覚障害を持つ母親に育てられた乳児にとって，養育者の視線方向は対人コミュニケーションや社会的学習場面において関連性の低い情報源であるため，視線ではなく音声や身体動作などのより関連性の高い情報に注意を割り当てる必要があると考えられる．実際に，筆者らの研究からも，視覚障害を持つ母親に育てられた乳児は，母親相手にコミュニケーションをとる際と視覚障害を持たない実験者相手にコミュニケーションをとる際とで行動を柔軟に変えることが示唆されており（Ganea *et al.*, 2018），相手によって柔軟に非言語コミュニケーションを切り替える能力が発達している可能性も示唆されている．また，これと関連するかは定かではないが，視覚障害を持つ母親に育てられた乳児は，生後 10 カ月前後で認知発達が加速する可能性も示唆されている（Senju *et al.*, 2015）．

　社会的認知発達の可塑性は，生得モジュール説に対する反証となりうると同時に，社会的認知の初期発達を理解する上で，社会経験や個別の社会環境への適応などといった個人と社会との相互作用を考慮することが不可欠であることを示唆している．社会的認知発達は個人に内在された遺伝要因によって規定されているわけではなく，個人とその社会環境の動的な相互作用によって適応的な認知処理を形成できる可塑性を有していると考えられる．

文化差を生じさせる発達機序

　社会的認知発達が可塑的である以上，子どもが育つ社会環境について考慮す

ることなく社会的認知発達を研究し，理解することは困難である．しかしながら，社会環境や養育環境は多様であるものの定量化しづらく，また治療介入や保護など臨床的・福祉的な場面を除き，介入や操作の対象とすることには大きな倫理的問題が生じる．ゆえに，社会環境が社会的認知発達に及ぼす効果について検証するためには，社会環境，養育環境，対人経験の多様性を体系的に生み出す自然要因を組み込んだ研究を行う必要があると筆者は考えている．筆者はこのような研究の一環として，日英の比較文化認知発達研究を行ってきた．

　日本を含む東アジア圏と，英国を含む西ヨーロッパ圏では対人コミュニケーションにかかわる社会規範や慣習，行動様式などに体系的な違いがある．たとえば筆者の専門分野である視線コミュニケーションについては，西ヨーロッパ圏ではアイコンタクトをとり，保つことが正直さや相手への関心を示す行動であるとされるが，東アジア圏ではいったん視線を合わせた後，お辞儀をするなどして視線をそらすことが相手への敬意や適切な社会的距離を示す行動として用いられる（Argyle et al., 1986）．こういった東アジア圏と西ヨーロッパ圏の文化規範や慣習の違いが他者の目や視線に向ける注意に影響を及ぼすのかについてはいくつかの研究があるが（Kelly et al., 2011; McCarthy et al., 2006; Senju et al., 2013），筆者らの研究を含め，一貫して他者の顔に向ける視覚的注意に文化差が見られることが報告されている．

　筆者らは，こういった他者の顔に向ける視覚的注意に見られる文化差が生後どれくらいで確認され，どのような発達の機序をたどるかについて研究するため，いくつかの発達研究を行ってきた．最も新しい研究では，生後 10 カ月および 16 カ月の乳児，並びに成人を対象とし，他者の目や口に向ける視覚的注意の相対的な文化差について横断的研究を行っている（Haensel et al., 2020b）．この研究では，他者の顔に向ける視覚的注意の文化差は発達に伴って大きくなることが予測されていたが，実験結果は予測とは異なり，日英の乳児に見られる顔刺激に対する視覚的注意の文化差は，成人のそれと同様な効果量を示すことが確認された．この研究結果は，他者の顔に向ける注意の文化差は生後 1 年以内にはすでに十分に確立している可能性を示唆している．この結果を解釈するためには，さらに幅広い年齢群を対象とした横断的研究，縦断的研究が必要であるが，現時点では社会的注意の文化差は生後早い時期に，おそらくそれぞ

れの文化規範や慣習に即した行動を示す養育者との相互作用によって獲得されるのではないかと，筆者は考えている．

　一方，文化差の方向性については，日本の乳児（あるいは成人）は，英国の乳児（あるいは成人）よりも他者の目に注意を向ける傾向が相対的に強く，他者の口に注意を向ける傾向が相対的に弱いというものであり，アイコンタクトに関する文化的規範からは説明しきれないものもある．また，この文化差の方向性は画面上に提示された顔刺激に対する反応には限局されておらず，より現実場面に近い，実際の人物と対面した状況で相手の顔に向ける視覚的注意を装着型のアイトラッカーで計測した場合にも，同様に見られることも確認している（Haensel *et al.*, 2020a）．もちろん，日英の文化規範や慣習は多様な側面で異なっているので特定の要因を同定することは極めて困難であるが，たとえば表情表出の際に東アジア圏では目の領域で感情の強さを表現する傾向が強いこと（Geangu *et al.*, 2016）から，表情理解への適応である可能性が考えられる．また，英語は日本語よりも母音の数が多く，口の動きに含まれる情報量が多いことから，音声言語理解への適応である可能性も考えられる．

　この研究事例からもわかるように，比較文化発達研究は社会的経験が社会的認知発達に与える影響を調べる上で有効な研究手法であると言える．ただし，異なる文化間では複数の行動様式や慣習，規範の違いが共変するため，標的となる社会的認知の発達に影響する特定の社会的要因を特定するためには，他の方法と組み合わせた多次元的な研究を行う必要がある．また，特定の文化圏での行動様式や生態的要因が複数世代にわたり継続されることにより，遺伝子多型の頻度分布に影響を及ぼす現象である遺伝子文化共進化（Richerson *et al.*, 2010）についても考慮する必要がある．たとえば，乳製品の摂取に関する文化的な違いにより乳糖消化酵素に関する遺伝子多型が影響を受けていると考えられる事例などを考えると（Beja-Pereira *et al.*, 2003），行動様式の文化的な違いに関しても，社会的学習の効果と遺伝的な多型の効果について切り分けていく必要があると言える．このように，社会文化的な環境における個別の発達過程での学習や適応，さらに複数の世代間で積み重なる生物学的，生態学的なレベルでの文化的適応について理解することは，ヒトの認知発達の多様性や文化環境への適応についての理解を深めるとともに，グローバル化が進む現代社会におい

て，多様な文化圏に属する個人が十分に最適化された教育や医療，福祉にアクセスするための基盤を構築する上でも，重要な知見を与えることが期待される．

社会的認知の可塑性を導くもの

社会的認知の発達は可塑的である一方，ヒトの種特異的な環境への進化的な適応としても考えることができる．生後間もない新生児，あるいは胎児を対象とした認知・知覚研究からは，ヒトの顔や声に対する選好性は発達の極めて初期から，経験による学習をほとんど必要としないかたちで発現することが報告されている．これらの現象を社会的認知の生得性としてとらえることは不可能ではないが，乳児研究から得られた知見は，これらの先験的な傾性はヒトの種に普遍的な養育環境で，協力的な教師である養育者（多くの場合は親）からの学習を最適化するのに必要十分な程度の単純な機構であり，発達初期の社会的学習と社会環境への適応を促すものであることを示唆している．ゆえに，社会的認知を含む脳機能局在の発達は，生得的なモジュールの発現によるものではなく，単純な傾性と最適化された初期の社会環境，および脳の神経構築学的な特性との相互作用による専門化としてとらえられる．

社会的認知の発達が可塑的であることは，個別の社会環境への適応的な発達を可能としている．実際，筆者らの研究やより幅広い発達認知神経科学研究から，すでに乳児期において個別の養育者とのコミュニケーションや社会的学習への適応，文化間で異なるようなコミュニケーションや対人相互作用に関する規範や慣習，行動様式などへの適応的な認知発達が見られることが報告されている．こういった発達初期からの個別の社会環境への適応は，より効率的な社会的学習や社会的関係の構築を可能とし，さらなる社会環境への適応的発達へとつながると考えられる．

さらに，こういった個別の社会環境への適応的な認知発達は社会的情報の弁別や認識に関するものに限らず，社会的に関連性の高い情報に向ける自発的な注意の割り当てや適応的な社会的行動反応の生成にもつながることが，視覚障害を持つ母親に育てられた乳児を対象とした研究から示唆されている．このことから，社会的認知の可塑的な発達は，社会的刺激への曝露量に相関して学習量が変わるといった受動的な学習ではなく，家族や共同体の構成員など自身に

近く重要な他者とのコミュニケーションや社会的関係の構築，さらには社会的・文化的学習を効果的に行うための能動的な行動選択であるととらえることも可能であるかもしれない．乳児は受動的に学習を行うだけでなく，自身の「好奇心」など内的な動機づけに基づいて能動的に学習を行うことは，近年の発達認知神経科学において再評価され，主要な研究テーマの一つとなってきている（Gottlieb *et al.*, 2013）．

　社会的認知発達が生得的モジュールの発現ではなく，生物学的な準備性と社会的環境への適応的，可塑的な最適化との相互作用により発達していくと考えるならば，社会的認知の発達に特徴的な困難さを抱える発達障害例，特に自閉スペクトラム症（以下，自閉症と略）をどのようにとらえ，モデル化するかについても再考が促される．かつての「社会脳モジュール欠損説」は近年の研究からすでに説明力を失い，自閉症の診断を受ける個人の特性と社会的環境の相互作用から，彼ら・彼女らの社会的認知発達の特性，さらにはそれらの特性が社会適応を困難とする障害につながる機序について新たな理論が提案され，論争が起こっている．これらの論争は，医学的・自然科学的に自閉症の生物学的要因を同定・理論化するものにとどまらず，自閉症を含む，ヒトという種に見られる脳機能発達の多様性を社会がどのようにとらえ，治療や介入などを行うかという医学的なアプローチと，社会環境や社会制度の整備，機会の平等の確保や個人の意思の尊重など，社会が当事者とどのように向き合い，共存するかという社会的なアプローチとの論争にもつながってきている．社会がヒトにとって最も重要な環境である以上，個人の社会への適応というテーマは，脳科学，認知科学の枠を超えて，法や倫理，社会運動など幅広い社会科学，社会制度の問題となりうるという，ある意味象徴的な事例であるということもできる．次節では，自閉症の認知発達・脳機能発達について，科学的な知見だけでなくその社会的な意味づけ，現実社会への示唆も含めて概括する．

4　社会的認知発達の多様性と自閉スペクトラム症

自閉症とは何か

「自閉症とは何か」という問いは，今ではかなり哲学的なものになってしま

った．自閉症はそもそも精神医学の領域で定義された発達障害であり，対人コミュニケーションの著しい障害と，常同的・限局的・反復的な行動や興味の二者によって定義される．子どもが発達の過程で日常生活や学習などに著しい困難を抱え，児童精神科医や小児科医などの専門家に本人や保護者が相談に訪れた際，前述の 2 項目について国際的な診断基準に則った診断を行い，条件を満たす時に「自閉スペクトラム症」の診断がつくことになる．この診断は治療や支援などの介入に指針を与えるものになるとともに，特別支援教育や障害者手帳など，教育や社会福祉のサービスから公的な支援を受ける根拠ともなる．自閉症の診断は医学的なものであると同時に，日本では発達障害者支援法，他国の多くでも相同な法的根拠に基づいた社会的支援の入り口にもなっている．

　自閉症を遺伝子や脳機能などから生物学的に定義しようという研究は数多く行われてきたが，自閉症を規定，診断あるいは予測する単一の生物学的特徴は存在しない．自閉症には極めて数多くの遺伝子が複雑に影響していること，また個々の遺伝子の寄与や説明率は大きなものでも数 % と小さいことが知られるようになった（Berg & Geschwind, 2012）．遺伝的には自閉症は極めて多様な「症候群」であると言われることもある．また，脳の構造や機能から自閉症の診断を行う試みも数多くなされており，最近では機械学習などの手法を用いた研究も増えてきている．ただし，これらの技術開発は自閉症を脳神経メカニズムから客観的に定義するというよりも，より診断の低コスト化や信頼性・妥当性の向上を図ることにより，当事者の医療や公的支援へのアクセスを改善することが目的となってきている．自閉症は現状，極めて多様な生物学的背景を持つ多くの人が，医学的に定義された共通の行動特徴や発達の軌跡を見せることにより，行動的に定義された臨床群であるということもできる．

　自閉症の診断を受けた当事者あるいは家族にとっての「自閉症」の意味づけは，時代とともに大きな変遷を遂げている．当初は施設への隔離や保護者への偏見など極めて劣悪な予後を予測する診断であった自閉症は，その後の科学や医学の進展，社会的な理解や支援制度の拡充により，当事者が治療や支援を受けるための足がかりとしての役割を果たすようになってきている．さらに，近年の脳機能の多様性（neurodiversity）運動の進展により，自閉症の診断（あるいは自己診断）を持つ当事者は，障害者としてではなく，自身の脳機能の特性

が現代社会の要請と食い違いを見せる社会的少数者としてのアイデンティティを持つことも多くなってきている．自閉症はヒトの集団が持つ多様性の一部であり，自閉症を持つ個人に現状の社会への適応を強制するのではなく，その多様性を受け入れて法で謳われた機会の平等を実現するように社会を変えていくべきである，という主張である．脳機能の多様性は，人種間の平等や男女間の平等，LGBTQ など性の多様性の尊重などと同様，尊重されるべきであり，機会の平等を奪うものとなってはならないというその議論には納得させられるところも大きいと筆者は考える．一方，脳機能の多様性に関する議論は，自閉症の「治療」という医学的な問題への解が一つに定まらないという，極めて現実的で社会的な影響の大きい問いを内包している．

脳の多様性と障害

　自閉症は個性か障害か．この問いは極めてややこしい．たとえば，自閉症者をどのように呼ぶかについても，現状，議論が分かれている．一方では，自閉症は診断や状態であり，個人を規定したり決めつけたりするものであってはならないという理念から，「自閉症を持つ人（person with autism）」という呼び方が倫理的に望ましいとされてきた．もう一方では，自閉症を持つ当事者が，自閉症を障害や疾患ではなく自身の個性やアイデンティティとしてとらえ，「自閉症者（autistic person）」という呼称を好んで用いることも増えてきた．両者ともに支持や批判があり，現状では（もちろん研究者ではなく）当事者の好みや文脈によって両者を使い分けることが多い．

　自閉症者の脳機能発達が定型発達者とは異なっていたとして，それが治療の対象となるかどうかは一意には定まらない．たとえば筆者は左利きであるが，筆者が子どもの頃は左利きは矯正の対象であり，鉛筆や箸などを利き手ではなく右手で使うようトレーニングがなされるべき，という社会通念が残っていた．また，刃物や楽器，自動改札など世の中の道具の多くは右利き用に作られており，左利きである筆者には生きづらさを感じさせる要因となったりしていた．一方，時代が下るにつれ，左利きはスポーツなどで有利な個性として扱われたり，左利き用の道具が比較的容易に手に入るようになったり，自動改札が左利きでも（以前と比べれば）使いやすいデザインに変わったりするなど，社会が左

利きを個性として受け入れ，社会参加が妨げられないよう社会の変化が起こってきているようにも感じられる．もちろん，自閉症による社会参加への障壁は左利きのそれとは比べものにならないが，本人の特性を矯正することにより社会参加を促すか，あるいは社会のシステムを変えていくことにより多様な人々にそれぞれに合った社会参加を促すか，という構造は本質的には同じである．

サイモン・バロン＝コーエンは，自閉症者と定型発達者に見られる差異について，次の四つのカテゴリーに分けて考えることを提案している（Baron-Cohen, 2019）．一つ目は疾患（disease）であり，これは病理が判明している医学的状態であり，治療の対象となりうる．自閉症に関しても，脆弱 X 症候群やレット症候群など遺伝的疾患を伴うものがあり，これらは治療開発の対象として適当であると考えられる．二つ目は変調（disorder）であり，これは病理は解明していないものの当時者の愁訴や苦痛がある状態として定義される．たとえば，自閉症において，てんかんや消化器系の痛み，知覚・感覚過敏や自傷行動など，本人に苦痛や生命の危険を与えるような「違い」に関しては，医学の対象となって然るべきという議論である．三つ目は社会参加への制約（disability）であり，これは社会モデルによって解決されるべきであるという主張である．たとえば，日本の発達障害者支援法では，自閉症などの発達障害によって社会参加が妨げられる障壁を除去するため，雇用者や学校などは雇用機会の確保や教育上の配慮など，合理的な配慮を行うことが求められている．四つ目は（社会的な困難さを伴わない）違い（difference）であり，これは個性として尊重されるべきである，という主張である．なお，日本語では二つ目の disorder，三つ目の disability もともに「障害」として訳されることもあるが，ここでは違いを明確にするため訳語を分けた．

社会性の「障害」にどう向き合うか

自閉症を単一の障害あるいは個性としてとらえるのではなく，当事者が持つ様々な特性や困難さを個別に評価し，対応していくという理念は納得のいくものであり，自閉症者に対する理解や支援の基盤となりうる考え方である．一方，自閉症診断の根幹，あるいは医学的な名称を用いれば「中核的障害」の一つである「対人コミュニケーションの困難さ」を個人の変調としてとらえるか，あ

るいは社会参加への制約としてとらえるかについては，なかなか難しい問題を含んでいる．それは，ここまで本章で議論してきたように，社会的認知の発達は個人と社会環境（あるいは他者）との複雑で動的な相互作用に依拠していることによるところが大きい．たとえば，教室で特定の講義内容を理解できない学生（あるいは生徒）がいた場合，その原因を学生の能力あるいは特性の問題だけに帰属したり，あるいは教師側の指導方法やカリキュラムだけに帰属したりすることは困難である．実際は，教える側，教わる側にそれぞれ工夫や努力が積み上がることにより，相互作用としての「教育」が成り立っている．また，社会適応の問題には，認知や言語，運動の困難さと違って明らかな正解が存在しないことも対応を困難にする．たとえば，友人を作ることが困難であり，本人が一人を好んでいる場合，本人の意識や行動を変えて友人関係を築けるようにすることを臨床的あるいは教育的支援の「目標」として考えることも可能である．一方，当事者としては無理やり社交的な性格に変わりたいとは思っておらず，数は少なくとも気の合う友人と過ごしたり，あるいは一人の時間を楽しんだりすることが本人の生活の質を高める「正解」であると感じることもありうる（Calder *et al.*, 2013）．

　話がややこしくなってきたが，これらの事例は社会性の「障害」を診断し，治療または支援する行為の根拠を考える上で生じる倫理的・哲学的な困難さを指し示している．社会性がヒトとヒトとの間に人間的な活動の様相として立ち現れる以上，社会適応の困難さは個人と社会環境との境界面に生じることとなり，（単純化された）医学モデルや社会モデルのようにどちらか一方のみの問題として対処することは極めて難しい．また，研究者が自閉症者の生物学的な特徴について解明したとしても，それは必ずしも最適な支援の方法と一対一に対応しない．医療や特別支援教育，行政などの支援者は自閉症を「治療する」あるいは「正常化する」という旧来の概念に囚われることなく，当事者の発達や生活の質の向上に寄与し，あるいは当事者や家族からの需要に応えるような支援方法を開発する必要がある．基礎科学においても，事実の解明が当事者にとって，あるいは家族や社会にとってどのような意味合いを持つのかについて，慎重かつ多面的に議論する必要性に迫られている．

社会的動機づけ理論とその後の展開

　ここで話をいったん認知科学に戻す．本章の前半で述べたように，筆者らの研究は，自閉症者に見られる社会的認知の非定型性が，社会的な情報を処理する認知能力そのものだけではなく，本人が有する認知能力を現実の社会的場面ですばやく自発的に運用する傾向の弱さによっても説明できる可能性を示唆していた．たとえば，ゆっくり時間をかけて，明確に課題化された場面で相手の表情を理解することができても，現実の対人場面で相手の表情に自発的な注意が向かず，見逃してしまうことが多ければ，表情理解能力を現実場面で効果的に運用することができず，コミュニケーションの不成立や対人関係の悪化につながる可能性もある．定型発達者は社会的場面に関連性の高い情報に自発的に注意を向けて情報を処理する傾向が強いため，自閉症者に見られる社会的認知の自発性の弱さを注意や気づきの問題ではなく，相手を理解する能力の不足として帰属してしまうかもしれない．この場合，効果的な支援は表情理解能力の訓練ではなく，どういった場面で相手の顔を見て表情を読めばよいかについてのノウハウの明文化や訓練であるとも言える．あるいは社会モデルに立って，微妙な表情の動きでコミュニケーションを図ろうとすることなく，はっきりと明示的に相手に意図を伝え，誤解や見逃しのないコミュニケーションを設定することが，結果的に社会コミュニケーションへの参加障壁を低くすることになるかもしれない．

　前述のように，社会的認知の自発性あるいはその非定型発達についてどのように理論化するかは，学術的な議論を超えて自閉症当事者への理解や支援にもつながる社会的な意味を持ちうる．ゆえに，自閉症者の認知的特徴に関する議論は，時代を重ねるごとに理論とデータとの一致だけではなく，その価値づけや社会的な意味づけを含めた包括的な議論へとつながる傾向がある．たとえば，筆者らの研究は Chevalier *et al.*（2012）においては自閉症者の社会的動機づけの障害を示す事例として議論された．この議論は，自閉症は社会的な刺激に自発的に注意を向ける傾向，社会的な情報を快いと感じ求める傾向（あるいは社会的刺激に正の報酬価を付与する傾向），ならびに社会的な関係性の構築を求める傾向の弱さとして定義されるという主張である．社会的動機づけ障害理論はその後多くの研究を惹起し，その結果，自閉症者においても社会的な動機づけに

関連する行動や脳活動は幅広く見られることから，社会的動機づけ障害理論の強い主張は必ずしも支持されないことが知られるようになってきた．しかし一方で，社会的な刺激に対する動機づけの違いも幅広く報告されており，当該の理論は一定の支持を得ている．

　一方，Jaswal & Akhtar（2019）が出した理論論文は，主に当事者の語りや主観的経験に関する知見を引用しながら，前述のような理論と実証データの乖離とはやや異なる視点からの批判を行っている．これは，自閉症者は社会的な情報に興味を持たないのではなく，定型発達者とは異なる知覚・感覚の特性や過去の社会的経験，あるいは定型発達者の持つ社会行動の「奇妙さ」から定型発達者の対人行動への対応が困難であるに過ぎず，社会的な動機そのものは損なわれていないという議論である．客観的な行動データと当事者の主観経験の乖離については極めて興味深い視点であるが，筆者はこの両者の議論は必ずしも対立するものではないと理解している．

　相互作用による専門化説に基づけば，自閉症者において発達初期から見られる神経構築学的な違い（Hazlett *et al.*, 2017）は，社会的な環境に脳機能を最適化する上で，定型発達者とは異なる発達の軌跡を導くこととなりうる．同時に，こういった学習経験の違いは当事者の知覚・感覚世界の違いとして経験されることも十分にありうる．また，社会脳の発達の違いは対人コミュニケーション行動の違いにつながりうるため，それが自閉症者の社会的経験に困難さを加え，結果として社会的場面に対する意味づけ，価値づけが定型発達者とは異なってくる可能性もある．つまり，社会的動機づけの発達も，社会的認知の発達と同様，個人と環境との相互作用の中で生まれるものであり，また可塑的に変化すると考えることができる．自閉症者に見られる社会的動機づけの非定型性についても，同様に発達の過程における個人と環境との相互作用に焦点を当て，動的で可塑的なシステムとして理解することが重要であると，筆者は考える．

自閉症から見た社会的認知の定型発達

　自閉症研究は，Brothers（1990）の時代から社会脳研究，社会的認知研究の中核をなしていた．脳の多様性に関する理解の深まりや当事者からの主張，医学モデルと社会モデルの間の論争など，現在の自閉症研究，自閉症支援を取り

巻く状況は，社会的認知や社会適応が個人の認知発達の問題ではなく，個人と社会との相互作用に伴う境界面に立ち現れる現象であることを如実に示している．社会的環境を所与として個人の社会への適応を研究，支援する医学モデルはすでに限界を示しているが，個人の多様性を所与として社会の変質による受け入れを求める社会モデルには現実的な壁も大きく，科学や医学を超えた政治，経済，倫理など幅広い議論と協力を要請している．また，特に発達障害事例に関しては，（所与としたい）個性そのものが社会化・社会的学習にとって動的・可塑的に変化しうるものであることが，社会モデルの現実場面への適応をさらに複雑なものにしている．一方，「社会適応」を一括りに理念化せず，知覚・感覚経験の非定型性やてんかん，消化器系の変調など個人側への医療・支援が有効である形質，あるいは就労や就学，虐待や搾取からの保護などといった社会側からの支援や環境整備が有効である問題が切り分けられ，個別の対応に進む流れは国際的にも見られ始めており，多くの「社会的」問題は，医学モデルと社会モデルの分業あるいは協働により解決に進むことが期待される．

　一方，自閉症研究の進展は，定型発達者に見られる社会的認知の発達についても新たな視座を与え続けるものである．自閉症者が社会的認知の発達，社会適応に困難を抱える原因を知るためには，人口の大多数を占める定型発達者がどのようにして均質な対人コミュニケーションの様式や文化的な行動規範・慣習を獲得し，どのようにしてそれらを共同体内での共有と相互理解につなげているかを理解する必要がある．特に，自閉症児・者が個別の養育環境や文化的環境にどのように適応し，社会的学習を行うかについては未だ研究が少ない．自閉症者における可塑的・適応的な社会学習の様相について研究することは，社会的認知発達の可塑性について新たな知見を生み出すとともに，社会側からの働きかけが自閉症者の社会的適応につながる機序を解明することにもつながり，社会的な意義も大きい研究につながることが期待される．

5　おわりに

社会的認知の自発性と可塑性

　本章では，社会的認知の特性について，その自発性と発達における可塑性を

中心に議論してきた．まず，より生態学的に妥当であり，現実場面での社会適応に関する説明力を持つ理論を構築するためには，社会的な情報を最適化された実験環境下で処理する能力にとどまらず，その能力をより現実に近い場面で教示なしに自発的に駆動し，直面する社会的場面に関連性の高い情報を処理する社会的認知の自発的な運用が必要であることを議論した．その後，筆者らが提案した FTM モデルを事例として挙げながら，社会的認知の自発性に関して，その認知神経基盤をモデル化する試みについて紹介した．

　次に，定型発達事例における社会的認知発達の可塑性と，自閉症における社会適応の困難さをめぐる科学的，倫理的な議論を紹介しながら，社会的認知の適応的な発達が個体側に備えられた生得的なモジュールの発現ではなく，個体側に備えられた遺伝的，神経構築学的な特性と，発達の各段階での他者とのかかわりや社会的学習の相互作用により，動的に引き起こされる専門化としてとらえる理論的立場について紹介した．さらに，社会的認知の発達が養育環境や文化環境によって適応的・可塑的に発達する様相を記述した複数の研究を紹介することにより，社会的認知の発達を動的・適応的な過程として理論化する手法の有効性について主張した．

　さらに，自閉症研究における近年の流れを通じて，社会的認知の適応的発達やその非定型性について理解するためには，個体の認知発達を記述するだけでは不十分であり，個体と社会との相互作用やその不適合について動的，包括的に記述し，理解することが不可欠であることを主張し，また社会的認知発達の多様性を評価し，医療や支援につなげるためには社会的・倫理的な視点が必要であることについて議論した．社会的認知が個体と社会の境界面に立ち現れる事象である以上，その理解や，さらに自閉症などの不適応事例に対する支援は個体，社会の両者とその相互作用を基盤とする必要がある．同時に，多様性に関する理解や支援は，多数派である定型発達者の視点のみからの押しつけではなく，多様な認知発達，脳機能の特性を持つ当事者が自ら価値づけや意味づけに参加し，機会の平等につながるものとなる必要があると言える．

　これら発達研究からの知見は，社会的認知の自発性が個別の社会的環境に対する適応的な社会行動を選択するための認知的基盤になっている可能性を示唆している．明示的な課題や教示なしに適切な社会的情報処理，社会的反応を選

択する過程は，適応的な意思決定の過程としてとらえることも可能であり，それらの意思決定がすばやいリアルタイムの対人コミュニケーション場面でどのように行われているかを理解し，モデル化することは今後の社会的認知研究の大きな課題であると言える．

ヒトの社会的認知と現代社会

　ヒトの社会的認知の特性は，適応進化の過程の中で種特異的に獲得されてきたものであると考えられるが，その可塑性や個別環境への適応は，急速に変化し多様化する社会への適応的な認知発達を可能としている．たとえば，インターネットやSNSによって急速にデジタル化しつつあった対人コミュニケーションは，コロナ禍でのリモート教育，就労の必要性によってさらに急速な変化を遂げつつある．一方で，これまでオンサイトでの教育や就労で必須とされてきた「実際に人に会うこと」「雑談をすること」などの機能が再認識・再評価され，オンライン化する社会でどのようにそれらの機能を再構築するかは，今後の共同体構築における重要なテーマとなることが予測される．筆者らの研究グループでも，ビデオ会議場面における他者との「場の共有」が認知機能に与える影響について，英国におけるロックダウン中に研究を行った（Stuskova et al., 2022）．その研究からは，ビデオ画像やアバターなどの視覚効果にかかわらず，実験参加者の「相手が同じビデオチャットに参加している」という主観的な理解が，認知課題成績に影響を与えていることが示された．これらの研究は，他者との相互作用においては身体性や知覚的入力だけでなく，本人の理解や認識が大きな要因となることを示唆しており，社会的認知におけるトップダウン処理の効果についての研究の重要性を示唆している．

　急速に変化する社会に直面する子どもたちの脳機能は，どのような発達を見せるのであろうか．また，変わりゆく社会で「よりよい」脳機能発達を促すような医学的・教育的な支援方法は存在するのであろうか．われわれに社会の未来を完全に予測する能力がない以上，われわれがよりよい脳機能についての「正解」を得ることは困難であろう．ただし，自閉症研究などで見られる新しい動きのように，新しい世界に育つ子どもたち，脳機能の多様性を抱える当事者たちの声を聞きながら，彼ら・彼女らの需要に合った，生活の質を高める支

援を構築することは十分に可能であるとも考えられる．ヒトの脳機能発達が社
会との相互作用で生まれる可塑的なものである以上，社会の一員であるわれわ
れも，次世代の社会適応，脳機能発達に一端の責任を負っている．

引用文献

Argyle, M., Henderson, M., Bond, M., Iizuka, Y., & Contarello, A. (1986). Cross-Cultural Variations in Relationship Rules. *International Journal of Psychology, 21(1)*, 287–315.

Baillargeon, R., Scott, R. M., & He, Z. (2010). False-belief understanding in infants. *Trends in Cognitive Sciences, 14(3)*, 110–118.

Baron-Cohen, S. (1995). *Mindblindness: An essay on autism and theory of mind.* MIT Press.

Baron-Cohen, S. (2019). The concept of neurodiversity is dividing the autism community. Scientific American Blog. https://blogs.scientificamerican.com/observations/the-concept-of-neurodiversity-is-dividing-the-autism-community/

Beja-Pereira, A., *et al.* (2003). Gene-culture coevolution between cattle milk protein genes and human lactase genes. *Nature Genetics, 35(4)*, 311–313.

Berg, J., & Geschwind, D. (2012). Autism genetics: Searching for specificity and convergence. *Genome Biology, 13(7)*, 1–16.

Brothers, L. (1990). The social brain: A project for integrating primate behavior and neuropsychology in a new domain. *Concepts in Neuroscience, 1*, 27–51.

Burra, N., Mares, I., & Senju, A. (2019). The influence of top-down modulation on the processing of direct gaze. *Wiley Interdisciplinary Reviews: Cognitive Science, 10(5)*, e1500. doi: 10.1002/wcs.1500

Byrne, R. W., & Whiten, A. (1988). *Machiavellian intelligence: Social expertise and the evolution of intellect in monkeys, apes, and humans.* Clarendon Press.

Calder, L., Hill, V., & Pellicano, E. (2013). 'Sometimes I want to play by myself': Understanding what friendship means to children with autism in mainstream primary schools. *Autism, 17(3)*, 296–316.

Chevallier, C., Kohls, G., Troiani, V., Brodkin, E. S., & Schultz, R. T. (2012). The social motivation theory of autism. *Trends in Cognitive Sciences, 16(4)*, 231–239.

Cohen Kadosh, K., & Johnson, M. H. (2007). Developing a cortex specialized for face perception. *Trends in Cognitive Sciences, 11(9)*, 367–369.

Cosmides, L., & Tooby, J. (1997). *Evolutionary psychology: A primer.* Center for Evolutionary Psychology.

DeCasien, A. R., Williams, S. A., & Higham, J. P. (2017). Primate brain size is predicted by diet but not sociality. *Nature Ecology & Evolution, 1*, 0112. doi: 10.1038/s41559-017-0112

Dunbar, R. I. M. (1998). The social brain hypothesis. *Evolutionary Anthropology: Is-*

sues, *News, and Reviews, 6(5)*, 178–190.

Farroni, T., Csibra, G., Simion, F., & Johnson, M. H. (2002). Eye contact detection in humans from birth. *Proceedings of the National Academy of Science of the United States of America, 99(14)*, 9602–9605.

Ganea, N., *et al.* (2018). Development of adaptive communication skills in infants of blind parents. *Developmental Psychology, 54(12)*, 2265–2273.

Geangu, E., *et al.* (2016). Culture shapes 7-month-olds' perceptual strategies in discriminating facial expressions of emotion. *Current Biology, 26(14)*, R663–R664.

Gottlieb, J., Oudeyer, P.-Y., Lopes, M., & Baranes, A. (2013). Information-seeking, curiosity, and attention: computational and neural mechanisms. *Trends in Cognitive Sciences, 17(11)*, 585–593.

Haensel, J. X., *et al.* (2020a). Culture modulates face scanning during dyadic social interactions. *Scientific Reports, 10(1)*, 1958. doi: 10.1038/s41598-020-58802-0

Haensel, J. X., Ishikawa, M., Itakura, S., Smith, T. J., & Senju, A. (2020b). Cultural influences on face scanning are consistent across infancy and adulthood. *Infant Behavior and Development, 61*, 101503. doi: 10.1016/j.infbeh.2020.101503

Haensel, J. X., Smith, T. J., & Senju, A. (2022). Cultural differences in mutual gaze during face-to-face interactions: A dual head-mounted eye-tracking study. *Visual Cognition, 30(1–2)*, 100–115.

Hazlett, H. C., *et al.* (2017). Early brain development in infants at high risk for autism spectrum disorder. *Nature, 542*, 348–351.

Heyes, C. (2011). Automatic imitation. *Psychological Bulletin, 137(3)*, 463–483.

Jaswal, V. K., & Akhtar, N. (2019). Being versus appearing socially uninterested: Challenging assumptions about social motivation in autism. *Behavioral and Brain Sciences, 42*, e82. doi: 10.1017/S0140525X18001826

Johnson, M. H. (2005). Subcortical face processing. *Nature Reviews Neuroscience, 6*, 766–774.

Johnson, M. H., Dziurawiec, S., Ellis, H., & Morton, J. (1991). Newborns' preferential tracking of face-like stimuli and its subsequent decline. *Cognition, 40(1–2)*, 1–19.

Johnson, M. H., & Munakata, Y. (2005). Processes of change in brain and cognitive development. *Trends in Cognitive Sciences, 9(3)*, 152–158.

Joly-Mascheroni, R. M., Senju, A., & Shepherd, A. J. (2008). Dogs catch human yawns. *Biology Letters, 4(5)*, 446–448.

Kanwisher, N., & Yovel, G. (2006). The fusiform face area: A cortical region specialized for the perception of faces. *Philosophical Transactions of the Royal Society B, 361*, 2109–2128.

Kelly, D. J., *et al.* (2011). Social experience does not abolish cultural diversity in eye movements. *Frontiers in Psychology, 2*. doi: 10.3389/fpsyg.2011.00095

Kingstone, A. (2009). Taking a real look at social attention. *Current Opinion in Neurobiology, 19(1)*, 52–56.

Kingstone, A., Smilek, D., & Eastwood, J. D. (2008). Cognitive ethology: A new approach for studying human cognition. *British Journal of Psychology, 99(3)*, 317–340.

Kuhl, P. K., *et al.* (1997). Effects of language experience on speech perception: American and Japanese infants' perception of /ra/ and /la. *The Journal of the Acoustical Society of America, 102(5)*, 3135–3136.

Leal Rato, M., Mares, I., Aguiar de Sousa, D., Senju, A., & Martins, I. P. (2019). Direct gaze partially overcomes hemispatial neglect and captures spatial attention. *Frontiers in Psychology, 9*, 2702.

Leekam, S. (2016). Social cognitive impairment and autism: What are we trying to explain? *Philosophical Transactions of the Royal Society B, 371*, 20150082. doi: 10.1098/rstb.2015.0082

Mares, I., Smith, M. L., Johnson, M. H., & Senju, A. (2016). Direct gaze facilitates rapid orienting to faces: Evidence from express saccades and saccadic potentials. *Biological Psychology, 121, Part A*, 84–90. doi: 10.1016/j.biopsycho.2016.10.003

Mares, I., Smith, M. L., Johnson, M. H., & Senju, A. (2018). Revealing the neural time-course of direct gaze processing via spatial frequency manipulation of faces. *Biological Psychology, 135*, 76–83.

McCarthy, A., Lee, K., Itakura, S., & Muir, D. W. (2006). Cultural display rules drive eye gaze during thinking. *Journal of Cross-Cultural Psychology, 37(6)*, 717–722.

Morton, J., & Johnson, M. H. (1991). CONSPEC and CONLERN: A two-process theory of infant face recognition. *Psychological Review, 98(2)*, 164–181.

Palagi, E., Leone, A., Mancini, G., & Ferrari, P. F. (2009). Contagious yawning in gelada baboons as a possible expression of empathy. *Proceedings of the National Academy of Sciences of the United States of America, 106(46)*, 19262–19267.

Pascalis, O., de Haan, M., & Nelson, C. A. (2002). Is face processing species-specific during the first year of life? *Science, 296*, 1321–1323.

Pessoa, L., & Adolphs, R. (2010). Emotion processing and the amygdala: From a 'low road' to 'many roads' of evaluating biological significance. *Nature Reviews Neuroscience, 11(11)*, 773–783.

Richerson, P. J., Boyd, R., & Henrich, J. (2010). Gene-culture coevolution in the age of genomics. *Proceedings of the National Academy of Sciences of the United States of America, 107(Sup.2)*, 8985.

Senju, A., & Johnson, M. H. (2009). The eye contact effect: Mechanisms and development. *Trends in Cognitive Sciences, 13(3)*, 127–134.

Senju, A., *et al.* (2007). Absence of contagious yawning in children with autism spectrum disorder. *Biology Letters, 3(6)*, 706–708.

Senju, A., Southgate, V., White, S., & Frith, U. (2009). Mindblind eyes: An absence of spontaneous theory of mind in Asperger syndrome. *Science, 325*, 883–885.

Senju, A., *et al.* (2013). Cultural background modulates how we look at other persons' gaze. *International Journal of Behavioral Development, 37(2)*, 131–136.

Senju, A., *et al.* (2015). Early social experience affects the development of eye gaze processing. *Current Biology, 25(23)*, 3086–3091.

Smith, K., & Kirby, S. (2008). Cultural evolution: Implications for understanding the human language faculty and its evolution. *Philosophical Transactions of the Royal Society B, 363*, 3591–3603.

Stein, T., Senju, A., Peelen, M. V., & Sterzer, P. (2011). Eye contact facilitates awareness of faces during interocular suppression. *Cognition, 119(2)*, 307–311.

Sutskova, O., Senju, A., & Smith, T. J. (2022). Impact of video-mediated online social presence and observance on cognitive performance. *Technology, Mind, and Behavior, 3(2)*. doi: 10.1037/tmb0000023

Thelen, E., & Smith, L. B. (1996). *A dynamic systems approach to the development of cognition and action*. MIT press.

Usui, S., *et al.* (2013). Presence of contagious yawning in children with autism spectrum disorder. *Autism Research and Treatment, 2013, Article ID 971686*. doi: 10.1155/2013/971686

Vernetti, A., *et al.* (2018). Infant neural sensitivity to eye gaze depends on early experience of gaze communication. *Developmental Cognitive Neuroscience, 34*, 1–6.

Westermann, G., *et al.* (2007). Neuroconstructivism. *Developmental Science, 10(1)*, 75–83.

第2章 認知と感情の文化差

石井敬子

「彼ら［筆者注：日本人］は，『まあ，あの蛙を見てごらん，口を開けると腹の中がまる見えだ』とか，『ざくろみたいに，口を開くと心の中にあるものがすっかり見える』と言って嘲る．『感情を口外する』ことは恥である．それは自己を『さらけ出す』ことになるからである．アメリカでは非常に重視されているこれらの 'sincerity' という語にともなう連想は，日本の『まこと』という語の意味の中には存在しない」（Benedict, 1946　長谷川訳, 2005, p.263）.

　日本で生まれ育った在米日本人に対する聞き取り調査をもとにルース・ベネディクトが著した『菊と刀』（Benedict, 1946）は，日本の社会・文化環境の中で暮らしている限り当たり前で何ら疑問すら持たない思考様式や感情認識が，アメリカ人のそれと比較すると決して当たり前のものではなく，いかにその文化環境において共有されてきている価値観や道徳が人々の行動に影響を与えているかを如実に描き出した．無論，『菊と刀』における日本文化は約1世紀前のものである．たとえば，先の引用のように，感情を口外することを恥とする感覚は，現代の日本に生きる人々にはどの程度理解可能だろうか．また実際にそのような感覚は生じているのだろうか．そしてこのような疑問を検証するに当たり，文化と人の心との間にどのような理論的前提を想定すべきだろうか．そうした問いに答える一つのアプローチが，文化心理学による考え方とその研究手法である．

　文化心理学的アプローチは，①人間が文化の中に生きることによってそれに適応した心の性質を持つこと，②同時にそうした心の性質を持った人間が文化に生きる中で，文化内に存在する諸資源を取捨選択していくことを通じ，文化を維持していくこと，の2点から「心と文化の相互構成過程」を想定している.

人は，様々な心の性質を生み出すための基盤となる普遍的な能力を持って，特定の社会や文化で誕生し，成長する．そして，成長の過程において，その文化や社会で暗黙の内に共有されている知識を取り入れたり，人間関係を調整する様々な規範や慣習に慣れ親しんだりすることで，その社会や文化に見合った心の性質を獲得していく．さらに，そのように獲得した心の性質を通じて世界を理解したり，それに見合ったものを選好したり，その考え方や感じ方を伝達したりすることによって，その社会や文化において優勢な価値や信念が維持される．本章では，まず，心の社会・文化依存性に関する理論的枠組みとして，文化的自己観や個人主義・集団主義を紹介する．次に，文化的自己観や個人主義・集団主義はどのように心の性質に表れるのかについて，認知や感情におけるいくつかの領域における知見を紹介する．そして，洋の東西の文化的差異に注目し，その認知や感情に対する影響を明らかにしてきた研究に加え，生業，人々の流動性，社会階層，都市化といった様々な社会生態学的な要因による影響も検討されてきている．そこで，このような近年の研究動向についても概観し，今後の展望を述べる．

1 理論的枠組み

ヘーゼル・マーカスと北山忍は，文化において歴史的に共有されている自己についての通念を文化的自己観と呼んだ（Markus & Kitayama, 1991）．文化的自己観は，考え，感じ，あるいは実際に行動をする際の「準拠枠」をその文化に生きる人々に提供する．マーカスと北山によれば，この文化的自己観は，相互独立的自己観と相互協調的自己観に大別される．相互独立的自己観は，欧米圏（特に北米中流階級）で一般的な信念とされている，「自己＝他から切り離されたもの」を反映している．この自己観が優勢な社会・文化環境において，人は，自分自身の中に誇るべき属性を見出し，それを外に表現することで常に自分の存在を確認していく．また「自己＝他から切り離されたもの」というモデルに適合していくことで，人は，自己のあり方のみならず，それに従った人間観を持つに至る．一方，相互協調的自己観は，東アジア文化で一般的な信念とされている，「自己＝他と根元的に結びついているもの」を表している．この

ような社会・文化環境のもとでは，意味ある社会的関係の中でどのような位置を占めるかが重要であり，その中で他と相互協調的な関係を持つことで自己を確認し，自己実現が図れる．そして同様に，こうした過程を経ることで，「自己＝他と根元的に結びついているもの」に従った人間観を持つに至る．

　相互独立的自己観・相互協調的自己観と同様の文化差を説明する次元として，個人主義・集団主義がある．ハリー・トリアンディスは，ある特定の言語を話す人々の間で，または歴史的な時間，さらにはある地域において，共有されてきた態度や信念，規範，役割，価値などのパターンを文化的シンドロームとした．個人主義や集団主義は，文化的シンドロームの一例である．Triandis (1995) によれば，個人主義では，①自己は相互独立で自律的なものとして定義され，②集団の目標よりも個人的な目標を優先し，③規範よりも自身の態度がその行動を決定し，④交換規範の面から関係をとらえ，その関係による利益と損失を計算し，損失が利益を上回る場合にはその関係から離脱することによって特徴づけられる．一方，集団主義では，①自己は相互協調的なものとして定義され，②個人的な目標と集団的な目標が矛盾する時には後者を優先し，③自身の態度よりも規範がその行動を決定し，④共同規範の面から関係をとらえ，たとえ個人のレベルではその関係による費用がかかっても，自集団の観点からはその関係による利益があるので，個人はその関係にとどまろうとすることによって特徴づけられる．

　なお，ここまで相互独立・相互協調または個人主義・集団主義と大別してきたが，実際それらの概念を内包したものはどの社会・文化においても多かれ少なかれ存在する．しかし，独立か協調か（ないしは個人か集団か）は時には対立し，またそれら両方を重視するだけの資源を社会も人も持ち合わせていないため，どちらか一方が優先されることになる．文化課題理論 (Kitayama *et al.*, 2009) によると，そのような人間観や価値，信念を得るための手段として，文化内には慣習（課題）が存在し，人は日常の慣習を通じ，その社会・文化で優勢な人間観や価値，信念を自らの行動に実現させていく．たとえば，相互独立であれば，それに対応した課題として「自己主張をする」「ユニークさを重視する」「自己を肯定的に見るようにする」等があり，一方，相互協調であれば，「謙虚で目立たないようにする」「調和を重視する」「自己を批判的にとらえる」

等がある．またそれぞれの課題は，相互独立や相互協調に関連した心理・行動傾向とも結びついている．重要なのは，ある社会・文化のもとですべての慣習を実践するのは不可能であり，その慣習の選択の仕方によって心理・行動傾向も変わってくる点である．本章では，まず認知や感情における洋の東西の文化差に着目した知見を紹介するが，そのような理由によって文化内での差異も無論生じる．これまでの研究によると，慣習（課題）のばらつきは，洋の東西に限らず，様々な社会生態学的な要因，たとえば社会階層（Kraus *et al.*, 2009）や住居の流動性（Oishi *et al.*, 2007）等によっても変わり，そのことが慣習の選択，さらには心理・行動傾向にも反映される．

2　認知の文化差

文化的自己観の差異に対応し，人々が物事に対してどのように注意を向けて認知するかの様式にも文化差が存在する．リチャード・ニスベットらは，西洋人の認知様式は分析的であるとした．つまり，対象やその要素を同定し，それらの間の論理的，かつ直線的関係を定式化する傾向があるとした．これに対して，東洋人の認知様式は包括的であるとした．つまり，対象やその要素そのものに注目するのではなく，それらの間の相互関係や全体的な布置を非直線的，かつ弁証法的に定式化する傾向があるとした（Nisbett *et al.*, 2001）．彼らによれば，西洋文明には，個の自立を機軸に自然を理解，征服しようとしてきた歴史的背景があり，それによって，最も重要な対象を文脈から抜き出し，それに焦点を当てて操作するという分析的態度が顕著になった．これに対し，東洋文明には，個と社会や自然との調和を重視し，個を社会や自然の一部として理解，制御しようとしてきた歴史的背景があり，それによって，いかなる個物も全体の中に埋め込まれたものであるとする包括的態度が顕著になったと考えられる．

実際に，これまで数多くの研究が行動指標や脳活動に注目することによって，洋の東西の人々における認知様式の差異を見出している．以下では，①社会的推論，②注意配分，③カテゴリー化に着目し，代表的な知見を紹介する．

社会的推論

　他者の行動を正しく理解し，その行動意図を知ることは，他者との相互作用を含む日常生活において必須である．一般的には，人は，他者の行動に対してその他者の内的属性（たとえば，その人の性格や能力等）を結び合わせて推論しやすく，場合によっては状況要因を考慮した修正をし，最終的な解釈に至ると考えられている（Gilbert & Malone, 1995）．そのような属性推論のしやすさに関する代表的な現象の一つに，帰属の根本的錯誤がある．帰属とは，他者の行為を見聞きしその原因を考えることであり，帰属の根本的錯誤は，ある行為が状況要因に帰属できたとしても，その行為に対応した内的特性を行為者が持っていると推測してしまう現象のことである．たとえば，Jones & Harris（1967）は，アメリカ人参加者に対して，キューバ共産党の指導者であったフィデル・カストロに賛成または反対のエッセイを読ませ，その書き手の態度を推測させた．その際，参加者のうち半数には，そのエッセイの書き手は自由に立場を選んで書いたことが伝えられ，もう半数には，そのエッセイの書き手はその立場で文章を書くよう強制させられたことが伝えられた．その結果，条件にかかわらず，参加者はエッセイの内容に対応したかたちで書き手の態度を推測した．立場を「強制」させられたゆえに，その立場と書き手の態度は本来対応しておらず，そのエッセイの内容は「強制された」という状況要因に帰属できるにもかかわらず，参加者たちはそのエッセイの内容に対応した態度をその書き手は持っていると，つい推測していた．

　帰属の根本的錯誤は頑健な現象として知られている一方，これまでの知見は，アジアの人々においてそれが減衰することを示している．特に状況要因を顕著にした際，それでもアメリカ人参加者は帰属の根本的錯誤を示すのに対し，アジア人では状況要因を考慮した推測をしやすく，帰属の根本的錯誤は生じにくい（e.g., Choi & Nisbett, 1998）．また，エッセイの長さを操作し，書き手がその立場にどの程度かかわっているのかを推測させるような手がかりを与えた場合，日本人はそれに影響を受けるのに対し，アメリカ人は影響を受けにくい（Miyamoto & Kitayama, 2002）．具体的には，長いエッセイの場合，それだけ長いものを書くというのは，言わば書き手がそれだけその立場に思い入れがあることを示唆するだろう．一方，2，3文の短いエッセイは，書き手のその立場への

思い入れが低いことを示唆するかもしれない．実際，日本人はこのようなエッセイの長さに反応し，エッセイが長い場合にはその内容に合致した態度を書き手が持っていると推測しやすかったのに対し，エッセイが短い場合にはそのようなバイアスを示さなかった．一方，アメリカ人は，エッセイの長さにかかわらず，その内容に合致した態度を書き手が持っていると推測しやすかった．

　帰属の根本的錯誤がアジアにおいて減衰しやすい背景には，アジア人が状況要因や文脈状況を考慮しやすい点がある．同様の現象は，他者の行為の原因を推測させる場合にも生じる．ある人物の行為を説明する際，アメリカ人はその人物の内的要因（たとえば性格特性）に帰属させやすいのに対し，アジア人はその人物を取り巻く外的要因（たとえば環境の性質）をも考慮しやすいことが知られている（Kitayama *et al.*, 2006）．一方，帰属の根本的錯誤が欧米において頑健に見られる一つの理由は，その属性推論のしやすさに他ならない．特に，社会心理学において，人物の特性につい注意を向けてしまう現象は自発的特性推論として知られている．実際，この現象は欧米において顕著であることが示唆されている（Zarate *et al.*, 2001）．Na & Kitayama（2011）は，この自発的特性推論の文化差に注目し，行動指標に加えて，判断時の脳波も計測した．ヨーロッパ系アメリカ人とアジア系アメリカ人の参加者は，最初にあるターゲットの写真の人物とその行動記述のセットをいくつも見せられ，それを記憶するよう求められた．次に，参加者は語彙判断課題を行い，提示される単語が無意味綴りか，それとも英語の単語として意味をなしているかの判断を行った．その際，固視点の代わりとして，先ほど提示されたターゲットと同じ顔写真が提示された．また提示された単語は，その人物の行動に関連した特性語，それとは無関係の特性語，もしくは無意味綴りであった．もし参加者が自発的特性推論をしているのであれば，ターゲットの写真とその行動特性を示す性格特性とを結びつけて判断しやすいだろう．そしてその結果，無関係な性格特性語が提示された時には，期待していたものと異なるため，それだけ判断が遅くなるだろう．語彙判断課題での反応時間，およびその際の脳波のパターンを分析してみたところ，ヨーロッパ系アメリカ人では，自発的特性推論に基づくその予測と一致したパターンが見られ，アジア系アメリカ人と比較し，無関係な性格特性語に対する判断は遅くなっていた．しかも，干渉効果の指標として N400 という脳

波の成分に注目したところ，行動指標と一貫し，無関係の特性に対する判断における N400 は，アジア系アメリカ人よりもヨーロッパ系アメリカ人において大きくなっていた．

注意配分

　社会的推論の分野においてアジア人は状況要因や文脈を考慮しやすいことが示唆されたが，それに対応し，そもそもアジア人は状況要因や文脈に対して自発的に注意を向けやすいことも過去の知見は示している．たとえば，事物とその背景からなる刺激に対する再認成績を調べることで，Masuda & Nisbett (2001) は，日本人がある事物を処理する際にはその背景と結びつけて知覚する傾向が強いのに対し，アメリカ人では対象となる事物をその背景と切り離して知覚する傾向が強いことを示した．また，Chua et al. (2005) は，Masuda & Nisbett (2001) が用いたのと同様の刺激を見ている際の参加者の眼球運動を調べ，中国人はアメリカ人と比較し，相対的に背景への注視回数が多く，注視時間も長いことを明らかにした．加えて，Kitayama et al. (2003) は，刺激の社会性を最小限にした線と枠課題を考案し，日本人は，線という中心的な事物の判断において背景情報である枠の大きさを考慮しなければならない相対課題が得意であるのに対し，アメリカ人は，線の判断において背景情報である枠の大きさを考慮しなくてもよい絶対課題が得意であることを示した．さらに，Masuda & Nisbett (2006) は，変化盲（チェンジブラインドネス）に関連した課題を用いて，注意配分における文化差を検討した．具体的には，日米の参加者は，20 秒程度の短い動画とそれにいくつか変化をつけた動画を見て，それらの間の差異を答えるよう求められた．その結果，アメリカ人は中心にある間違いを発見しやすかったのに対し，日本人は背景にある間違いを発見しやすかった．

　このような分析的・包括的認知に対応した差異は，脳内指標を用いた研究でも報告されている．Gutchess et al. (2006) は，中国人およびアメリカ人参加者に対して，ある事物（たとえば動物）と背景からなる刺激を見せ，その事物に対する好みを判断するよう求めた．その際の脳活動を計測したところ，中国人と比較し，アメリカ人において，事物の処理にかかわる領域，たとえば左右

の中側頭回，左の頭頂回や角回，右の上側頭回が強く賦活していた．一方，背景の処理にかかわる領域では文化差はほとんど見られなかった．また，Hedden *et al.*（2008）は，Kitayama *et al.*（2003）の線と枠課題の改良版を用いて，アメリカ在住のアジア人とアメリカ人におけるその課題遂行時の脳活動の差異を調べた．日常の思考様式に合った課題（アジア人においては相対課題，アメリカ人においては絶対課題）と比較し，思考様式に合わない課題（アジア人においては絶対課題，アメリカ人においては相対課題）において，前頭や頭頂の領域（具体的には，中心前回や頭頂小葉など）が強く賦活していた．これらは意識的なコントロールに関与している部位であることから，思考様式に合わない課題を遂行するには，より認知資源を必要としていることが窺われる．

カテゴリー化

分析的・包括的思考の文化差は，事物をどのように分類するかにも表れている．具体的には，西洋の人々はカテゴリーを支配する共通の属性・規則を重視するのに対し，東洋人は事物間の関係性や類似性を重視することが知られている．Chiu（1972）は，三つ組の写真セット（たとえば男性，女性，子ども）をアメリカ人と中国人の子どもの参加者に提示し，その中から相伴うような二つを選ぶよう求めた．結果は，アメリカ人の子どもは，共有する特性やカテゴリーに基づいた選択（男性と女性の選択．理由：ともに大人だから）をしがちであったのに対し，中国人の子どもは，二者の関係性の中でとらえられるものを選択しやすかった（女性と子どもの選択．理由：母親［女性］は子どもを世話するから）．

さらに，Ji *et al.*（2004）は，この Chiu（1972）の課題を言語化し，中国本土在住の中国人，アメリカ在住の中国本土もしくは台湾出身の中国人，アメリカ在住の香港もしくはシンガポール出身の中国人，そしてアメリカ在住のアメリカ人に対し，中国人には中国語もしくは英語で，アメリカ人には英語で提示することで，Chiu（1972）の結果を追試するとともに，そこに言語がどのような影響を与えるのかを探索した．結果は，まず，アメリカ人と中国人の反応を比べると，アメリカ人よりも中国人は全般的に関係性に基づいた選択やその説明をする傾向が強く，しかもこの差は，英語で実験を行った中国人とアメリカ人の間にも見られた．つまり，使用された言語にかかわらず，Chiu（1972）の

結果と一致していた．次に，中国人参加者における言語の効果を検討したところ，中国本土や台湾出身の参加者は，居住地域にかかわらず，英語で提示された群よりも中国語で提示された群のほうがより関係性に基づいた判断を行っていた．一方，香港やシンガポール出身の参加者は，中国本土や台湾出身の参加者と比較し，歴史的経緯により文化的に西洋による影響を受けていることを反映し，関係性に基づいた判断をする傾向は弱く，しかも言語の効果は見られなかった．Ji *et al.* (2004) は，言語の効果に関して中国人参加者間で異なった反応が見られた理由として，第二言語（この場合は英語）を獲得する時期の違いを挙げた．つまり，中国本土や台湾に比べて，香港やシンガポールでは幼い時期から英語による教育が行われるため，英語は，中国語と同様に，香港やシンガポール文化に維持されてきたコミュニケーション様式のもとで習得されていくと考えられる．よって，それぞれの言語に付随する表象は類似していると言えるだろう．一方，中国本土や台湾出身の中国人のように，英語を遅い段階から習い始めると，少なくともその学習はコミュニケーション様式とは独立に行われるため，それぞれの言語に付随する表象も異なると考えられる．

3 感情の文化差

基本感情理論（Ekman, 1984）が示唆するように，一般的には基本感情（幸せ，驚き，恐れ，怒り，嫌悪，悲しみ）に対応した神経生理的な構造があり，それに加えて社会・文化特有の表出や解読のルールがある．そのため，感情認識には文化普遍性と文化特異性の両面がある．たとえば，ポール・エクマンらは，西洋人のターゲット人物の示している感情を，六つの基本感情のリストから一つ選択して回答する課題を用いて，10 の国・地域において調査をした．いずれの国・地域においても各感情の正答率はチャンスレベル（この場合は 6 分の 1）よりも高くなっていたが，恐れや嫌悪などの感情では，アメリカやイギリスと比較し，アジア（日本，香港，スマトラ［インドネシア］）で低くなっていた（Ekman *et al.*, 1987）．つまり，どの文化の人々も基本感情を弁別することはできていたが，その正答率は，内集団，つまり参加者と同じ文化的背景を持つ人物がターゲットの時のほうが，外集団，つまり参加者とは異なる文化的背景を持つ

人物がターゲットの時よりも高くなっていた.

　この節では，エクマンらの観点とは異なり，感情認識における文化差に注目する．エクマンらは，社会・文化特有の表出や解読の規則について取り上げているものの，言わばそれは感情にかかわる神経生理的な構造を覆うベールのような扱いである．彼らの主たる関心は，ベールの下にある普遍的な側面である．しかし，過去の文化心理学の研究は，その規則が文化的自己観と関連しており，しかも，感情の表出や解読にかかわる文化内で共有されてきた暗黙の前提が，様々なレベルで人々の感情の認識に影響を与えていることを示唆している．ここではまず，感情，特に表情の表出にかかわる現象として，内集団優位性や感情抑制の文化差について取り上げる．そして，認知の文化差における知見と対応し，アジア人が包括的な感情認識をしやすいことを示した様々な知見を紹介する．最後に，特に笑顔に焦点を当て，その含意が文化間で異なっていることを示唆する研究を紹介する.

表出のルールと文化差──内集団優位性や感情抑制

　先に紹介したエクマンらの知見でも感情認識における内集団優位性が示唆されたが，Elfenbein & Ambady（2002）のメタ分析でもそれは明らかになっている．彼らのメタ分析の結果は，表情を表出している人物とその表情が何を示しているかを判断する人物が異なる文化のメンバーである場合にも，概ね感情は正しく認識されるものの，両者がともに同じ国，民族，地域のメンバーである時のほうがより正答率は高いことを示した．しかも，この現象は，文脈を最小限にし，表示規則（本人が実際に感じている感情に関係なく，特定の状況においてどのような表情を表出するべきか［または隠蔽・抑制すべきか］に関する一種の社会的な因習）による影響をほぼ取り除いた場合でも見られた．よって，この内集団優位性には，表示規則のみならず，文化的学習や文化的表出スタイル，感情概念の差異，感情認知の仕方の差異など，文化の日常的な慣習に関連した様々な要因が関連していると考えられる．

　実際，基本感情に対応した表情筋のパターンがあるにせよ，その強弱のパターンの組み合わせのうち，どこを強調するのかに文化差があり，その結果として内集団優位性が生じる可能性もある．Jack *et al.*（2012）は，表情の動きを

もとに 41 のユニットを用意し，それぞれのユニットの動きを変化させ，それらのユニットを組み合わせて作成した 4800 枚の動画を，アジア人参加者と欧米人参加者に見せた．参加者はそれらに対し，表出されている感情を基本感情の六つのうちから一つ選ぶとともに，その感情の強度についても報告した．そしてその回答をもとに，Jack et al. (2012) は，アジア人および欧米人にとっての各表情の心的表象を視覚化することを試みた．そのように視覚化された各感情に対応した「モデル」表情をアジアと欧米で比較したところ，欧米人の表情のほうがアジア人のそれよりも，各感情で弁別しやすいものになっていた．また幸せ，恐れ，怒り，嫌悪に関して，アジア人のモデル表情は，目の周りの表出が特徴的であり，それらの感情の強さと関連していた．このような特徴は，絵文字に着目し，日本ではその目の部分の描写の変化によって様々な感情やその強度を伝える一方，アメリカではむしろ口の部分の描写の変化によって様々な感情やその強度を伝えることを示した Yuki et al. (2007) の研究と合致するものである．

　　内集団優位性に加え，どの程度感情をコントロールすべきか，その規範についての文化的差異による影響もこれまで知られてきている．一般的に，アジアにおいては感情をコントロールすることが重視され，知覚された感情を抑制するよう訓練する機会も多いのに対し，むしろアメリカにおいては人々の明示的な感情表出が重視されている (Mauss & Butler, 2010)．これは冒頭に挙げた『菊と刀』における観察的な事例と軌を一にするものである．Murata et al. (2013) は，このような感情のコントロールに関する規範の文化的差異が脳内指標に反映されているかを検討するため，感情価を伴った刺激に対する注意を示す脳波成分である LPP (late positive potential) に注目した．具体的には，ヨーロッパ系アメリカ人の大学生およびアジアからの留学生に対して，不快ないしは中性的な写真刺激を何枚も見せ，最初の刺激のセットに対しては写真から喚起される感情状態に注目するよう求め（注意条件），次の刺激のセットに対しては写真から喚起される感情を抑制し，心を落ちつけるよう求めた（抑制条件）．中性刺激と比較し，不快刺激の感情価は強いことから，注意条件においては，いずれの文化においても不快刺激に対する LPP は中性刺激に対するそれよりも強く見られた．しかし抑制条件の場合，アメリカ人では不快刺激に対

するLPPが注意条件とほぼ同程度見られたのに対し，アジア人では特に刺激が提示されてから1500ミリ秒以降においてその程度が減衰し，注意条件における不快刺激に対するLPPよりも有意に値が小さくなった．この結果は，感情抑制に対して文化的に慣れ親しんでいるアジア人はその教示の指示通りに刺激に対する感情的反応を抑制することができたのに対し，アメリカ人は抑制することができず，ついその感情価に注意を向けてしまったことを示唆する．

感情についての暗黙理論を反映したアジアにおける包括的な認識

　自身の感情状態の認識についての知見は，個人の感情表出や解釈における暗黙の前提に文化差があることを示唆している．Levenson *et al.* (1992) は，アメリカ人およびスマトラ（インドネシア）の参加者に，幸せ，怒り，恐れ，嫌悪，悲しみに対応した表情の筋肉のパターン（たとえば，幸せであれば，眼輪筋と大頬骨筋を動かす）を作らせ，その時の自律神経系の反応を測定するとともに，現在の感情についても報告させた．その結果，いずれの文化でもその自律神経系の反応に感情間で明確な違いが見られた．一方，主観的な感情報告では文化差が生じた．アメリカ人は顔面筋のパターンに応じた感情を報告しやすかったのに対し，スマトラ（インドネシア）の参加者ではそのような傾向は見られなかった．基本感情理論に基づくと，自律神経系の反応で見られたような内的感覚に基づいて主観的な感情を認識するのが前提となるが，この結果はその前提がどの文化の人にも当てはまるわけではないことを示唆する．特に相互協調性を重視する社会・文化環境における人々は，その感情が生起した際の社会的状況や文脈の性質を考慮しながら，その内的感覚を再構成し，感情を認識するために，自律神経系の反応と主観報告との間に関連がなかったと考えられる．

　このLevenson *et al.* (1992) の知見において，アメリカ人では表情筋のパターンに対応した内的な感覚に基づく主観的な感情の理解が生じていたが，これは自身に対する理解のみならず，表情を通じた感情の表出に関する彼らの暗黙的な前提とも関連している可能性がある．一方で，スマトラの人々にはそのような傾向は見られず，むしろ内的感覚に加えて社会的状況や文脈の性質を考慮した感情の理解がなされている可能性が推測されたが，これもその文化における顔の感情表出についての暗黙的な前提と対応しているかもしれない．そのよ

うな暗黙的な前提が洋の東西で異なる可能性は，先の節で紹介した注意配分に関する文化差，つまり文脈情報にどの程度注意を向けそれを考慮するかの文化差と対応するものであり，実際に以下で紹介する一連の研究はそのような可能性を支持する．

　Masuda *et al.*（2008）は，日本人とアメリカ人の参加者に対し，幸せ，怒り，悲しみのいずれかの表情を表出しているある人物の描画を示し，その感情の程度を評定させた．その際，その評定対象の人物は中心に置かれており，その左右には中心人物と同じ感情または異なった感情を示している4人の人物が描かれていた．もしもアメリカ人における感情表出の暗黙の前提がその人物の内的な感覚の表れであるのなら，周囲の人物の感情表出との一致・不一致による影響は受けにくいだろう．一方，日本人の場合，もしもその感情表出と内的感覚との結びつきが弱く，むしろそれが置かれた社会的文脈を考慮した暗黙の前提が優位であるなら，この周囲の人々の感情表出との一致・不一致を手がかりとした判断がなされやすいだろう．結果はこの予測と一致するものであった．特に中心人物の幸せの評定において，周囲の人物が幸せを示している時よりも怒りや悲しみを示している時に，その中心人物の幸せ感情を割り引き，低く評定する傾向は，アメリカ人ではほとんど生じなかったのに対し，日本人では顕著に見られた．

　また，Masuda *et al.*（2008）の研究は，ある人物の表情を評定する際の周囲の人物の表情による影響を検討したが，日常のコミュニケーションにおいて感情は，顔のみならず様々なモダリティを通じて表出されていることを踏まえると，ある人物の表情を判断する際に，他のモダリティにおいて表出されている感情の情報をどの程度考慮するのかにも文化的差異があるかもしれない．具体的には，欧米における人々と比較し，アジアにおける人々のほうが対象人物の感情（たとえば顔に表出された感情）を包括的に理解しようとするかもしれない．

　Tanaka *et al.*（2010）は，日本人とオランダ人の参加者に対して，幸せまたは怒りの表情を示した人物が，ある中性的な発話を幸せまたは怒りの声の調子で読んでいる動画を示した．参加者は，その声の調子は無視し，その表情の幸せ・怒りについての判断か，またはその表情は無視し，その声の調子の幸せ・怒りについての判断かの，いずれかを行った．そして各判断において，参加者

がどの程度無視すべき情報を無視できなかったかに着目した．顔と表情の感情が不一致の場合は，一致の場合よりもそのような無視すべき情報による干渉効果が生じやすいため，正答率がより低くなると考えられる．結果はその傾向と一致し，しかもそのような不一致の情報による正答率への影響は，日本人の場合，表情の判断において顕著であった．つまりオランダ人と比較し，日本人は表情の判断の際につい無視すべき声の調子に注意を向け，それによる影響を受けやすかった．一方で，日本人と比較し，オランダ人は表情に対して注意を向けやすく，その結果，声の調子の判断において無視すべき表情を無視できなかった．このような日本人の傾向は，近年，Mori *et al.*（2022）において追認されている．

　同様の文化差は，カナダと中国といった異なった文化の人々を対象としたLiu *et al.*（2015）でも示されている．Liu *et al.*（2015）は，正答率に加えて脳波も測定し，無視すべき情報の干渉効果の指標として N400 に着目した．そして特に声の調子の判断において，カナダ人における N400 の振幅が大きく，彼らが表情に自動的に注意を向けやすいことを明らかにした．

　さらに Tanaka *et al.*（2010）の結果は，アジア人（日本人とフィリピン人）とアメリカ人を対象に感情的発話の理解についての一連の研究を行い，その発話の意味の快・不快の判断の際に，無視すべき声の調子による干渉効果がアジア人において顕著であることを示した，Ishii *et al.*（2003）の知見とも合致する．

　これまでに紹介した研究は，他者の表情の理解に当たって，特にアジア人は様々な手がかり，たとえばその他者と一緒にいる他者の表情やその他者が示す他のモダリティにおける感情を考慮しやすいことを示している．他のモダリティによる影響に関しては，声の調子のみならず，体のポーズによる影響も知られているが（de Gelder, 2006），その影響もアジア人で強く見られると考えられる．実際，カナダ人と日本人を対象とした研究では，ある人物の表情を判断する際，その表情とポーズが示す感情が不一致の場合に一致の時と比べ正答率が下がったが，その傾向は日本人において顕著であった（Bjornsdottir *et al.*, 2017）．

笑顔の消失に対する敏感さ

　アジアにおける人々は，欧米の人々と比較し，様々な手がかりに注意を払い，

それを考慮しやすいが，このような包括的な感情の認識は，その文化において優勢な価値観である相互協調ともかかわっていると考えられる．特に，その文化において感情の表出は相対的に曖昧であり，むしろそれをコントロールすることが重視されている．そのため，様々なモダリティによる表出やその人物が置かれた状況や文脈を考慮した感情認識が必要とされる．一方，関係性の維持が重要とされるその文化において，その維持がうまくいかないことの不安，さらには他者から承認されるかどうかについての懸念等も高いと考えられる．

　社会的動物として非血縁間での集団生活を営んできたヒトという種全般の傾向として，円滑な対人関係は重要であり，その目的のために他者が示す表出に対して敏感であると考えられる．特に他者が示すネガティブな感情の表出は，自身の行為がその他者の期待を裏切ったりその関係性を逸脱するものであったりすることを示すサインである可能性はあり，それを見逃さずに適切な対応をするのが望ましいだろう．そして特にアジアにおいて重視されている相互協調性を踏まえると，このようなネガティブなサインに対する敏感さは，アジア人において顕著であると考えられる．筆者らは，他者が示すネガティブなサインとしてその笑顔の消失に着目し，最初に示された笑顔または悲しみ顔がだんだんと消え中性的な表情へと変化する動画に対する反応を日米で比較した（Ishii et al., 2011）．実験参加者は，最初にその動画を一通り見たのち，最初に示されていた感情が消えたと思ったらボタンを押してその位置を回答するよう求められた．結果は，悲しみ顔の消失には文化差はなかったものの，予測と一致し，日本人はヨーロッパ系アメリカ人よりも早い段階で笑顔の消失を報告した．さらに，Ishii et al.（2011）の結果は，この笑顔の消失の文化差が愛着の不安傾向の文化差によって媒介されていることも示した．つまり，日本人はアメリカ人よりも不安傾向が高く，そしてその不安傾向が高い人ほど，笑顔が早い段階で消えたと判断していた．この知見は，日本人を対象として異なった刺激を用い，ポジティブおよびネガティブ感情の表出に対する敏感さも検討した Ikeda（2020）によっても確かめられている．Ikeda（2020）においても，不安傾向が高い日本人ほど，笑顔の消失は早い段階で報告し，一方ネガティブな感情の表出も早い段階で報告しやすかった．

4 洋の東西を超えて──社会生態学的な要因による影響

　本章では，相互独立・相互協調（個人主義・集団主義）に関する洋の東西の差異に基づき，言わばそのような文化の準拠枠が人の認知や感情認識に影響を与えていることを示唆する様々な知見を紹介してきた．歴史的な背景が最大限異なる洋の東西に着目し，その結果として心の性質も大きく異なることを示すのは，文化心理学における心と文化の相互構成過程を裏づける上で重要な試みである．しかしこのような試みは，実際には存在している文化内分散を軽視し，いわゆるステレオタイプ化した東洋や西洋のイメージを作り出す可能性もある．さらに，相互独立・相互協調（個人主義・集団主義）は一体どこから来たのかも不明である．そのような点を克服するため，研究者たちは，洋の東西を超えた社会生態学的要因に着目し，それがどのように認知や感情認識に影響を与えていくのかを探索し始めている．以下ではその取り組みの例として，①生業，②人々の流動性，③社会階層，④近代化による認知や感情認識への影響，についての知見を紹介する．

生　業

　生業による影響を検討したものとして，ジョン・ベリーによる先駆的な一連の研究が挙げられる．たとえば，彼は，シエラレオネのテムネ人たち，ニューギニアの先住民たち，オーストラリアの先住民たち，バフィン島（カナダ北東部）のイヌイットたちを対象に，視覚的な弁別を必要とする課題，および空間的スキルに関する課題を実施した（Berry, 1971）．この空間的スキルに関する課題の一つとして，場依存─場独立の知覚の対比を前提とした，埋め込み図形テスト（embedded figure task: EFT）が用いられた．これは，複雑な図形の中に埋め込まれたある単純な図形を見つけ出すものであり，それを早く見つけ出せる人ほどその知覚は場独立であるとされた．またこの際，それらの人々が伝統的な文化が残っている地域に住んでいるか，それとも都市化が進んでいる地域に住んでいるかも考慮し，年齢や性別に関しても統制がとれるようなデータサンプリングが行われた．その結果，狩猟採集民とされるイヌイットおよびオー

ストラリアの先住民たちは，他の2群よりも視覚的弁別および空間的スキルの面で得点が高く，統制条件として含められたイギリスの都会および地方に住む人々とほぼ同等であり，場独立的な知覚を示しやすかった．また後程のトピックとも関連するが，一部の地域においては都市化が場独立的な知覚を促すことが示唆された．

　また近年，Uskul *et al.*（2008）は，分析的・包括的な認知に関する文化差を検討した研究で用いられた課題を用い，トルコの黒海沿岸に住む牧畜民，漁民，農民の認知様式を検討した．先に紹介した Kitayama *et al.*（2003）の線と枠課題に対して，それらの人々は絶対課題よりも相対課題におけるエラーが小さく，全体的に日本人と同様の包括的な認知様式の傾向を示したが，グループ内の比較をすると，とりわけ牧畜民ではその相対課題の優位性が減少していた．また，第2節の「カテゴリー化」の項で紹介した三つ組の写真セットの分類課題では，いずれのグループも関係性に基づいた選択やその説明をする傾向が強く，ここでも包括的な認知を示唆する傾向が見られたが，その傾向はやはり牧畜民において弱くなった．農業や漁業と比較し，牧畜を行っていく上で，比較的人々の間のコーディネーションや協力を必要とする場面は少なく，そのことが協調性に対応した包括的思考様式を抑制する結果になったと考えられる．

　さらに，農業においても，その作物によっては集約的な協力行動を常に必要とするものもあれば比較的そうでないものもあり，その程度が思考様式に影響を与える可能性がある．Talhelm *et al.*（2014）は，米作と麦作の差異に注目し，中国本土において歴史的にその北部は主に麦作，南部は主に米作が行われてきたことから，そのような主流となってきた作物にかかわる人々の行動様式の差異が，認知様式の地域差に反映される可能性について検討した．そして，1000人以上の中国人学生を対象に実験を行い，その出身地域で主流な農業の形態（つまり米か麦か）による影響を調べた．使用した認知課題は，三つ組の写真セットの分類課題であった．関連する指標として，個人主義傾向に関連のある離婚率を調べてみると，麦が主流の北部は米が主流の南部よりも高くなっていた．また関係性に基づいた選択やその説明をする傾向は，南部のほうが北部よりも顕著であった．この研究が興味深いのは，実際に農業に従事している人を対象としているのではなく，そのような生業にはついていない学生を対象と

している点である．生業を日々実践していくことによって，そこで必要とされる人々の相互作用のパターンや関連した価値や信念が生まれるが，それがその地域において共有され，様々な慣習や日々の人々の生活の実践の中に埋め込まれる結果，その生業に実際に従事している人々のみならず，従事していない人においても影響を及ぼすと考えられる．

人々の流動性

　人々の移動にかかわる事例の一つとして，自発的移住が挙げられる．北アメリカは移民文化であり，その歴史は，16世紀における宗教的・経済的理由によるヨーロッパからの人々の移住までさかのぼる．北山らは，このような自発的移住が独立的自己観の起源の一つであると提唱した（Kitayama *et al.*, 2006, 2009）．その自発的移住仮説によれば，移住を選択する人間は元来，独立性に富んでいる可能性が高い．しかも，永続的社会的関係性に乏しく，また政府権力も及ばない開拓地において，頼りになるのはしばしば自らの力と能力のみである．したがって，元来備わっていた独立性はさらに助長された可能性がある．こういった独立的自己観は，「フロンティア精神」と呼ばれる文化の信念体系へと外在化され，もはや移民が過去の歴史となった現在にまで受け継がれてきていると考えられる．実際，日本においてそのような歴史的背景のある北海道に着目し，他者の行為に対する内的特性への帰属および状況要因への帰属の程度をそれぞれ見てみると，アメリカ人は日本の本州で生まれ育った人々と比較し，相対的に外的帰属よりも内的帰属の程度が高かったが，道内で生まれ育った日本人のパターンはこのアメリカ人のパターンと類似していた（Kitayama *et al.*, 2006）．さらに，Kitayama *et al.*（2009）は，アメリカ，ドイツ，イギリス，日本の4カ国において文化心理学の研究で用いられてきた様々な課題を実施したところ，アメリカと日本の間でこれまでの知見を追認する差異を見出すとともに，ドイツとイギリスのパターンは，課題（たとえば原因帰属）によってはアメリカと類似していたものの，おおむねアメリカと日本の中間になることを示した（たとえば線と枠課題）．

　また近年，対人関係の流動性の程度に関する社会・文化的な差異に着目し，それが認知様式にどのような影響を与えるのかについても検討されている．関

係流動性には地域差があり，東アジア，北アフリカ，中東では低く，一方，北米や南米では高い．また歴史上，その生態環境における脅威が高かった地域ほど，加えて先ほども紹介したような生業形態のうち，米作のように集約的な協力を必要とするものが優勢な地域ほど関係流動性は低い（Thomson *et al.*, 2018）．このような関係流動性は，信頼といった対人的な関係にかかわる指標のみならず，分析的・包括的な認知にも影響を与える．San Martin *et al.*（2019）は，アメリカ，スペイン，ナイジェリア，イスラエル，モロッコ，日本において原因帰属に関する課題や線と枠課題を実施し，さらに各参加者の関係流動性の程度についても調べた．その結果，それらの課題における文化差は，関係流動性の文化差によって媒介された．

　関係流動性は，個人を取り巻く人々の関係がどの程度固定（または流動）したものであるかについての知覚を意味している一方，それと似た指標として住居の流動性がある．このような住居の流動性による影響として，そのような流動性が高い人はそうでない人と比較し，関係性に基づいた自己概念の形成が難しいため，自分の性格特性を自分の中心として位置づける傾向が強く，また相互作用の相手がその個人的な特性を正しく知覚してくれた時に，より幸せを感じやすいことが知られている（Oishi *et al.*, 2007）．一般的に住居の流動性には二つの側面があるとされている．一つは，自分で自由に居住地を決めることができる能力であり，もう一つは新しい居住地での生活による不安である．特に後者に着目した場合，興味深いことに，地域レベルでの住居の流動性が高いところには，全米で展開しているチェーン店（たとえばスターバックス）の数が多く，また人々もそれを好みやすい（Oishi *et al.*, 2012）．このようなチェーン店は，基本的にはこれまで慣れ親しんだものを提供してくれるため，たとえばその地域特有の店といったように未経験でよくわからないものと比べたら，不安を低減してくれると言える．加えて，住居の流動性には不安を伴うことから，これまでの引っ越し経験は，笑顔の消失に対する判断にも影響を与える．筆者らは，日米の参加者を対象に先行研究と同じ課題を実施し，その際，参加者の住居の流動性を尋ねたり，その流動性に関するマインドセットを操作したりして，住居の流動性による影響を検討した（Ishii *et al.*, 2020）．その結果，文化とは独立に，住居の流動性の影響が見られ，これまで引っ越し経験をしている人，

51

および高流動性に関するプライミングを受けた人は，そうでない人たちと比較し，笑顔の消失の判断が速かった．

社会階層

　文化と社会階層の相互作用は未解明の点が多い（Ishii & Eisen, 2020）．しかし，特に欧米社会や文化においては，社会階層の高低は相互独立・相互協調と関連する．社会階層が高いと，様々な資源が手に入りやすく，ヒエラルキーの上位者として他者に影響を与えやすい．また自身の選好も自由に示すことが可能である．このような特徴は相互独立的な志向性と軌を一にする．一方，社会階層が低いと，ヒエラルキーの下位に位置し，資源の入手は難しく，社会的な制約や脅威を多大に感じることになる．そしてそのような社会的制約のもと，状況要因への注意が向きやすくなり，また人々の間の依存関係も生じやすい．このような特徴は相互協調的な志向性と軌を一にする．実際に，Kraus *et al.*（2009）は，アメリカ文化においてもこのような階層の差異によって社会的推論のパターンが異なること（具体的には，社会階層が低いほど，文脈情報を考慮し，それに基づいた説明をしやすいこと）を示した．さらに，Na *et al.*（2010）は，認知様式の文化差を検討するために文化心理学において用いられてきた10個の課題をアメリカの一般人を対象に実施し，そのうち七つの課題において，社会階層が低い個人ほど包括的な認知傾向を示しやすいことを明らかにした．また，課題は異なるものの，社会階層が低いほど文脈情報に基づいた解釈や説明をしやすい傾向は，中国人の学生たちを対象とした Hamamura *et al.*（2013）の研究でも示されている．さらに，Kraus *et al.*（2009）や Hamamura *et al.*（2013）は，Masuda *et al.*（2008）の感情認識課題も実施しており，中心人物の表情の評定において周囲の人物の感情の一致・不一致が影響を与える程度は，社会階層が低い個人において顕著であることを示した．

　社会階層によるこのような影響は，脳波に注目した場合でも示されている．Varnum *et al.*（2012）は，先に紹介した Na & Kitayama（2011）による自発的特性推論課題を用いて，アメリカ人の学生参加者がどのような社会階層の出身であるかによってその反応が異なる可能性を検討した．Na & Kitayama（2011）と同様に，干渉効果の指標として N400 に注目したところ，高社会階層

からの学生のほうがそうでない学生よりも自発的特性推論に基づく反応をしやすかった．つまり，他者の行為の推論において内的特性につい注意を向けてしまう傾向は，Na & Kitayama（2011）によれば，ヨーロッパ系のアメリカ人において顕著であったが，同時にそれは高社会階層によって促される傾向であるとも言える．

近代化・都市化

　先ほど紹介したベリーの研究は，近代化・都市化によってその認識が場独立，つまり分析的な認知になることを示唆している．ただしその知見は，分析的な認知様式を促す西洋の教育による影響と解釈可能かもしれない．むしろ以下で紹介する研究は，近代化や都市化の結果として人々が接する環境の事物や情報が増え，そのことが様々な事物への注意を促すことを示唆するものである．実際，環境の複雑さが包括的な認知を促す可能性は，Miyamoto *et al.*（2006）の日米比較研究が示している．Miyamoto *et al.*（2006）は，街の景観がアメリカよりも日本において，さらには地方よりも都会において，複雑（つまり事物がたくさん詰め込まれていること）であることを示し，さらに事前に日本の景色をプライムされた実験参加者は，アメリカの景色をプライムされた参加者と比較し，Masuda & Nisbett（2006）が用いた変化盲の課題において，背景の変化をより見つけやすいことを明らかにした．つまり複雑な背景は，様々な事物への注意を促し，そのことによって注意の範囲が広がると言える．

　このような注意の範囲と関連した錯視として，エビングハウス錯視がある．中央の円に対し，それよりも小さい円で周囲を囲んだ時のほうが，大きい円で囲んだ時よりも，その中央の円は大きく知覚される．これは中央の円の大きさを見積もる際に，周囲の円に注意を払い，それと大きさを対比させてしまうことによって生じる．そのため，中央は円で周囲は五角形といったようにそれらの図形の物理的な属性が異なる場合には，錯視自体生じにくくなる．興味深いことに，ナミビア北部に住むヒンバ族の人々とイギリス人を比較した研究では，ヒンバ族の人々ではエビングハウス錯視がほぼ生じなかった（de Fockert *et al.*, 2007）．さらに後続の研究において，伝統的な生活様式を維持しているヒンバ族の人々，都市化されたヒンバ族の人々，イギリス人，日本人を比較したとこ

ろ，エビングハウス錯視の程度は日本人において最も強く，伝統的な生活様式を維持しているヒンバ族の人々において最も弱かった（Caparos *et al.*, 2012）．イギリス人と都市化されたヒンバ族の人々の錯視量は同程度であり，それらの中間だった．このことは，エビングハウス錯視は注意の範囲が最も広い（それだけ包括的な認知を示す）日本人において顕著であることを示唆する．その一方，複雑な環境ではない自然の中で伝統的な生活を送るヒンバ族ではほぼ生じず，しかしヒンバ族の人々でも都市化が進んでいる地域に暮らしている場合，その日常的に接する環境の複雑さが注意の範囲を広げ，その結果として伝統的な暮らしをしているグループと比較し，錯視量が大きくなったと考えられる．

5　今後の展開と可能性

　本章では，まず相互独立・相互協調（個人主義・集団主義）の理論的な枠組みに基づき，認知や感情における代表的な洋の東西の差異を紹介した．さらに，洋の東西の差異を超えた分析として，社会生態学的要因による影響について，生業，流動性，社会階層，近代化・都市化という諸側面から検討した．それが明らかにしたのは，一貫して，認知や感情認識は，ヒトの進化の過程で形成されてきた種特有の普遍的な特性を持ちつつも，その様相は社会・文化環境に大きく依存している点である．また，紹介された知見は，自己報告による内省指標，実際の行動の計測，生理的な反応，眼球運動，さらには脳波や脳活動の計測等，様々な指標が組み合わされ，説得力の高いものである．

　近年，心理学分野における知見の再現可能性が問題となっている．ただ，まさしく「知見が再現されない」点に焦点を当てるのならば，それは今に限った話ではない．それは四半世紀以前の文化心理学における実験研究の出発点にさかのぼるといっても過言ではない．現在でもなお，心理学の主流は西洋圏にあり，その知見の多数は，特に北米の大学生の実験参加者のデータをもとにしたものである．ジョセフ・ヘンリックらは，心理学の研究者もその実験参加者もほとんどが WEIRD（western［西洋の］，educated［教育された］，industrialized［産業化された］，rich［豊かな］，democratic［民主主義の］の頭文字をとった造語であり，weird［奇妙な，おかしい］とのかけ言葉にもなっている）の人々であり，

WEIRD が大多数を占める心理学研究において，WEIRD を対象として得られた結果があたかも「一般的」のように扱われていることを問題視した（Henrich *et al.*, 2010）．WEIRD に基づく知見を一般化することによる誤謬は，特に知見の再現可能性を考えるに当たって重要な意味を持っている．通常，知見を一般化していくためには，関連する変数を少しずつ変えながら一貫してその知見を支持するパターンが見られるのかどうかを検討していく．その時，もし厳密な実験を幾度も行ってもその知見のパターンを追認できなかったとしたら，果たして「その知見は再現できなかった」という結論で終わりだろうか．ここでもし，社会・文化環境がその環境に見合った心の性質を作り出す可能性に着目するのであれば，単なる再現可能かどうかの次元にとどまらない，むしろその可能性そのものが検討すべき仮説へと転換し，様々な心の性質を異なる文化間で比較していくといった新たな研究の展開をもたらすことになる．実際その研究の展開こそが，この四半世紀における文化心理学の成果に他ならない．知見が追認されるかどうかが重要であるのは疑うまでもない．しかし，こと心の社会性を扱う分野の場合，再現可能性の問題は，そのレベルにとどまるようなものではない．その問題は，本来，心の性質の理解にはその背後の社会・文化環境の構造の理解が不可欠という点に人の関心を向けさせ，社会・文化環境の構造に関連したマクロ変数を含めた，研究の積み重ねによる心の本質的な理解へと人を動機づける性質を帯びているはずである．

　一方，社会・文化環境による心への影響に関して，本章で紹介したように洋の東西の比較によって得られるパターンは，相互独立・相互協調，または個人主義・集団主義の次元に一貫して沿っているかのように見える．ただしこれは全体的な傾向がそうなのであって，文化課題理論が示唆するように，慣習の選択の仕方を反映した文化内分散は少なからず存在する．実際，文化内分散に注目することは，洋の東西を超えた新たな要因による検討（たとえば流動性の差異による影響）を促す．加えて，今後の研究においては，認知や感情認識を含む様々な心の性質と社会・文化環境との関連がほぼまだ調べられていない地域における知見を増やしていき，包括的な議論をしていくことが必要であろう．たとえば，中東における人々を対象とした研究では，線と枠課題や原因帰属といった認知様式の面では人々は包括的であり，また内集団メンバー間の相互協調

性も高いが，自己を主張する傾向が強く，自己高揚傾向はアメリカ人と同様に見られやすいことが指摘されている（San Martin *et al.*, 2018）．また，南米における人々を対象とした研究では，やはり認知様式の面では包括的でありながら，感情表出が顕著であり，その表出が他者に対する配慮や関心のサインとなり相互協調性が保たれていることも示されている（Salvador *et al.*, 2020）．これらの知見は，中東や南米ではその地域特有の相互協調性の形態があることを示唆している．そしてこれは，その地域における歴史的な背景や人間関係の形成や維持の方略を反映したものである．このような研究を進めていくことは，心と文化の相互構成過程についてのさらなる理解を深めることになる．

　近年のグローバル化の波は，膨大な人々の移動をもたらしている．そのため，人が新しい社会・文化環境でどのように適応していくか，そしてそれによる心理的な帰結は何かといった問いを明らかにしていくことは，時代の要請に大いに対応している．本章では，文化適応や精神健康の側面には触れなかったが，出自の文化と現在の（新しい）文化における人間観や価値の相違の大きさが，適応のしやすさやその仕方を決めるように思われる．そして適用のしやすさやその仕方を推測するに当たり，認知様式や感情認識に代表される，洋の東西の心理・行動傾向は，基礎資料として極めて重要である．特に相違が大きく，それが新しい文化への適応を難しくさせているような場合，個人の能力の問題としてではなく，その相違こそが問題の所在であること，そして二つの文化で優勢な人間観や価値，さらには心理・行動傾向を学ぶことが相違の解消に向けて有効であることを提案できよう．

引用文献

Benedict, R.（1946）. *The chrysanthemum and the sword*. Houghton Mifflin.（長谷川松治（訳）（2005）. 菊と刀――日本文化の型　講談社）

Berry, J. W.（1971）. Ecological and cultural factors in spatial perceptual development. *Canadian Journal of Behavioural Science*, *3*, 324–336.

Bjornsdottir, R. T., Tskhay, K. O., Ishii, K., & Rule, N. O.（2017）. Cultural differences in perceiving and processing emotions: a holistic approach to person perception. *Culture and Brain*, *5*, 105–124.

Caparos, S., *et al.*（2012）. Exposure to an urban environment alters the local bias of a remote culture. *Cognition*, *122*, 80–85.

Chiu, L. H. (1972). A cross-cultural comparison of cognitive styles in Chinese and American children. *International Journal of Psychology, 8,* 235–242.

Choi, I., & Nisbett, R. E. (1998). Situational salience and cultural differences in the correspondence bias and in the actor-observer bias. *Personality and Social Psychology Bulletin, 24,* 949–960.

Chua, H. F., Boland, J. E., & Nisbett, R. E. (2005). Cultural variation in eye movements during scene perception. *Proceedings of the National Academic of Sciences of the Unite States of America, 102,* 12629–12633.

de Fockert, J., Davidoff, J., Fagot, J., Parron, C., & Goldstein, J. (2007). More accurate size contrast judgments in the Ebbinghaus Illusion by a remote culture. *Journal of Experimental Psychology: Human Perception and Performance, 33,* 738–742.

de Gelder, B. (2006). Towards the neurobiology of emotional body language. *Nature Reviews Neuroscience, 7,* 242–249.

Ekman, P. (1984). Expression and the nature of emotion. In K. Scherer & P. Ekman (Eds.), *Approaches to Emotion* (pp.319–344). Erlbaum.

Ekman, P., *et al.* (1987). Universals and cultural differences in the judgments of facial expressions of emotion. *Journal of Personality and Social Psychology, 53,* 712–717.

Elfenbein, H. A., & Ambady, N. (2002). On the Universality and Cultural Specificity of Emotion Recognition: A Meta-Analysis. *Psychological Bulletin, 128,* 203–235.

Gilbert, D. T., & Malone, P. S. (1995). The correspondence bias. *Psychological Bulletin, 117,* 21–38.

Gutchess, A. H., Welsh, R. C., Boduroglu, A., & Park, D. C. (2006). Cultural differences in neural function associated with object processing. *Cognitive, Affective, & Behavioral Neuroscience, 6,* 102–109.

Hamamura, T., Xu, Q., & Du, Y. (2013). Culture, social class, and independence–interdependence: The case of Chinese adolescents. *International Journal of Psychology, 48,* 344–351.

Hedden, T., Ketay, S., Aron, A., Markus, H. R., & Gabrieli, J. D. E. (2008). Cultural influences on neural substrates of attentional control. *Psychological Science, 19,* 12–16.

Henrich, J., Heine, S. J., & Norenzayan, A. (2010). The weirdest people in the world? *Behavioral and Brain Sciences, 33,* 61–135.

Ikeda, S. (2020). Social anxiety enhances sensitivity to negative transition and eye region of facial expression. *Personality and Individual Differences, 163,* 110096.

Ishii, K., & Eisen, C. (2020). Socioeconomic status and cultural difference. *Oxford Research Encyclopedia of Psychology.*

Ishii, K., Komiya, A. & Oishi, S. (2020). Residential mobility fosters sensitivity to the disappearance of happiness. *International Journal of Psychology, 55,* 577–584.

Ishii, K., Miyamoto, Y., Mayama, K., & Niedenthal, P. M. (2011). When your smile fades away: Cultural differences in sensitivity to the disappearance of smiles. *Social Psychological and Personality Science, 2,* 516–522.

Ishii, K., Reyes, J. A., & Kitayama, S. (2003). Spontaneous attention to word content

versus emotional tone: Differences among three cultures. *Psychological Science, 14*, 39
–46.

Jack, R. E., Garrod, O. G., Yu, H., Caldara, R., & Schyns, P. G. (2012). Facial expressions of emotion are not culturally universal. *Proceedings of the National Academy of Sciences, 109*, 7241-7244.

Ji, L., Zhang, Z., Nisbett, R. E. (2004). Is it culture or is it language? Examination of language effects in cross-cultural research on categorization. *Journal of Personality and Social Psychology, 87*, 57-65.

Jones, E. E., & Harris, V. A. (1967). The attribution of attitudes. *Journal of Experimental Social Psychology, 3*, 1-24.

Kitayama, S., Duffy, S., Kawamura, T., & Larsen, J. (2003). Perceiving an object and its context in different cultures: A cultural look at New Look. *Psychological Science, 14*, 201-206.

Kitayama, S., Ishii, K., Imada, T., Takemura, K., & Ramaswamy, J. (2006). Voluntary settlement and the spirit of independence: Evidence from Japan's "Northern frontier". *Journal of Personality and Social Psychology, 91*, 369-384.

Kitayama, S., Park, H., Sevincer, A. T., Karasawa, M., & Uskul, A. K. (2009). A cultural task analysis of implicit independence: Comparing North America, Western Europe, and East Asia. *Journal of Personality and Social Psychology, 97*, 236-255.

Kraus, M. W., Piff, P. K., & Keltner, D. (2009). Social class, sense of control, and social explanation. *Journal of Personality and Social Psychology, 97*, 992-1004

Levenson, R. W., Ekman, P., Heider, K., & Friesen, W. V. (1992). Emotion and autonomic nervous system activity in the Minangkabau of West Sumatra. *Journal of Personality and Social Psychology, 62*, 972-988.

Liu, P., Rigoulot, S., & Pell, M. D. (2015). Culture modulates the brain response to human expressions of emotion: Electrophysiological evidence. *Neuropsychologia, 67*, 1–13.

Markus, H. R., & Kitayama, S. (1991). Culture and the self: Implications for cognition, emotion, and motivation. *Psychological Review, 98*, 224-253.

Masuda, T., & Nisbett, R. E. (2001). Attending holistically versus analytically: Comparing the context sensitivity of Japanese and Americans. *Journal of Personality and Social Psychology, 81*, 922-934.

Masuda, T., & Nisbett, R. E. (2006). Culture and change blindness. *Cognitive Science, 30*, 381-399.

Masuda, T., *et al.* (2008). Placing the face in context: Cultural differences in the perception of facial emotion. *Journal of Personality and Social Psychology, 94*, 365-381.

Mauss, I. B., & Butler, E. A. (2010). Cultural context moderates the relationship between emotion control values and cardiovascular challenge versus threat responses. *Biological Psychology, 84*, 521-530.

Miyamoto, Y., & Kitayama, S. (2002). Cultural variation in correspondence bias: The critical role of attitude diagnosticity of socially constrained behavior. *Journal of Per-*

sonality and Social Psychology, 83, 1239–1248.

Miyamoto, Y., Nisbett, R. E., & Masuda, T. (2006). Culture and the physical environment: Holistic versus analytic perceptual affordances. *Psychological Science, 17*, 113–119.

Mori, Y., Noguchi, Y., Tanaka, A., & Ishii, K. (2022). Neural responses to facial and vocal displays of emotion in Japanese people. *Culture and Brain, 10*. 43–55.

Murata, A., Moser, J. S., & Kitayama, S. (2013). Culture shapes electrocortical responses during emotion suppression. *Social Cognitive and Affective Neuroscience, 8*, 595–601.

Na, J., *et al.* (2010). Cultural differences are not always reducible to individual differences. *Proceedings of the National Academy of Sciences of the United States of America, 107*, 6192–6197.

Na, J., & Kitayama, S. (2011). Spontaneous trait inference is culture-specific: Behavioral neural evidence. *Psychological Science, 22*, 1025–1032.

Nisbett, R. E., Peng, K., Choi, I., & Norenzayan, A. (2001). Culture and systems of thought: Holistic vs. analytic cognition. *Psychological Review, 108*, 291–310.

Oishi, S., Lun, J., & Sherman, G. D. (2007). Residential mobility, self-concept, and positive affect in social interactions. *Journal of Personality and Social Psychology, 93*, 131–141.

Oishi, S., Miao, F. F., Koo, M., Kisling, J., & Ratliff, K. A. (2012). Residential mobility breeds familiarity-seeking. *Journal of Personality and Social Psychology, 102*, 149–162.

Salvador, C. E., *et al.* (2020). Expressive interdependence in Latin America: a Colombia, U.S., and Japan comparison. PsyArXiv [Preprint]. doi: 10.31234/osf.io/pw4yk

San Martin, A., Schug, J., & Maddux, W. W. (2019). Relational mobility and cultural differences in analytic and holistic thinking. *Journal of Personality and Social Psychology, 116*, 495–518.

San Martin, A., *et al.* (2018). Self-assertive interdependence in Arab culture. *Nature Human Behaviour, 2*, 830–837.

Talhelm, T., *et al.* (2014). Large-scale psychological differences within China explained by rice versus wheat agriculture. *Science, 344*, 603–608.

Tanaka, A., *et al.* (2010). I feel your voice: Cultural differences in the multisensory perception of emotion. *Psychological Science, 21*, 1259–1262.

Thomson, R., *et al.* (2018). Relational mobility predicts social behaviors in 39 countries and is tied to historical farming and threat. *Proceedings of the National Academy of Sciences, 115*, 7521–7526.

Triandis, H. C. (1995). *Individualism and collectivism*. Westview Press.

Uskul, A. K., Kitayama, S., & Nisbett, R. E. (2008). Ecocultural basis of cognition: Farmers and fishermen are more holistic than herders. *Proceedings of the National Academic of Sciences of the Unite States of America, 105*, 8552–8556.

Varnum, M. E. W., Na, J., Murata, A., & Kitayama, S. (2012). Social class differences in N400 indicate differences in spontaneous trait inference. *Journal of Experimental Psychology: General, 141,* 518–526.

Yuki, M., Maddux, W. W., & Masuda, T. (2007). Are the windows to the soul the same in the East and West? Cultural differences in using the eyes and mouth as cues to recognize emotions in Japan and the United States. *Journal of Experimental Social Psychology, 43,* 303–311.

Zarate, M. A., Uleman, J. S., & Voils, C. I. (2001). Effects of culture and processing goals on the activation and binding of trait concepts. *Social Cognition, 19,* 295–323.

第3章 状況論とポスト状況論
──アクター・ネットワーク・セオリーとポスト資本主義の狭間で

香川秀太

　状況論とは，心を頭の中にあるものと見なす個体主義的心理学を批判して，心を人・モノの関係性（ネットワーク，状況，文脈，集合体，共同体）に埋め込まれたものと見なす理論である．状況論は，人間の集合性や協同学習を研究する次のような新しい認知科学の領域を切り開く一端を担ってきた．たとえば，アクティブラーニング，学習科学，ワークプレイス研究，フィールド（質的）調査である．それらは心理学や認知科学における個体主義や実証主義からのシフトチェンジだけでなく，教育現場や職場の実践にも影響を及ぼし続けている．

　本章では，状況論の代表的な学習発達論（正統的周辺参加，拡張的学習，パフォーマンス心理学），並びにアクター・ネットワーク・セオリーに着目し，各理論の内容，研究例，与えた影響を示す．また，これらの諸課題を示しつつ，昨今，哲学や人類学領域で勃興する，資本主義の限界を超えた未来の社会を標榜する「新興（ネオ）ポスト資本主義論」──その多くがカール・マルクスとフリードリヒ・エンゲルスらの古典的ポスト資本主義論の今日的解釈として派生──と，状況論とが合流して生まれるポスト状況論を論じる．

1　状況論の特徴と変遷

　状況論は，従来の心理学の考え，つまり，外から観察可能な刺激─反応の連合を研究対象とする行動主義と，刺激─反応の間にある頭の中の情報処理過程を解明する認知主義が拠って立つ，次の自明の前提を批判して生まれた．①心は個体内部にあり，それに外的な環境ないし社会・文化的変数が影響を与えると考える，あるいは学習発達とは環境や他者から知識を内面化していく過程と見なす内外二元論（個体主義），②その心的現象の普遍的メカニズムや，内と外

との因果関係は，客観的な事実（数量データ）を蓄積すれば解明可能とする実証主義や素朴実在論，③現象を数量化して分析することを自然科学としての心理学的方法論の本流とする数量化信奉，④「学習すべき内容」や「正解」，そして，それを測るための「基準や尺度」が，研究者（実験者）や教師といった権力者によって決定され，その定められた枠の中で学習者（実験参加者や生徒・学生）のパフォーマンスを評価するという集権的官僚主義，である．

　これに対し，状況論は，①′心とは，脱文脈的な個人内に存するものではなく，例外なく社会・文化・歴史的な状況，集合体に埋め込まれており，人と人，人とモノとの相互行為，関係性，ネットワーク（連関）の「動き」そのもの──「頭の中の心」という語り方も含め──ととらえる．たとえば，日常生活状況の人の記憶はメモやスマホなどのモノと切り離せないが，古典的な教室のテスト「状況」だとそれら物的媒体の活用が制限され，「頭の中の知識」が焦点化される．また，②′客観的事実とは，人（たとえば専門的地位），言語（たとえば統計），モノ（たとえば実験器具），規範（たとえば科学論文のルール）等の諸リソースによって構成される集合的な産物──これら諸アクターの動員によって俯瞰的視点から構成される一側面（多様にありうるうちの「一つの」可視化された事実）──であり，それらと切り離された絶対的真実はないと考える．そして，③′具体的な状況（現場^{フィールド}）を調査するには，量だけでなく質的な方法（たとえば，エスノグラフィー，会話分析，グラウンデッドセオリー，アクションリサーチ）が重要と考える．さらに，④′画一的な，あるいは管理・官僚主義的な学習環境の枠組みを批判し，対話的で創造的な共同体の構築を志向する傾向もある．

2　状況論の多様性

　状況論の全体的な特徴を述べてきたが，一枚岩とは言えない．次に冒頭で示した通り，状況論内部の代表的な三つのアプローチを見ていこう．なお，「状況論」という名称の使い方は論者や文脈により相違する．たとえば，ユーリア・エンゲストロームは，ジーン・レイヴらの正統的周辺参加論を状況論と呼び，自身の拡張的学習論（活動理論）と区別するし，ロイス・ホルツマンらが牽引するパフォーマンス心理学派は，拡張的学習と正統的周辺参加を状況論と

位置づけ，自らと区別する．しかし，いずれもレフ・ヴィゴツキーやマイケ
ル・コール[1]の影響を強く受け，脱個体主義を掲げる学習発達論としてのア
イデンティティを持つ点は概ね共有する．また，いずれもマルクスから史的唯
物論（歴史的で具体的な諸物の関係運動）の発想を継承しつつ，政治経済学的関
心より心理学的な関心──（共同体的な）学習・発達，知識・技能，情動，セ
ラピー，アイデンティティ──を前景化することで発展した．本章では，以上
の共通点を踏まえ，正統的周辺参加，拡張的学習，パフォーマンス心理学を状
況論と総称して順に解説する．

正統的周辺参加論

　三つのうち，最初に邦訳されたのが正統的周辺参加論（legitimate peripheral
participation: LPP）ないし実践共同体論（Lave & Wenger, 1991; Wenger, 1998）
である（原著の出版は次の拡張的学習のほうが古い）．この枠組みは，事例として
は，レイヴが 1970 年代頃から関心を寄せ，自らも一部調査していた伝統的な
徒弟制の現場（仕立屋，アルコール依存症者の語りの共同体，土着の助産実践など）
や 80 年代後半に彼女が行った日常の算数（学習転移論批判）の研究成果を中心
としつつ，エティエンヌ・ウェンガーが 90 年代にまとめた現代的な職場（保
険請求処理会社）のフィールド調査の成果が組み合わさり，生まれた．理論的
には，マルクスとエンゲルス，ヴィゴツキー，ブリュノ・ラトゥール，そして
（シンボリック相互作用論者）スーザン・スター等の影響を受けて概念化された．
LPP は，従来の内面化論（個体主義）に対し，人々が特定の共同体（状況・文
脈）を構成（生産・再生産）していく実際の具体的な過程を学習と見なす．すな
わち，アイデンティティ，ポジション，技能，知識の全人格的変化と共同体の
生産・再生産との（不可分な）関係変化の過程を学習ととらえ直す．LPP に含
まれる正統性と周辺性には次の意味がある．

　正統性とは，ある共同体に何らかのかたちでアクセス可能な状態やその仕方
を意味する．その組織に参加するのにどんな儀礼やメンバー承認の仕組みを通

---

1)　エンゲストローム，レイヴ，ホルツマンより上の世代で，当時新しかった関係論的，状況
　論的なヴィゴツキー解釈をアメリカ内外に広げたパイオニア．

過するか，どんなかたちで新参者がメンバーとして認められるかなど，アクセス方法は共同体の仕組みとその参加者との関係により多様である．企業なら正社員もボランティアもインターン生も同じくその組織に公的にかかわっていることに変わりないが，ほとんどの組織で与えられる（構成される）正統性は相違するだろう．

　周辺性には，主に次の三つの意味がある．第一に，共同体に入ったばかりの新参者が次第に熟達して十全的参加者になっていく過程である．この時，周辺から十全への「参加の軌道」は個々により相違する．個々人が描く多様な参加の軌道が組み合わさって，二つとない個別具体的な共同体が作られ，変化する．たとえば，保育園で当初，友人とトラブルを起こしていた「ちょっと気になる子ども K」が次第に打ち解けていった過程は，単に K 個人の学習や発達の問題ではなかった（刑部, 1998）．当初は保育者や他の幼児と K との関係から，「K の居場所がないこと」が相互的に構成されており，その後，保育者間で K への見方やかかわり方が変わっていく中で，K は居場所を得て「気にならない子ども K」へとアイデンティティを変化させていた．ここでは K とともに他の幼児や保育者もまた違うかたちで正統周辺的に変化し続ける．したがって，時に誤解されるが，共同体とは主体の外側にある環境ではない．人，モノ，規範が一つ一つ繊維として絡まり合って糸（参加の軌道）を作り，その多様な参加の軌道が絡まり合う中で編み物（共同体）となっていく動き（プロセス）そのものである．繊維同士の絡まり方や軌道が変われば，編み物（共同体）も変わっていく．同時並行して，逆に編み物（文脈）が繊維や糸の結びつき方に制約も与え，繊維や糸の役割や位置も変わる．彼らはマルクスを引いて「社会的実践の理論」と LPP とを結びつけるが，実践とは人・モノの主体的な「動き」である．それゆえ「実践共同体」と呼称される．

　第二に，周辺性には，多層的な実践共同体の結び目という意味もある．共同体は，単一・単層的に見えても決して孤島ではない．たとえば，同じ工場内で雨合羽のファスナーを圧着する工員たちは，単調で退屈な作業を紛らわせるのに，公的な作業の文脈に，非常に手の込んだ非公式な「おふざけ遊びの文脈」も編み出し，多重化させている（Roy, 1959）．管理者の目をかいくぐって創造される，この隠れた遊びの文脈が，実は彼らの離職抑止にもつながる．また，

そのおふざけ遊びには，日頃の家庭生活の話題や，妻が作った弁当など，工場外の共同体の出来事やモノが動員，再文脈化される．このように，複数の諸共同体，諸文脈が重なり，共同し，矛盾し，緊張し合う狭間に，周辺的参加者がいる．

　第三に，変化し続ける共同体に対しては，あらゆる参加者が否応なく周辺的である．たとえば，世界に誇るY社の既存のガソリンエンジンの開発に長けた十全的な熟練技術者といえども，ICTやEVの技術を盛り込み，部品製造や商品販売のネットワークを激変させたT社らの新たな自動車産業の動向を受けてY社の体制が大きく変われば，途端に周辺者へと変化するかもしれない．潜在的に，あらゆる共同体の十全的参加者は例外なく周辺的参加者でもある．レイヴらが正統的十全参加ではなく，正統的周辺参加という名をより根本的な意味をなす名称として選択した理由は，以上にある．

　なお，レイヴらは，ヴィゴツキー（1934）の「発達の最近接領域（zone of proximal development: ZPD）」を，「個人主義的な内化の過程」（Lave & Wenger, 1991　佐伯訳，1993, p.24）に注目するものだと批判的に言及した上で，LPPは脱内面化論であってZPDを超えるものと位置づけている[2]．

　以上のLPPの議論は，第一に，従来主流だった実験や質問紙による学習発達研究の批判的検討を引き起こし，フィールド研究の拡大に貢献した．第二に，知識の脱文脈性（個体主義）を前提とする，学習転移論および教え込み型教育の見直しにつながった．LPPからすれば，学習は常に文脈とセットだから，いくら学校や研修の成績がよくても，その知識や有能性が学外（仕事や日常生活）という別の文脈に転移するとは限らない――脱文脈的と言われる抽象的な類推的知識であっても，学校という文脈に埋め込まれていることに変わりない――．したがって，学内での成績向上の方法など，効果的な知識習得（内面化）方法を探究する教授主義から脱却し，非公式な学習も含めた，各状況に特有の人とモノの関係を解明せねばならない．たとえば，Østerlund（1996）は，あ

---

2)　レイヴらのこの解釈に反し，むしろZPDは個人の内面化論ではなく協同学習の概念とする解釈も多く行われる（たとえば，Wells, 1999）．これを踏まえれば，主に親子や子ども同士の二者間の協同性に着目したZPDを，LPPは新参者と古参者の間の協同や葛藤を含む，共同体次元に拡張したものとも見なせる．

るコピー機販売会社の新人の学習過程を調査した．社内研修では，契約を得るまでの客とのやりとりに関するマニュアル（認知的モデル）の正確な習得が新人に求められる．しかし，実践現場で対面する本物の客は，マニュアル通りには動かず，嗜好性も多様なため，即興的な相互行為が主軸となる．事実，社員は口をそろえて研修は役立たないと言い，実践の中で学ぶ重要性を訴える．他方で，その裏側では，企業の指示に従い，管理される関係（被管理者のアイデンティティ）に関しては研修と実践現場とで連続していた．このように LPP は，学校の内と外など，状況ごとに学習の特徴を調査する必要性を示した．第三に，近代的な一斉教授よりも，本物の対象や実践に触れながら学ぶ徒弟制的学習の価値を再考させた．これは，学校に徒弟制システムを導入することで教え込み型教育の乗り越えを図る「認知的徒弟制」（Collins & Kapur, 2014）の研究につながり，学習科学の展開に貢献した（詳細は Sawyer, 2014 参照）．第四に，ウェンガーの現代的な職場のエスノグラフィー（Wenger, 1998）は，ワークプレイス研究や経営組織論に影響を与えた．事実，彼は経営学者らと一緒に，実践共同体を「あるテーマに関する関心や問題，熱意などを共有し，その分野の知識や技能を，持続的な相互交流を通じて深めていく人々の集団」と再定義した（Wenger *et al.*, 2002, p. 33）．LPP では実践共同体は分析概念としての趣向が強かったが，企業文化の硬直を改善するために積極的に編成されるべきものとして，組織開発の意味合いの強い概念へと更新された．これは次のエンゲストロームらの研究のインパクトとも合わさり，経営学と心理学を結びつける動きを加速させた（たとえば，藤澤・香川，2020）．

拡張的学習論

　LPP より少し前，エンゲストロームは，ヴィゴツキーやその同僚アレクセイ・レオンチェフによる文化―歴史的活動理論を新たに展開させて，拡張的学習論を提唱した（Engeström, 1987）．この理論もワークプレイス研究やアクティブラーニングに影響を与えたが，LPP との違いは特に次の学習Ⅲにある．

　彼は学習をⅠ，Ⅱ，Ⅲに分ける――ただし，三つは相互に排他的でなく重層的とされる――．学習Ⅰは，報酬や罰による行動主義的な学習である．学習Ⅱは，再生産型と生産型とに分けられる．学習Ⅱ -a（再生産型）は，学習Ⅰが繰

り返し起こる中で，「自分はその文脈や共同体においてどうふるまうのが適切か」という暗黙の表象を生成していく学習過程を意味する．つまり，学習Ⅱ-a とは，参加する共同体が求める特有のふるまい方，習慣，性格の習得に該当する．算数の授業で，正しい数式を使うことでほめられる，点がもらえるなどの学習Ⅰを通して，算数の問題が解けるようになった生徒たちが，テストに出ないであろう授業内容に関しては真面目に取り組まないという場合，学習Ⅱ-a の発現と言える．これに対し，学習Ⅱ-b（生産型）は，反復学習的なⅠとⅡ-a の動揺から生じる，新しいふるまい方の学習である．たとえば，いったん報酬と罰により指定の曲芸を学んでいたイルカが，同じ動きをしても餌をもらえず，違う動きをするともらえる状況に直面した．14 回それが続き，イルカはとまどうが，15 回目には 4 種類の全く新奇の精妙な行動を自ら創出した（Engeström, 1987）．ⅠとⅡ-a が教わった通りに道具や知識を媒介する学習なら，Ⅱ-b は自ら道具や知識を改編ないし創出する学習である．しかし，Ⅱ-b においても，餌をもらうために曲芸を演じる文脈自体はそれまでと変わっていない．要するに，所与の規範や構造（文脈）の範囲内で，それを壊さない程度に行為や環境を省察して修正・改善するにとどまる．よく上司や教師が「指示や教えた以上のことに主体的に取り組んでください」と言うが，一般的にこれは学習Ⅱ-b を期待するものであろう．次の学習Ⅲまで踏み込む学習者は，安定した組織秩序をゆさぶるため，一般的にあまり歓迎されない．なお，エンゲストローム自身は，LPP をこの学習Ⅰ，Ⅱまでの段階を射程に入れた理論だと位置づけている．

　これに対し，学習Ⅲは，組織や共同体の従来の規範や構造（前提）それ自体に疑問を投げかけ，質的に変革する学習である．たとえば，病院組織がそれまでのピラミッド型の意思決定の仕組みを問い直し始め，異病棟の現場の看護師らが集まり，新しい新人研修の仕組みを自ら共創するなど，意思決定の前提を変えることである（香川他，2016）．この事例でも半ば意図せず起きていったが，学習Ⅲでは，主体は活動システム（共同体）全体を，過去，現在，未来の時間（歴史）全体で対象化してとらえるようになり，共同体が抱えつつも見過ごされてきた不都合な諸矛盾を意識化し始める．そして，その諸矛盾を乗り越えて，新たな活動システムへと転換していく変革の担い手へと変化・発達する．

マルクスの弁証法や史的唯物論の影響が随所に窺える，この学習Ⅲは魅力だけではなくリスクもある．学習Ⅲの渦中の人々は，「この問題の意義と意味は何か．私はなぜそれを解かないといけないのか」など前提を問い始めるため，それまでの学習Ⅰ，Ⅱによる安定したふるまいがゆさぶられもするからである．

エンゲストロームもZPDに触れ，これを拡張する．ヴィゴツキーは子どもの協同活動が未来の発達の姿（つぼみ）を垣間見せることに着目したが，エンゲストロームは，現在と未来の間，協同性，つぼみや胚という発想は継承しつつも，ZPDを「個人の現在の日常的行為と，ダブルバインド（矛盾）の解決として集団的に生成される歴史的に新しい社会活動との間の距離」と再定義した．

なお，学習Ⅲは，現実の制約を超えたり逸脱したりする自由遊び，つまり想像的な実践とも重ねられる——時に誤解されるが，この意味で拡張的学習論と次のパフォーマンス心理学の相違は，単に遊びや想像性の観点の有無ではない——．従来の規範とは違うものを想像・創造し，自由に生み出す点が共通するからである．ただし，学習Ⅲとは単なる想像上の産物ではなく，現実世界での実践でもある．想像か現実かの二元論ではなく，両者の間に拡張的学習がある．

越　境　拡張的学習論は，その後，二つ以上の活動システムの間の水平的な相互作用（越境）の問題へと視野を広げた．越境においては，それまで共同体の間で分断し蛸壺化していた自明の対象が，他の共同体（異文化）の対象と接触する中で省察の対象となってゆさぶられる．そして，共同体間で対話を重ねる中で，うまく行けば共同体間の葛藤や矛盾を突破する新しい対象の芽（胚細胞）が両共同体の間から立ち現れる．越境では，単一の共同体を超え，複数の共同体間の関係性が拡張的に学習・発達するのである（香川，2008，2015a）．

ノットワーキング　越境論は，ノットワーキングへ，さらに野火的活動論へと展開していく．ただし，それらは重なる点も非常に多い．エンゲストロームは，職場の生産様式が，徒弟制，大量生産型，リーン生産方式，マスカスタマイゼーション，そしてイノベーション駆動型生産へと歴史的に移行する過程で，自己管理的な相互統制と，内—外の明確な境界画定に基づく組織から，固定的ルールも権威の中心もなく，複数の活動システムやパートナーが集まり即興的

に行う協同活動（ノットワーキング）への移行が見られると主張する（Enge-ström, 2008）．彼は，前者のような強固な組織を，ジェームズ・バーカーの言葉を借りて「鉄の鳥かご」に，また後者のような柔軟で軽やかな集合性を「一時的に接続されるテント」や「風に舞う織物」にたとえる．ただし流動的といえども，目標（終了地点）が明確な 1 回限りの短命な臨時グループのようなものではない．むしろ，確たる終点はなく，長期的にノットが結ばれては解かれ，また結ばれる，台本も決まった役割もない即興空間である．たとえば，様々な専門性や診療機関の医師や看護師，患者らが集まり，患者のケアの軌跡を即興的に話し合う中で，従来の規範から逸脱し，共同体間の境界を見直し，新しい仕組みに作り変えていくノットワーキングが見られたという（Engeström, 2008）．ノットワーキングは，拡張的学習や越境の考えを継承しつつ，次のようなネット上で生まれた実践に影響を受け，より緩やかで柔軟な協同性に着目する．

　野火的活動　実際，エンゲストロームは，ノットワーキングを論じる際，ウィキやオープンソース運動のような社会的生産やピアプロダクション，携帯やスマホのユーザーらが呼びかけられて束の間に協同するスマートモブズを引き合いに出す．他方で，これらとの差別化を図る中で，次の野火的活動の概念が展開される．すなわち，スマートモブズは協同が非常に単発的であるという限界を抱える．しかし，野火的活動は，時々消えるが，しばらくして違う場所でまた出現する，継続的で長命なしぶとい分散的活動とされる（Engeström, 2008）．野火的活動は，何よりネットの副産物として狭く限定されるものではなく，ネットよりも古い歴史を持ち，仮想空間の外で生じていたものとされる．ただし，昨今はネットや ICT が生活に不可欠になったから，仮想と現実の両方を伴う．また，スマートモブズが金融市場のように利益の最大化を求めて「貪欲に群飛」する要素を含むのに対し，野火的活動は営利と無関係ではないがこれに抵抗する．つまり，時に「道徳的に群飛」する贈与経済としても特徴づけられる（Engeström, 2009）．

　具体例として，エンゲストローム自身は 1970 年代より続くスケートボード，数百年前から存在する野鳥観察を挙げるが，おそらくよりイメージしやすいのは，いったん消失した地域の子育て文化が，2010 年代頃から店や自宅の開放

などのかたちで全国拡大した子ども食堂や，1960，80年代に各々広がり，また鎮火したかと思えば，SNSも駆使して2011年福島原発事故を契機に再び各地に広がった反原発デモの事例だろう（香川，2015b）．これらは前述に加え，次の野火的活動の特徴，すなわち，金銭報酬や制度的，法的支援や保護がないのに動機が高く，交換価値より使用価値への志向性が高いこと，また，仮想と現実が混在するハイブリッドな活動であり，権威とのトラブルなどリスクがある点も大なり小なり備えている．

　なお，野火的活動は，植物と共生的に結合する不可視の「菌根」（Engeström, 2009）にたとえられる．菌根も野火的活動も，中心がなく，流動的で境界が衰退し曖昧であり，予期せぬ時間と場所に突然現れ，消えたかと思えばまた現れ，異質な何かと共生しつつ，多方面に展開するからである．

　以上の拡張的学習論は，第一に，個人的営みと見なされていた学習を，「集合的な変革活動」とし，学習者を「変化の担い手」ととらえ直した点がまさに革命的だった．これは，研究者を，「事実や法則を解明する調査者」の位置づけからむしろ，現場の多様な人々と協同してその改善や変化を一緒に引き起こしていく介入研究者やアクションリサーチャーへと拡張した．たとえば，彼らは組織間で分断して患者の情報共有が図られていなかった医療問題に介入し，同じ地域の複数の医療機関が問題と改善策を話し合う対話セッションをデザインして，新しい医療機関間のネットワークを構築した（Engeström *et al.*, 2003）．

　第二に，特に越境やノットワーキングの視点は，LPPにも含まれていた複数の共同体が交わる学習過程の調査を一層促した（越境論のレビューとして，香川，2008）．たとえば，Gutierrez *et al.* (1999) は，英語母国語者とスペイン語母国語者が混在する初等学校の談話分析を行った．そこでは，教師と生徒のやりとりを通して，公的な規範的談話と非公式の逸脱的談話の間でゆらぎが生じるが，教師により後者が拒否されないことで，両者が葛藤・混合するハイブリッドな言説空間が生成されることが示された．この種の研究は，異なる文化的背景の子どもたちが教室に混在する際，西欧式の算数等の特定の近代的知識が特権化されてしまい，土着の知識や学外での有能性は否定的に扱われる問題（Abreu, 1995）への取り組みなど，多文化教育の議論とも同期し，影響を与え合う（たとえば，Kramsch, 1993；レビューとして，Nasir *et al.*, 2014）．つまり，異

種の文化を拒否せず，多声化，異種混交化を試みる実践開発や調査を促した．ただし越境論は，境界の開放や接続を単によしとするものではない．あくまで複数の共同体間の関係を問うものであり，集団間，文化間で境界が生じる過程や，むしろその必要性も，あるいは越境に伴い新たに生じる矛盾や葛藤，諸問題も併せて探究することには注意が必要だろう（香川，2015a 参照）．

　第三に，ノットワーキングや野火的活動は，それまで状況論で焦点化されてきた，企業，学校，病院など比較的境界の明確な制度的組織の研究から，社会活動・運動など，必ずしも境界が明確でない草の根の実践の現場研究につながった．また，野火的活動が示す贈与経済，共生関係，自律分散的な拡がりへの関心は，従来の状況論で手薄であった，後述のポスト資本主義論へ状況論が合流していく未来を示唆している．すなわち，野火的活動は状況論がポスト資本主義論へと踏み込んでいく移行過程を示す概念と見なせる．

パフォーマンス心理学

　拡張的学習論には，遊び，即興性，創造性と想像性，社会変革の担い手（としての人間観）が含まれる．エンゲストロームらとは別に，1970 年代頃からマルクスやルートヴィヒ・ウィトゲンシュタインを研究し，次の 共 癒（ソーシャルセラピー）の実践を試みていた哲学者フレド・ニューマンと，ヴィゴツキー派心理学者のホルツマンとが合流して開発した，パフォーマンス心理学（Holzman, 2009）もまた，これらの概念を採用している．他方，拡張的学習論は，集合的，対話的な知識創造（認知的な側面）への関心が強いのに対し，パフォーマンス心理学は，アート（特に即興演劇）の実践を全面的に応用し，個人内に存在するとされる感情を集合的に創造し直すことを通して相互ケア（共癒）を図ること——「認知と感情との弁証法的関係」——に力点を置く．ホルツマンらは，ヴィゴツキーが行った複数の二元論的分断を克服する試みのうち，認知と情動の弁証法に関してはこれまでほとんど発展させられることがなかったとして，これに注目するのである．

　とりわけパフォーマンス心理学が乗り越えを図るのが，近現代社会に跋扈する「結果のための道具方法論」である．主流派心理学は，西欧式科学の因果論（診断主義，問題解決パラダイム）に基づく．つまり，何らかの原因があって精神

疾患や発達障害などの問題や障害が個人に生じているという考えのもと，症状や特徴から診断名をつけ，それが解決・改善された状態や目標（結果）を設定し，適切な手段を合理的に選択し施す，問題解決モデルの発想に立脚する．この過程で，専門家により，エビデンスに基づく客観的な測定・診断，一般的な病名や障害名へのラベリング，治療法や対応策（手段）の選択，つまり「枠作り」が行われる．そこでは情動は，認知（合理的な思考，理性）により管理統制されるべき対象とされ，認知よりも下の地位に置かれる．

これに対し，ホルツマンらは，この「結果のための道具方法論（問題解決モデル）」では，感情や問題や結果が定められた枠内に狭められ個人化されてしまうと批判して，代わりに「道具も結果も方法論」を提唱する．これは，感情を個人内（ソロ）から集合的関係性（アンサンブル）へと解放し，普段とは異なる自分たちを即興的に演じるコミュニティを新たに創造していくことで——つまり，「結果のための道具」的な集合的関係とは異なる集合的関係を生成していくことで——，新しい感情の生成を試みる．この共癒の試みでは，特定の専門家（医師や心理臨床家）から，一定の結果に向けて種々の治療法や投薬という商品化された手段の提供を受けるのではなく，当初，障害，うつ，認知症など何らかの「問題」を抱えるとされていた参加者どうしが，互いに既存の枠組みや常識的前提を超えられるよう，「自分でありつつも自分ではない新しい誰か」を演じ合うこと——「あること（being）と成ること（becoming）の弁証法」——が促進される．

たとえば，ある時，躁うつ病，離婚，自殺未遂，性同一性障害などの多様な「問題を抱える」人々がどうにかしたいと集まった．共癒の実践に経験のあるセラピストがやってきて，「私はあなたたちの問題を治療（解決）しません．全員でセラピストを演じましょう．私がサポートします」と呼びかけた．参加者らは，最初はとまどいながらも，あたかもまだうまく話せない乳幼児が親の肯定的なフォロー——「ボール遊びがしたいのね」のような——とともに頭一つ背伸びしながら発達していくように，自分たちがやったことのないことに取り組むコミュニティを形成していく．俳優が普段とは違う役を情感込めて演じられるのは，周囲の別の役の人たちと一緒に演じることによってであるのと同様，セラピスト等の「今の自分とは違う何者か」を協同で演じ合うことで，相

互に新しい自分になることができる．

　別のグループでは子どもや親たちが集まり，発達障害について即興的に語り合う．すると，ある子どもから，自分が「アスペルガー症候群」で呼ばれることが嫌だという感情が表明され，むしろここにいるみんなが好きな「ハンバーガー症候群」と呼んでほしいと提案があり，それを全員が拍手で温かく受容する．上からラベルづけられ，距離のある抽象的な一般的診断名に対し，このコミュニティ固有の特異な概念，情動，関係性が，同時並行で集合的に創造された．結果を決めず，やってみているうちに，様々な道具が現れながら結果なき結果が現れる．むろんハンバーガー症候群という概念構成も過程に過ぎない．

　つまり，解決状態というゴール（結果）も，ゴールへの台本や手段も決まっていない．結果は予期された解決状態ではなく，予期せぬ何かであり，道具と同時に創造されていく未知のものへと解放される．その過程で人々は，自らが新しいコミュニティ（発達環境），感情，やり方を創造する生産者であることを経験する．このように，結果の想定できない情動的な対話場を作りながら，セラピスト，問題，解決等の既存の前提を集合的に崩し，別のものを共創する．

　なお，ホルツマンらもまた，独自にZPDを再定義する．すなわち，発達とは「自分でない人物をパフォーマンスすることで，自分が何者かであるかを創造する活動」（Holzman, 2009　茂呂訳，2014, p.27）であり，新しい情動を生み出す舞台創造の過程こそが「発達の最近接領域」となる．彼女らにとってヴィゴツキーの理論とは，「成ることの理論（theory of becoming）」であり，「存在の状態というよりも生成に関わるもの」であり，「心理学は『であるもの』の研究から『生成しつつあるもの』の研究へ移行」（Holzman, 2009　茂呂訳，2014, p.25）すべきなのである．

　以上のパフォーマンス心理学は，第一に，個人化された情動の集合的再創造という視点をもたらし，問題解決モデルによらない実践開発の方向性を示した．具体的には，ホルツマンのグループのキャシー・サリット（Salit, 2016）は，POAL（performance of a lifetime）劇団を編成して仕事場に演劇的実践を導入する様々な試みを行ってきた．たとえば，短気でよくトラブルを起こす社員マーカスとそれに怒る周囲の社員に，テレビドラマ 'The Office' のモキュメンタリーの手法を導入したインタビューを適宜実施した．すると，マーカスが，い

つも直面する他人との会話の不一致のパターンを俯瞰し始め，相手側と過去の会話の記録を共有してみるという新しい方法を考えついた．第二に，教え込み型の学校教育に対し，徒弟制モデルとはまた異なる，情動的な教育実践をもたらした．たとえば，キャリー・ロブマンら（Lobman & Lundquist, 2007）は，歴史の授業において，独立宣言の署名等の歴史的場面をクラスでディスカッションした後，子どもどうしでその登場人物を演じ合う学習環境を提案する．そこでは，ただ出来事を再現するだけでなく，起こりうる別の台本やセリフ，演技を話し合って新たに共創する試みも推奨される．第三に，研究内外に，草の根の社会活動やその実践研究を促した．ホルツマンやニューマンらは NY にEast Side Institute を編成して，舞台俳優兼カステロ劇場の芸術ディレクターのダン・フリードマンらと，街の通行人らに地道に声をかけたり企業に電話をしたりして支援者や参加者を募りつつ，格差，貧困，被差別にあえぐ人たちを舞台に立たせる社会活動を行ってきた．また，世界各地のパフォーマーや研究者らが集まる国際的イベント PTW（performing the world）を 2001 年から開催する（Friedman & Holzman, 2014）．こうした動きは，視覚障害者の演劇や，被差別に苦しむ黒人と白人警察とで役割交換する演劇など，多様な場の生成につながった．以上の動向は，抑圧された弱者や労働者の解放というマルクス主義的な社会変革の志向性をより意識したものと言え，昨今の演劇やアートのワークショップの広がりだけでなく，NPO や社会的企業による，社会課題や社会活動への関心の高まりとも重なる——ただし，彼らは後者を「問題解決的」と見なし，境界線も引くが——．また，客観主義のもと，思想的中立性を演じてきた主流派心理学に対し，社会変化をもたらす政治的実践であることを明確に主張するアクションリサーチ（Parker, 2004）の動向と相まって，心理学がいっそう政治的活動に踏み込んでいく傾向を促した．

アクター・ネットワーク・セオリー

　状況論と重なる点が多く，2013 年ホルベア賞受賞など，現代の社会科学に大きな影響を及ぼすのが，ラトゥールらのアクター・ネットワーク・セオリー（actor network theory: ANT）である．ラトゥール自身，レイヴらの状況論との近接性を認め，相互に引用もし合う．人—モノの動きの追跡，関係論的観点，

脱個体主義を掲げる点は共通し，両者には深いつながりがある．

　ただし，前述の状況論の3派は，マルクス，（LPPは直接の言及はわずかだが）ヴィゴツキーの影響が強く，主流派心理学の学習発達概念の超克を志向するが，ANTはヴィゴツキーの思想にはほとんどルーツを求めず，後述の通り，近代主義やポストモダン，あるいは主流派社会学の超克を主な動機とする．また，状況論がマルクスの思想を継承発展させる姿勢を見せるのに対し，ANTは，むしろマルクスに批判的な言及が多い――マルクス主義や共産主義的な「大きな物語」を退けたポストモダニズムの影響が窺える――．そして，状況論は基本的に人間を主体に位置づけるが，ANTはネットワークによってはホタテ貝や石などのモノもエージェンシーを持ちうることを視野に入れる．

　ラトゥール（Latour, 2005）は，社会現象を見る際に，主流派社会学が論じるような，固定的な社会の構造や秩序（実在する社会的コンテクスト＝人形師）が人間にそうさせる（人形を動かす）という社会―非社会の因果論を退ける．因果論（「社会的なものの科学」）では，非社会的な諸個人の背後に隠れて「社会的なもの（接着剤）」――たとえば，社会関係資本，全体主義，権力，構造――が存在して諸個人を接続していると考える．これに対し，ANT流の「連関の社会学」は，「つなぎ直し組み直される固有の動き（アリ＝ANTのような動き）」，つまり「人間と非人間の連関／つながりをたどること（tracing of association）」が社会学の責務だと再定義する．すなわち，既存の社会学は前提枠（地図）に当てはめてしまうが，ANTにとって「社会的なもの」はあくまで連関の運動の結果，あるいは連関運動の一時的な過程として一定のまとまりに見えるに過ぎない――この意味で完全に社会的なものを拒否もしない――．要するにANTの提案とは，「フレームワーク（社会的なもの）に当てはめず，ひたすらアリのようなアクターのワーク（動き，変化，流れ）をたどれ！　アリのようにゆっくりじっくりと！」である．アクターの微細な動きを丁寧にたどれば，社会的なものに当てはまらない動きも見えてくる――地形もミクロに見れば常に変化しているのだから――．たとえば，ホタテ貝の養殖成功には漁師や研究者に加え，貝の幼生などの非人間も，収益，科学者的欲望，生存などの各アクター（の代表者）の政治―経済的利害関心のもと協力し，ネットワークを形成する必要があるが，潮流やヒトデなどの他アクターの妨害も受け，そううまくは

行かない（Callon, 1986）．こうしたアクター間の動的な離合集散過程を分析するのに，ANT は次の五つの不確実性への着目を奨励する．

第一が，集団とは出来合いではなく，そのつど形成され，諸アクターによる境界画定の動きを通して可視化されるものと見なし，この具体的過程を追う．

第二が，行為を個人の意識の発現，社会的な要因，あるいはカテゴリーによる統制や結果と見なすのではなく，エージェンシー群の結節点，結び目，複合体と見なす．したがって ANT の言うアクターとは，行為の源ではなく，「無数の事物が群がってくる動的な標的」であり「複数性」（Latour, 2005　伊藤訳, 2019, p.88）である．たとえば「車を運転するドライバー」というエージェンシーは，道路インフラや GPS，安全装置といった非人間的補助物と協同する中で，受動的なものから活動的なものまで様々に変化する（Callon, 2004）．だから，単に個人を変えるのではなく，「社会・技術的アレンジメントを変えることで，エージェンシーを変えることができる」のである（Callon, 2004）．

なお，ANT においてエージェンシーとは，何らかの姿や形を持つものとして形象化されたものであり，形象化される前のものは「アクタン」と呼ばれる．ゆえに同じアクタンに対して違うエージェンシーを付加・命名・形象化することも可能である．また，エージェンシーは次の二つに分けられる．第一が，意味や力をそのまま移送する固定的なもの，あるいは，原因から結果を予測する因果論的なものとしてふるまう「中間子」で，第二が，単一の意味や力を持たず揺れ動く動態としての「媒介子」である．ANT はとりわけ，複数の意味の出現，分岐，ゆらぎ，予期せぬ運動を，つまり，後者の媒介子同士が変換しながら結びつく過程——中間子同士の「移送」に対して「翻訳」と呼ばれる過程——の追跡を推奨する．たとえば，21 世紀スキルや SDGs（アクター）が現場の教育をこう変えたとか理念が反映されていないとかの「移送」ではなく，教育現場のどのアクターとどう絡み合い，どういう他のアクターや境界が新たに生まれ，諸アクターがどう変容するか，現場でのリアルで微細な変化（翻訳）を見る．

第三に，人だけでなくモノ——たとえば，ぬいぐるみ，貨幣，マグカップ——にもエージェンシーを見出す．ただし，アプリオリにそれを見出すわけでなく，あくまで連関を通して現れるそれを論じる．この時，ANT は，唯物論

も物質を取り上げてはきたが，ごく一部を政治的に，限定的に解釈してきたに過ぎないと批判する．たとえば，マルクス主義は物象化の概念を用いてモノ（機械，生産手段）により人間が使われてしまう疎外状態を論じたが，これは多々ある人―モノ関係のうちの一部に過ぎない．唯物論が射程に入れなかった文書や図表などの知的技術を含め，あらゆる人―モノ連関に着目するのがANT だと自負する．

第四が，社会（人間）と自然（モノ）の区分の除去である．たとえば，一般的にホタテ貝は純然たる事実からなる自然界に属し，漁師は社会側に属すと区分けされるが，漁や養殖において本来両者は不可分である．この第四に関しては次節で詳述する．

第五に，ANT の研究結果は，「リスキー・アカウント（失敗と隣り合わせの報告）」とされる．アクターの動きを丁寧に追うにしろ，すべてを書き出すことは不可能という当たり前の前提に立つ．とはいえ，上手な報告と下手な報告はありえる．ANT において上手な報告とは，俯瞰的なアクターどうしの関連図ではなく，また中間子としてのアクターの描写でもなく，個々の事例に特殊で具体的な媒介子同士の動的変容過程――新たな分岐や翻訳の起源になるよう，能動的な媒介子としてアクターどうしが絡み合う過程――の報告とされる．

虚構の近代論

さて，現場のミクロな動きの追跡を奨励する ANT だが，その狙いの深層・発端は「近代主義」という非常に大きな世界史的枠組みの転覆，つまり「虚構の近代（non-modern）」の暴露にあったこと（Latour, 1991）を押さえておく必要がある．ラトゥール自身は前述の ANT の第四，第五が状況論と袂を分かつポイントだと主張するが，本章ではむしろこの世界史論こそが両者の相違と考える．

虚構の近代論の主張はこうである．近代主義は世界を，自然（客観的な外的存在物，あるいは非人間），社会（利害や関心が渦巻く政治，あるいは人間），そして脱構築（参照対象や社会から独立した言説，あるいは神）の三つに「純化」した．しかし，その分割は表向きであって，むしろ水面下ではハイブリッドを増殖させている．たとえば，客観的事実を追求する近代的科学（自然側）の金字塔を

打ち立てたロバート・ボイルは,「真空状態が存在するという客観的事実」を実験室で証明するのに,「社会側」に位置づく,目撃証言に関する古い刑事法や聖書を用いたり,社会的信用が高い裕福な紳士を実験室に招き入れ「真空であること」を証言させたりした.つまり,近代科学は,表では人間臭い社会や政治との独立性を主張しつつ,裏では巧妙に社会・政治的人間を動員することで成立している.他方でラトゥールは,ボイルと論争し,社会科学や近代政治の金字塔を打ち立てたトーマス・ホッブズにも着目した.「万人の万人に対する闘争」で知られる彼は,「社会契約により国家に自然権を渡して絶対的権力をゆだねよ」と主張したが,その提案には数学的証明を,そしてその体制の維持には大量のモノの動員を必要とした.

このように近代とは,社会と自然,あるいは人間と非人間とが,水面下ではつながっているのに表ではつながっていないことを演じるという「ハイブリッドの隠蔽」——人間—非人間,および,水面上の世界—水面下の世界の分離——によって成立している.だから近代とは結局,虚構と言える.ならば,このような「虚構の近代」下で生じる「隠蔽されたハイブリッド」をむしろ白日の下にさらしていくこと——近代の「虚構」を暴き,ハイブリッドを前景化すること——により,モダンでもポストモダンでもない新しい世界史が出現するはずだ.こうして,社会(人間)—自然(非人間・モノ)のハイブリッドの追跡が開始される.

さらに,ラトゥールは虚構近代の秩序を抽出する.先のボイルが「構築されていない自然」を前景化して「人間が構築する自然」を隠蔽した(第一の保証)のに対し,ホッブズは「構築されている社会」を前景化して,「人間が構築しない(非人間が構築する)社会」を隠蔽した(第二の保証).両者は敵対したが,結局,両者ともハイブリッドを隠蔽している点では全く鏡像と言える(第一の保証と第二の保証の交替機能).すなわち,ボイルは科学・自然・モノ・客体(非人間)側,ホッブズは社会・政治・主体(人間)側に立った.これが,近代における科学と政治の分水嶺(非対称性),すなわち,自然界と社会とを完全分離する「第三の保証」である.第三の保証(分離)を成立させる(前景化する)ことで,第一,第二の保証の矛盾(分離を装ったハイブリッド)が隠蔽できる.

また,社会と自然はいずれも「神」を取り除く一方で,依然,超越的な立場

として残存させもする（「第四の保証」）．こうすることで，近代の発展には干渉しないが，精神面では救済してくれる存在として神を都合よく動員でき，無神論者であってもなお宗教的なままでいられる．たとえば，人工生命という自然科学技術が，是非をめぐり社会・政治問題に発展した際，神という宗教的観点が（動員され）それらの調停に乗り出す，といったことが考えられよう．要するに，第一・第二が自然と社会の「交替機能」を示すのに対し，第三機能は分離を示す．この矛盾を埋めるのが，「神による仲裁」という第四の保証である．

　このような法則を通して，近代人は「無敵」になる．原子力村の科学者が「科学と政治の独立性」を主張し，献金を得て判断する政治家が「ファクトに基づく判断をすべき」と言う．つまり，いつでも他方を動員するルートを残しながら，都合が悪くなれば純化（分離）する．近代人は何枚舌も持つ．

　近代の成功とは，見えないところで行われる人間と非人間の巧みな混合にある．ハイブリッドを隠蔽して水面上で各領域の分離（純化）を遂行すればするほど，水面下のハイブリッド（媒介，翻訳）はますます拡大する．

　対して，「前近代人」はこの真逆を実践した．つまり，人間―自然―神のハイブリッドをむしろ前景化することで三つの混合の拡大を抑止した．一方，ポストモダニズムは，従来のモダン的世界，すなわち，大きな物語，全体的整合性，進歩，権威，予測可能性に代わるものとして，真理基盤に疑義を呈する反基礎づけ主義に立脚し，小さな物語，ほころび，差異，断片，不安定性を前面に出した（Sim, 1998）．しかし，ラトゥールによれば，そもそも近代が始まってすらいないのに，その「ポスト」を主張するのは滑稽である．

　だから，ラトゥールは，ポストのポストを目指すのではなく，むしろ，「ノンモダン」を，すなわち，隠蔽されたハイブリッドをたどること――いかに物事がハイブリッド（翻訳）から成立し，いかにそれが隠蔽（純化）されているのかの詳細な分析――こそが，前近代ともポストモダンとも違う新たな解決法の提示につながると考える．このように，ANT の「アクターを追跡せよ」という主張の狙いは，第一に，この近代の隠蔽システムからの転換であり，第二に，前近代，近代，ポストモダンへ進んだとする世界史の定説の刷新である．

　以上の ANT もまた，第一に，多様な現場研究やその諸理論に影響を与えた．たとえば，実験室で「客観的知識」が構成されていく過程など，自然科学実践

そのものを社会科学的に調査する科学技術社会論（日比野他，2021），ICTsを用いた学習が学生，国家，建築，テクノロジーなどを動員して制作されていく過程などに着目する学習環境デザイン研究（Fenwick & Edwards, 2010；上野他，2006），ローカル経済の場が地域通貨，廃棄野菜，無人販売所などのアクターと結びつき次第に創造されていく過程などに着目する地域コミュニティ研究（香川，2019b）である．これらは道具や場やテクノロジーがまさに生成される過程を，可能な限りブラックボックスにすることなく，また道具や知識を，それ単独でデザインされるものとしてではなく，人・モノのネットワークの創出過程として明らかにする研究領域を広げた．

　第二にエージェンシーへの問いを喚起した．たとえば，同じく人とモノの不可分性を主張するヴィゴツキー派の活動理論サイドから，ANTのように人とモノを完全に対称的にとらえるのは誤りとして，モノより人に優位なエージェンシーを置くべきと批判が示された（Kaptelinin & Nardi, 2006）．一方，ルーシー・サッチマン[3]は，コピー機と人間の相互行為分析（Suchman, 1987）から10年後の補論にて，10年前当時のサッチマンは，機械と人間の同等性（対称性）を主張する人工知能研究を疑問視し，人間側にエージェンシーを置く考えを支持していたが，これはラトゥールが批判する近代主義的な「純化」の罠に陥ってしまっていたから，むしろ彼に従い「純化とハイブリッド化とに同時に注意する必要」があると考えを改めたことを告白している．しかし，その上でやはり，「人間と機械の境界のある種の回復」（Suchman, 1987, p.198）のためにはどうしたらよいかとも問う．

　ただし，この手の議論には注意が必要である．そもそもANTの主張は，よく誤解されるように「人間と非人間の完全な対称性」を主張するものではない（Latour, 2005）．人間の意図的行為の世界と，物質的な因果世界との間の区分を「前提」とすべきではない（両者は本来不可分だ）という主張であって，それ以上の意味はない．モノを排除してきた社会学への，あるいは人間世界と物質世界を区分する方法へのアンチテーゼという議論の文脈において，「非人間」

---

3) 状況論黎明期の研究者の一人で，ヴィゴツキーの思想よりも，社会学者ハロルド・ガーフィンケルのエスノメソドロジー（社会秩序は微細な相互行為を通して達成されるという考え）に依拠し，人間と機械の相互行為を研究した．

という形象をラトゥールらが（一時的に）動員しているに過ぎない．その文脈を外れるならば，「非人間」という形象以外の何かを動員してもよいわけである．要するに，ANT は人間以上にモノにエージェンシーを見出す理論ではない．もしそれがあるならば，それ自体が連関による可視化の一種であり，ANT の分析対象になりえる．また，研究者自身もエージェンシー生成に参加するアクターであることも思い出す必要があろう．あるモノの（あるいはある人の）エージェンシーの記述により，何がわかるのか（可視化・不可視化されるのか）が重要であり，その文脈抜きで人かモノかを議論するだけでは不毛に陥る．ANT は，先験的なエージェンシーの定義を示すものではなく，あくまで現場で生じるアクターの動きにより，エージェンシーが変わることを前提にするものだから，研究者も（書き手も読み手も）アクターの一員として，何を動員して何を描き読み取り，その研究論文がまたどういう文脈でどういうアクターとして動き出すのか，出さないのかも問う必要があろう．エージェンシーの問題は，単に人かモノかではなく，そのような入れ子的で多重な文脈からなる複雑なものと考える必要がある．

　第三が，近代化への世界史（世界システム）の問い直しである．これはモダニズムやポストモダニズムの問い直し等，現代思想・哲学に影響を与えた一方で，従来の状況論やその現場研究は世界史については副次的に触れる程度か，もしくは全く触れないまま，すなわち，ANT を，現場の微細なアクターの動きを追跡する理論として，あるいは 2 点目のエージェンシー論として引用する傾向が強かった．これには，状況論が主流派心理学を批判しつつも，心理学的関心に注力してきた（徒弟的，派閥的）集団性と無関係ではないと思われる．

3　状況論・ANT とポスト資本主義論との間

　以上のようにマイクロ志向の ANT の深層に，虚構近代の暴露という世界史的な動機があるにもかかわらず，状況論においてこの手の議論が手薄であったことは，従来の心理学の枠を超えて政治哲学，社会思想を含む世界史の議論に状況論が改めて踏み込む必要性を示唆する．むろん，この種の議論は認知科学や心理学の範疇ではない，という批判が予想される．しかし，認知科学的な学

際性とは情報学や脳・神経科学等のいわゆる自然科学分野に限定されるものではないだろうし，東洋思想を導入したアブラハム・マズローの心理学，あるいはヴィゴツキーがマルクスを導入して心理学に革命を起こし，後の学習科学につながったように，従来の理論的，思想的前提を問い直し深める手続きは本来極めて重要である．事実，前述のどの理論も多種多様な思想・哲学を参照・動員しているわけだが，いったん枠ができれば，実証主義の顔が前景化し，調査研究が王道となり，思想・哲学は脇に置かれて嫌忌・排除されることすらある．

　また，昨今，感染症，環境問題，孤立・分断，格差・貧困，紛争・戦争，そして自然災害のように，地球規模の危機が恒常化するのに伴い，グローバル資本主義や覇権主義という世界システムを見直し，ポスト資本主義を標榜する議論が政治哲学や経済学などの周辺領域で活発化している．それまで水面下にあり，時折顔をのぞかせ問題視される程度だった資本主義の諸矛盾が，昨今は遍在し表出し続ける「恒常的危機の時代」——従来の世界システムと別のシステムの裂け目・境目の時代——に突入している．この時代にあって，現場研究が世界構造とどう結びつくかの探究がいっそう必要とされる．結局，各現場の諸活動が連なり生じる巨大なネットワークが世界史であり，逆に現場の諸活動はその巨大システムの反映を受けるのだから，両者は本来不可分である．しかし，従来の現場研究は，病院，保育園，学校，企業の各現場の相互行為や学習過程の特徴を解明できても——世界システムに触れたとしても資本主義の批判的議論や分析が中心で——それらがポスト資本主義の展開にどう結びつくかの議論は副次的であった．

　他方で，状況論の各解説の最後に触れてきたように，各々，ポスト資本主義の要素やその展開の兆候が見出せるのであった．それは，もとをたどれば状況論の源流のヴィゴツキーが，マルクスの史的唯物論を心理学に展開したこと，つまり「マルクス（世界史）のヴィゴツキー化（心理学化）」を進めたことと無関係ではない．この過程では，一方で，おそらくベルリンの壁やソ連が崩壊し，マルクス的革命論をタブー視するようになった時代背景から——ポストモダニズムはまさにこれであった——，史的唯物論の政治，思想，世界史の側面が背景化し，その関係論的エッセンスを（歴史性に関しては，世界史よりも各現場のローカルな歴史性を）全面展開して状況論が勃興した．他方で，意図の有無にかか

わらず，水面下では脈々とマルクスの前者の志向性も継承されていた．そうであれば，アクチュアルな社会情勢と従来のマルクス主義の問題点を踏まえ，活発化する新興ポスト資本主義論と，状況論とが結びつくことは不思議な流れではない．要するに，「マルクスのヴィゴツキー化」のベクトルに，「ヴィゴツキー（心理学）のマルクス化（世界史化）」のベクトルをクロスさせる作業が必要と言える．

　ただし，前述の通り，マルクスの思想を肯定的に踏まえる傾向が強い状況論に対し，ラトゥールはたびたび批判的に言及して距離をとる．たとえば，彼はマルクスが行った言及，「哲学者たちは世界をさまざまに解釈してきたにすぎない．だが，大切なのは世界を変革することである」（マルクス＆エンゲルス，2000, p.151）をもじって，むしろ「社会科学者は世界をさまざまに変えてきた．しかし，大切なことは世界を解釈することである」（Latour, 2005　伊藤訳，2019, p.81）と主張する．また，マルクス主義的な，上部構造を規定する下部構造の議論や社会構造論を「社会的なもの」として退ける．

　しかし，ラトゥールの虚構近代の分析は，前述「第一〜第四の保証」で見たように近代主義という「世界システム（関係構造）」の可視化である．そして，自然─社会のハイブリッド（アリの動き）の徹底探究こそが，虚構近代を暴いてその枠組みを打破し，ハイブリッドが前景化する新たな自然─社会の「関係構造」に，すなわち近代ともポストモダンとも異なる世界史の創出につながるだろうという宣言であった．ラトゥール自身がどう言おうが，これはまさに近代の「構造」からの革新を狙った野心的目論見である．皮肉なことに，ANTが推奨する，枠組みから逸脱するアクターの動きの探求とは，ANTという新たな枠組みの推進に諸アクターの動きをこっそり，しかし堂々と引き込むことであった．

　ここで，ラトゥールが言う「非近代を暴露せよ，アクターを追え」という号令に加えるべきものがある．それは，ハイブリッドを晒す世界の先に何が広がるのかである．むろん彼は，「革命は不要，ハイブリッド化を公的に批准すれば事足りる」と結論づける．しかしその上で，手短に「モノにまで拡張された新たな民主主義」（Latour, 1991　川村訳，2008, p.238）を語る必要性も主張する．

　そこで，改めて民主主義を問うていく必要があるだろう．思えば，状況論が

示す，文化的前提（自明性）をゆさぶる自由な対話やパフォーマンスの創造，教え込み的なトップダウン（集権）権力や個体主義からの解放を企図した学習論は，世界史に置き換えれば，権力づくしの国家官僚主義，議会制民主主義，権威主義，普遍主義に代わる，実際の生活次元での民主主義，名づければ「現場民主主義（field democracy）」の探究と言い換えられる．こうして，ANT および状況論の深層に脈々と根づいてきたが，現場主義を貫くあまり副次化されてきた共通の関心事として，新たな世界システム（ポスト民主主義）の探究が浮上する．それは ANT があえて避けてきた，目指すべき対象を真正面から論じることにもなるし，結局のところ，ミシェル・カロンが述べた，「どのタイプのヒューマン・エージェンシーの発達を人々は望むのか」「どのタイプの社会・技術的アレンジメントを人々はデザインし実験するのか」（Callon, 2004 川床訳, 2006, p.52）を，現場からと同時に（それと不可分な）世界史からも論じることにつながる．

新興ポスト資本主義論

では，民主主義，資本主義を大いに問い直す，マルチチュード，アソシエーショニズム，アナキズムといったネオ・ポスト資本主義論について論じていこう．その前に，マルクスとエンゲルスの古典的ポスト資本主義論の一部に触れておく．彼らは世界史を次のように描く．まず，人間が自然に畏怖しながら人との社会生活を送るという原始的関係が，妻や子どもが夫に畏怖・従属し所有される家父長制へ，あるいは，夫婦間の異なる性役割関係が，精神的労働と物質的労働の分業へ，さらに猟師と漁師のような分業へと変化し，それら私的所有や分業の概念が，近代的な資本家による労働者の所有（隷属の反面，相互依存するという矛盾）につながった．分業の固定化と同時に，個々人ないし家族ごとの特殊利害と，その総体としての共同利害との矛盾が生まれたが，次第に共同利害が肥大化して普遍利害となって人を支配するようになり，普遍利害を扱う国家と民の関係（幻想的な共同性）が生まれた——ゆえに国家の普遍利害と民の特殊利害とは常に乖離する——（マルクス＆エンゲルス, 2000）．そして，封建制から工場制手工業，さらに近代的大工業が発展して貴族階級を凌ぎブルジョアジー（資本家階級）が台頭した．ブルジョアジーは，アメリカ大陸の発見

ないし入植を経由し，世界市場を作って，封建制にあった人々の絆を冷たく利己的な現金勘定に変えて，生産様式の絶えざる変革と生産物の販路拡大を責務とする近代資本主義を生んだ．しかし，いずれは貧困に苦しむプロレタリアート（賃金労働者階級）が団結してブルジョア支配を転覆し，自由と脱貧困を勝ち取るはずだ（マルクス＆エンゲルス，1997）．このような革命の歴史を描いた．

　彼らが「物質的生産で起きたことは精神的生産でも起きる」（マルクス＆エンゲルス，1997）と述べたように，史的唯物論は，精神や意識が人間の物質的な生産諸関係とともに変化すると考え，世界史と精神史の不可分性を主張した．史的唯物論は，ルートヴィヒ・フォイエルバッハにヒントを得つつも，彼の直観的唯物論，すなわち，「歴史の推移を無視」し，「抽象的な――孤立した――人間個体を前提」とし，多くの個人を「ものいわぬ普遍性」としてのみとらえ，「感性を実践的活動として把握しない」哲学を乗り越えるべく生まれた（マルクス＆エンゲルス，2000, pp.147-151）．

　マルクスとエンゲルスは，前述のように，国家の限界に言及し，かつ階級区分，民族対立の消滅を目指したが，そのためにはプロレタリアートがいったん国家・政治を支配する必要があるとした（マルクス＆エンゲルス，1997）．ブルジョア支配を打ち破ったのちに，プロレタリアは自らの支配を廃止するというシナリオを描いた．しかし現実には，平民出身であろうと為政者たちがいったん握った権力を自ら手放すことは難しく，むしろ集権体制や国家管理の強化・維持が行われ，民の自由や多様性は奪われる．（旧）社会主義国家は対抗していた資本主義を採用して格差が広がり，欧米―非欧米圏にかかわらず，資本は軍需産業を潤し，他国や他民族との利害や思想対立は深まって，権力欲と歴史的遺恨から戦争が生じる．どの国家も物理的に破壊しながら言説上は「平和維持活動」を自認するように，巧みな言説と狡猾さを構成できる権力者たちのこの「自由」こそが，破滅的であろうと力を持ち，武器さえ持たぬ弱者の悲鳴は次の遺恨に回収される．

　これに対し，ネオ・ポスト資本主義論は，史的唯物論（世界史，関係論，資本主義批判，弱者による革命の志向性）を継承する一方で，むしろ国家や貨幣の権力・支配からの自由を追求し，草の根の民主主義に価値を置く傾向がある．

　ネオ・ポスト資本主義論は，次のように，現代における集権制と貨幣（自己

利益）獲得競争システムとの蜜月関係を批判的に分析する．資本制は，貨幣（M）を用いてローンや株式などの金融商品（C）を売買し，さらに多くの貨幣（M′）を獲得するM—C—M′（金融資本システム）を発展させ，「数字による価値の脱文脈化」を広げた（Braudel, 1985; Graeber, 2011）．この拡大には，本来，交換不可能で個別具体的存在である人間を，数字に換算してモノと同じ商品として売買する奴隷制，私的所有概念，欧米による植民地政策が深くかかわる（Graeber, 2011）．数字が何より価値を持つ資本制では，商品の使用価値より交換価値が優位・中心となり，尽きない自己利益獲得を目的に競争・協働する（Harvey, 2014）．より多くの利益（交換価値）を生み出す労働力（を育てる教育），自然資源が求められ，新しい市場を開拓する革新的科学技術が追求される．イノベーション，資源，消費者は，現実は有限なのに無尽蔵かのように扱われ，人類の人口増加に反比例して陸生生物種は減少し，環境問題は広がる．また，かつて村落で生活を支えていた互助関係は，集権国家が税金を通して支援する福祉政策（連帯主義）に取って代わられる．連帯主義下では，直接的な知り合いによる連帯ではなく，国家が仲介した共済関係（金銭を介した共助関係），つまり，「抽象的な制度的連帯」（Laville, 2007）として人々がつながる．しかし，この福祉国家政策が行き詰まると，規制緩和と民間福祉サービスの競争によってその限界を補う新自由主義，ないし社会新自由主義が広がり，ますます個人主義，序列，孤立が進む（Negri & Hardt, 2017）．そこでは，国富を把握するための量的基準が確立され，数値による管理や成果主義もまた推進されていく（Laville, 2007）．

このように資本制は，質的・個的存在の量的一般化という矛盾，使用価値と交換価値の矛盾，有限の現実と無限の幻想という矛盾，経済が生む負を経済の力で乗り越えようとする矛盾など，複数の諸矛盾を生成・膨張させた．

これに対し，ポスト資本主義論は資本主義で脇に置かれた，利他，共有（シェア），コモン，（経済的利害，管理，規律からの）自由の探求を叫ぶ．ネオ・ポスト資本主義論も多様だが，ここでは三つの代表的理論を簡潔に紹介する．

哲学者の柄谷行人は，カール・ポランニーに基づき，互酬（贈与と返礼，友好・親和構築），略取と再分配（国家の税収と民への再配分），商品交換（貨幣経済，利益獲得）という三つの「交換形態」を用いて，過去の狩猟採集民族時代から，

米中が覇権を争う現代の帝国主義まで世界システム史を振り返る（柄谷, 2014）．そして, 未来に構築すべき第四の交換形態として, 商品交換中心の構造を脱却し, 国家や共同体の不自由さ・拘束を退け, 商品交換が依然存在しつつも, 互いの自由を追求し合い, 利他愛的な贈与（高次元の互酬）を中心とするアソシエーションを掲げる. 彼はこの実現には, 第三次世界大戦のような国際的危機を契機に国連の限界を超えるべく生まれるであろう, 国家の上に立つ国家間の連合（世界共和国）と, 下からの民の運動との連動が必要と訴える.

　また, 「われわれ（貧困者）は 99% だ」を掲げた 2011 年のオキュパイ運動の立役者の 1 人, 人類学者デヴィッド・グレーバーは, 民主主義は西洋人が生んだとし, 民主主義と議会制をイコールと考える常識（西洋中心主義）に異を唱える（Graeber, 2007）. すなわち, 議会制（代表制）は選挙や多数決という勝ち負けゲームと, 決定事項を強制する国家装置とに民主主義を矮小化してコミュニティ破壊をもたらすと批判する. これに対し, アナキズムこそ民主主義であり, 西洋等の特定の文明や伝統に固有のものではなく, 国家の強制力や管理統制の外で自己統治する場——特に異文化や異民族が交わる即興空間（混成体＝アマルガム）——ならどこでも生まれうるとする. そして, 太古からの経済, つまり, 数値（脱文脈）や完済（ドライな関係）が前提の貨幣経済に対し, 永続的で個別具体的で文脈的な対人関係が主軸の「人間経済」に可能性を見出す（Graeber, 2011）.

　あるいは, 哲学者アントニオ・ネグリとマイケル・ハートは, 一国（米国）中心の帝国主義に代わり, 現代は, 主要な国民国家, 資本主義企業, 超国家的な行政機構らが形成するネットワーク状の新たな〈帝国〉権力の時代だと主張する（Hardt & Negri, 2004）. 他方, 〈帝国〉の内部ではそれに抵抗するマルチチュードが, すなわち, 民主主義への奥深い欲望から生まれ, 人種, ジェンダーなどの, あらゆる差異（特異性）を自由かつ対等に表現可能な発展的で開かれたネットワークが生まれつつあるとする. マルチチュードでは, 特異で多様な諸主体や諸活動が〈共（the common）〉をもとに結びつき, 新たな〈共〉が生み出される.

　ネオ・ポスト資本主義論はいずれもマルクス哲学に根を持つとともに, 柄谷はイマヌエル・カント, グレーバーはマルセル・モース, ネグリとハートはバ

ールーフ・デ・スピノザやミシェル・フーコー等の思想を現代的に解釈し直し，さらに各地の貧困，戦争等の社会問題，その乗り越えを図る社会活動，社会運動の事例に特に着目して議論展開する．内容的には，いずれも利己的な貨幣経済の覇権的地位や集権的権力を批判して，水平的，分散的，民主的，多文化共生的なネットワークに可能性を見出す傾向がある．また，世界史を振り返り，資本制以前あるいは資本制内部にポスト資本制の萌芽を探り出す点で共通する．加えて，単に古き良き前時代の復古論ではなく，過去と現代とを結びつけつつ新しい未来を創造する歴史的方法論を採用する．

　ポスト資本制論（世界史論）とANT・状況論（現場論）との間には次の共通点が見出せる．すなわち，状況論が批判した，個体主義的心理学の勃興が，ポスト資本主義が批判した，貨幣＝数値や量的指標（俯瞰的管理）を軸足にして，人間の脱文脈化を進める貨幣経済システム拡大の世界史と同期していること，それらに代わるものとしてポスト資本制論が重視する，質的な個別具体性，分散性，コミュニティ，文脈主義的な世界観は，状況論の主張と重なる．

その認知科学的研究の展開

　ポスト資本主義論は，既存の構造を問い直し，未だ実現していない未来を構想するため，哲学的，理論的探究が中心である．したがって，この考えをどう現場研究に生かすかが課題と言える．実際，こうしたポスト資本主義論を踏まえた，あるいはそれに結びつくフィールド調査も行われつつある．

　たとえば筆者は，マルチチュード，野火的活動，そしてマルクス哲学の「矛盾の重層的決定論」（Althusser, 1965）をもとに，3.11を契機に広がった反原発デモを分析した（香川, 2015b）．そこでは，音楽，政治，祭りなど特異な諸活動を反原発という〈共〉に翻訳しながら結合することで，楽しさと怒り（矛盾した情動の混成）が集合的に現れていること，政府もデモ隊も用いる「国民」や「安全」の言説で示す内容に本質的なずれがあるが調整されないこと，デモは完全にアナキズム的な活動ではなく，むしろ国家に対抗しつつも協働・依存関係が見られ，中央代表制とアンチ代表制との間のゆらぎや矛盾が発生していた．また，人類学者の橋本栄莉はウガンダの南スーダン難民を調査した．そこでは難民が自主的に相互扶助コミュニティを生成するが，伝統的リーダーシッ

プや近代的行政システムをむしろ戦略的に組織に組み込むことで対立を融和し共同体を維持していた．一方で，この種のコミュニティが民族の境界を強化して他を排斥する危険性を持ち合わせていることも論じられている（橋本，2019）．

　あるいは，状況論を牽引してきた上野直樹らは，ANT 派が従来取り上げてきた事例のほとんどが経済的，政治的利害関係（同盟）に関するものであったとして，柄谷の交換論を導入し，むしろ利害によらない互酬（贈与と返礼）にも着目すべきとして，小学校の文楽の総合学習の事例に着目した．そこでは，プロ演者，NPO，近隣住民らが知識やボランティア作業を贈与する一方で，地元の一体感やアイデンティティ感覚などの感情を返礼として受け取り，「文楽の街」という想像上の共同体が生成されることを論じた（上野他，2014）．

　他方で贈与論に基づくフィールド調査は，贈与論の提唱者モースの伝統から人類学や社会学で行われ，理論的問題点も指摘されている．たとえば，岸上（2016）は，仁平（2011）が主張する「贈与のパラドックス論」，つまり，善意に基づく贈与がむしろ相手から誇りを奪ったり弱者の地位に縛りつけたり偽善に陥るなどのネガティブな結果（反贈与）を生んでしまうという議論を取り上げ，返礼を期待せず一方的に与える「純粋贈与」に可能性を見出す．

　また，岸上（2016）には，主に，前近代的な文化に，資本制や近代国家の仕組みが入り込む事例のエスノグラフィーが複数収録されている．これらは，近代資本制からポスト資本制へというより，前近代から資本制への移行事例の調査と言えるが，前述の通り，ポスト資本主義論は贈与経済など前近代的実践の要素を含める傾向があるから，前者を考える際にも重要な知見を提供する．たとえば，井上（2016）は，アラスカの先住民グィッチンを調査した．そこでは，一方では資本主義的な貨幣経済や私的所有概念，あるいは近代的な狩猟の道具を購入し，かつ族外婚が増えることで，前近代的な部族社会から脱する傾向が見られつつも，貨幣経済を主要化せず，あくまで狩猟採集，シェア経済，人間経済を主軸とする社会を維持し続ける様子が示される．この過程では，外部から来た白人たちが，彼らを「貧困」と位置づけ，生活保護の対象とし金銭を一方的に贈与した結果，援助漬けとなってしまった経験（贈与のパラドックスの発生）によって，ただ金銭援助を受けることは屈辱的で「人をダメにする」と気づいた先住民らが，伝統的経済システムを主要化したまま近代的なものを導入

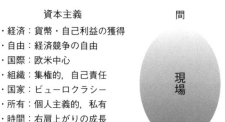

資本主義	間	ポスト資本主義

資本主義
- ・経済：貨幣・自己利益の獲得
- ・自由：経済競争の自由
- ・国際：欧米中心
- ・組織：集権的，自己責任
- ・国家：ビューロクラシー
- ・所有：個人主義的，私有
- ・時間：右肩上がりの成長
- ・文脈：脱文脈，数値の権力

現場

ポスト資本主義
- ・経済：互助，共生，利他，贈与
- ・自由：貨幣からの自由
- ・国際：脱欧米中心
- ・組織：分散的，連帯
- ・国家：アナキズム
- ・所有：集団的，シェア
- ・時間：循環
- ・文脈：文脈的，特異性の力能

図 3-1　資本主義とポスト資本主義の諸特徴

する工夫が見られたという．

　以上から，ポスト資本主義論においても，現場研究の必要性が確認できる．すなわち，現場では単に資本制がポスト資本制に置き換わっていく直線的移行ではなく，むしろ両者の間で——前・資本制も含め——複雑な重なり，葛藤，矛盾，混成が生じており，その過程を紐解く必要性が示唆される（図3-1）．

4　資本主義とポスト資本主義の境界領域の探究へ

　しかしながら，従来の研究には次の課題がある．それは，ポスト資本制論とANT・状況論とをつなぐ理論的作業がまだ不十分であり，核となる概念を取り出せていないことである．すなわち，世界史論と状況論をつなぐポスト状況論が何を対象とし，何を目指すかの概念化，理論化が必要である．ここで改めて状況論の歴史を継承するならば，一つには最近接発達領域（ZPD）の再概念化——「ZAD（zone of associational development）」（香川，2019b）——を示すことができる．ヴィゴツキー（2001）にとって，ZPD とは「現在の個人の発達水準と，大人やより有能な仲間との協同で垣間見せる潜在的な未来の発達水準との間の距離」であった．前述の通り，LPP，拡張的学習，パフォーマンス心理学は各々これを共同体次元に拡張した．ZAD はこれら「マルクス（世界史）のヴィゴツキー化（心理学化）」に，「ヴィゴツキーのマルクス化」をクロスする．すなわち ZAD は，現場で生じる「前資本制—資本制—ポスト資本制」間の重なり，矛盾，葛藤，翻訳，そして逃走線を意味する．何がどうトリガーとなり，別のシステムが現場で顔をのぞかせ，それがどう抑圧，伸長，混交し第三領域

が生まれるのか．国家や貨幣の権力を単に批判・排除するのではなく，それに抗いつつも半ば偶発的にでもすり抜けるような実践とはどんなもので，そこからどんな新たな世界史の萌芽（可能性）を見出せるかを検討する．

　こうして，ANT や状況派の現場論と，ポスト資本主義の世界システム論との間に結合領域が現れる．以前のラトゥールのように，世界システム変革論を ANT 的ではないとして退けるのではなく，むしろ変革論と現場との間，資本制―ポスト資本制の間を探究する．現場の探究は（実践の想像と創造も含めて），今ここのアクターの動きの探究と同時に世界史の探究に変わる．要するに，ANT や状況論の諸派と手を取りつつも，その枠組みに巻き込まれてはならない．

交　歓

　ZAD の探究は，状況論やポスト資本制論が採用してきた次の 2 点の見直しを促す．第一が，進歩主義と枠づけ主義の問い直しである．状況論の諸派は時に他よりも自らの理論の進歩や優位性を示してきた．たとえば，拡張的学習は LPP を共同体の変革に着目しない理論とし，パフォーマンス心理学も徒弟制的学習環境は非創造的であるとして LPP に No を言い渡す．これは，資本制と蜜月の科学が，常に「従来の研究より何が新奇か」「革新的か」を求め，自理論の「販路拡大」を追求し，状況論も結局はその枠に「参加」してきたことと無関係ではないだろう．こうして理論・概念は次々「消費」されていく．自らは枠組みではない――「ノンパラダイム」(Holzman, 2009)――，枠を超えると言いつつ，現実の相互行為においては自派閥の枠に囲い込み，それに正統周辺的に参加する集団性を生成しているにもかかわらず，それを隠蔽するかのようである．

　第二が，二元論である．ポスト資本制論は互いに対立関係にもある．柄谷は，アナキズムは結局，それを抑圧すべく国家管理をますます強化するだけだと拒否してむしろ新しい国家間連帯の在り方を模索すべしとする．これは脱国家を標榜するグレーバーにはとうてい受け入れられない考えだろう．こうして，〈帝国〉かマルチチュードか，国家（ないし世界共和国）かアナキズムかという二元論が現れる．また，状況論においてもたとえばパフォーマンス心理学は，

「存在（being）と生成（becoming）の弁証法」と言いつつ，生成の心理学的研究へと移行すべきだと存在より「生成」に軸足を置く．要するに状況論・ANT，ポスト資本制論のいずれも二元論を拒否しつつも，気づけばそれを招いてきた．

　これに対し，ZAD の探究とは，単に既存理論からの優位性の追求を意味するのではなくむしろ，これら異なる関係諸理論の中心点に「存在」する「運動」，つまり「交歓」（香川，2019ab）の探究を意味する．交歓とは何か．

　これを示すのに「品詞」に着目してみよう．ラトゥールの弟子であり ANT の乗り越えを図るグレアム・ハーマンによれば，ANT の関心とは「動詞」，つまり，生成，行為，変化への関心である（Harman, 2016）．動詞（アクタンの動き）が存在を生成するのである．これに対し，ハーマンが提唱する「オブジェクト指向存在論（object-oriented ontology: OOO）」（別名，非唯物論）では，動詞ではなく「名詞」，つまり自律・安定した本質，唯一特異性に着目する．OOO では，対象とは関係に先立って存在するものであり，不可知で常に余剰を伴い，十全に表現されることはないが確かに実在するものとされる．

　また，ANT は「同盟」に，OOO は「共生」に着目するという．たとえば，真核生物の細胞は，プロテオバクテリアを取り込んでミトコンドリアに進化した．ミトコンドリアの二重のひだは，かつて別々の対象（名詞）だったものどうしの名残である．ある生物が別の生物を吸収しつつも，もとの生物の存在を霧散させることなく細胞を形成している（細胞内共生説）．このようにハーマンは，ANT や新唯物論は結合や同盟を過度に強調すると批判して，OOO がいう共生はむしろ，結合に抗い，対象の自律性を護り維持する側面があると主張する．

　しかしながら，ハーマンはそれでも「共生」という「間」論を招き入れているのであり，論全体として「間」を取り除くのに苦労しているようである．また，彼が分析の好材料として選ぶのは，17 世紀の VOC（オランダ東インド会社による征服過程）という資本制ないし植民地政策を象徴する事例である．要するにラトゥールもハーマンも，結局，名詞か動詞かの二元論を招き入れた．では，ANT と OOO の関係をどう考えればよいか．

　ハーマンもラトゥールも参照するジル・ドゥルーズ，特に Deleuse & Parnet（1977/1996）の議論に立ち返ってみよう．すると，ドゥルーズらは実は動詞論や名詞論でもなく，むしろ，「と」論，すなわち名詞「と」動詞の逃走線を，あるいは，対称性ではなくむしろ非対称性を論じていることがわかる．

　　「しかし，問題はつねに動詞〈存在すること être〉であり，原理の問いなのだ．……あらゆる文法，あらゆる三段論法は諸々の接続詞を動詞 être に従属したままにし，それらの接続詞に動詞 être の周囲を公転させるひとつの手段になっている．もっと先に進まなければならない．……《である EST》を《と ET》に代置すること．A と B．《と》は特定の関係や特定の接続詞でさえない．それはあらゆる関係の道路を下から支えるものであり，そうした関係をそれらの諸項の外へと，それらの諸項の集合の外へとすり抜けさせ，《存在》，《一者》あるいは《全体》と規定され得るようなすべてのものの外へとすり抜けさせるものである．……外─存在（ex-tra-être）としての，間─存在（inter-être）としての《と》．……多様体はただ《と》の中にのみ存在する」（Deleuse & Parnet, 1977/1996　江川他訳, 2011, pp.99–100）．

　ドゥルーズらを召喚して ANT「と」OOO を結ぶならば，「唯一特異の非対称な存在と存在（名詞）とが出会い，結合する（動詞）」さまが浮かび上がる．「唯一特異な存在間の結合」と言えば，まさしく子作り（生命，愛）である．愛は Deleuse & Parnet（1977/1996）が繰り返し論じ，Hardt & Negri（2009）も同性愛を含めて論じ，グレーバーは他と交換不可能な子どもを典型例として人間経済を論じていた．子は，父母のまさに「間」から生まれる唯一特異存在である．家族や子育てというと異性愛や血縁関係が想像されるが，近代的個人主義や核家族が進む前は，共同養育という形で，血縁のない人も積極的に育児に携っていた．創造されるものでありながらも確かに存在する生命．個別具体の文脈に埋め込まれた子．受精，生命，出産，子育て（すなわち，交歓）は，すべての関係諸論の中心点にあっていずれも探求し続けてきたはずのゆるぎない間─存在である．

　生命への着目は，近代的進歩や前近代的循環に代わる時間を呼び寄せる．ラトゥール（Latour, 1991）は，近代的資本主義が描く革新（直線的な進歩的時間観）は，花崗岩，バケツ，体内の細胞など，本来違う時代に属する諸アクター

を，同じ直線上（カレンダー，暦）に順番に配置し，その規範枠組みに縛りつけることで，過去から未来へと流れる不可逆な時間を生み出しているに過ぎないと述べる．先立つ時間に従って後か先かの分類が生じるのではなく，むしろアクターの動員による分類こそが時間を作り出す．だから，分類の仕方を変えれば同じ事象でもこの近代的時間とは異なる時間性が生じる．たとえば，彼は異なる分類方法として「螺旋的な時間」を挙げる．螺旋では，未来と過去は存在するが円のようであり，過去は再訪され繰り返され，再結合され，新たに組み直される．直線上では遠くに離れていった要素が円と円の間から見れば近い．こうすると「旧式」や「最新」といったラベルは不要になってくる．

　螺旋時間を象徴する実践として，低収入であっても自然と共生して持続可能な自給自足生活を試みるパーマカルチャーが挙げられよう．パーマカルチャーはアメリカの農業物理学者フランクリン・キングが，4000 年持続した東アジアの循環型有機農法を調査し，農薬や化学肥料を用いて大量生産を行う近代農法より可能性のある 'permanent agriculture' だと言及したことに由来する（設楽，2010）．キングにとってアジアの農法こそ，「新たに」導入すべきものだった．また，パーマカルチャーは，人―自然間の循環システム創出を試みるが，そのために最新テクノロジーの活用も拒否しない．人糞とおがくずを混ぜて微生物を活用して堆肥を創り，野菜栽培に利用するという「前時代的」方法には，菌類やバクテリアに関する科学知識や情報技術も活用される．それらを通してコミュニティも形成される．言うなれば，パーマカルチャーは多重時間，そして社会と自然のハイブリッドを隠蔽せず，むしろ表立って実践する事例と言えよう．

　ラトゥールのこの多重時間論においては，螺旋時間は多種の時間のうちの一例に過ぎないが，螺旋時間こそ，資本主義的な直線的進歩や革新の時間を包摂しつつもそれに代わりうるものと思われる．なぜなら，第一に，ポスト資本制論のいずれもが，単に資本制からの前進をポスト資本制とみなすのではなく，むしろ資本制以前の歴史からその萌芽を取り出す方法論を採用していたからである．年代的に過ぎ去ったものをただ古いとはせず，円の間では接近し新しいものとして組み直そうとする志向性が見出せる．第二に，前近代の循環的，円環的な時間「と」資本制の成長・発達的な直線状の時間が結合すれば，まさに

螺旋状になる．第三に，螺旋構造とは生命の象徴であり，生命個体の特異性を示すと同時に，その個体に閉じたものではなく，38億年前に生まれた生命のもとがバクテリアを経て生態系（ネットワーク）を形成し，われわれにまで永続するものである．螺旋時間は，即時的で今に閉じた時間システムから，今の個体を愛しみながらも，その個体が死してもなお，つながり続ける地球史へと時間を拡げる．

　すなわち，螺旋時間を採用することは，たとえば，LPP→拡張的学習→ANT→パフォーマンス心理学→ポスト資本主義論というように，理論の進歩や拡張を描く近代時間の束縛からわれわれを解放し，それらのちょうど間に存在し続けているもの（生命，交歓）の探求を意味する．従来，諸研究は，「問われていないものを問う」ことで進化，成長，発達を可視化してきた．これらの諸アクターは「従来の理論（商品）の何が限界で，どう自らがそれを乗り越えているか」を熱心に語る，新商品の営業担当のようにパフォーマンスしてきた．しかし，これを特異性の発現に転換するならば——その意味で従来の進化路線も無にはならない——，これらの諸理論がそれまで水面下で交歓という間—対象に向けて結合しつつあった道——いずれも実は問い続けてきたもの——が，水面上に現れる．

　こうして競合する関係諸理論が，実のところ各々特異性を追求しつつも同じ〈共〉的存在（愛，生命，間）に向かっていたという，競合や差異化や枠組み化のもと，隠蔽されていたもの，ないし消費されなかったもの——ゆるぎなきオブジェクト——が立ち現れる．このことは前述の諸論が，菌根，アリ，細胞などのメタファーを選択してきたことと無関係ではないだろう．ANTがノンモダンを標榜するなら，交歓の探求こそが状況論の諸派の間を，状況論と世界史論の間を，資本制—ポスト資本制の境界領域を，すなわちノンパラダイムを呼び寄せる．

　交歓——状況諸論もポスト資本主義の諸論も問い続けてきた「間としての生命」——の探究を進めていくことは，あらゆるもの（国家，教育，行政，仕事，科学）が貨幣獲得（経済成長）と覇権争いに回収されていく世界システムから，生命が豊饒化する交歓システム（〈共〉的対象）に向けて，細分化した諸ジャンルや諸分野の特異性を無下にすることなく，しかしそれらを転換させながら結

合していくことを意味する．むろん，生命を挙げるとすぐに「非生命はどう考えるのか，結局，生命と非生命の二元論ではないか」という批判が予想される．だが，生命それ自体が，モノのネットワーク（メタン，アンモニア，水，水素，アミノ酸など）と切り離せず，DNAはタンパク質の設計図である．それゆえ，生命美学を追求する岩崎（2013）が言うように，生命の探求とは，実は「物質（非生命）と生命の境界」つまり間—存在を探求することに他ならない．

　また，交歓は，多くのポスト資本主義論が可能性を見出す利他的贈与や互助の概念，つまり，「AがBに○○を与える（例：育てた野菜を隣人に無償で贈与する）—BがAに××のお礼を返す（例：手伝いでお返しする）」の贈与—返礼概念を問い直す．互助はともすれば対象の中身より身内の人間関係を優先する——結局自己利益に向かう——「互助会」に陥りうるし，贈与は人から人へ物や情動が移動するという「移送・転移（transfer）のメタファー」を招き入れる．移送メタファーは状況論が拒否した二元論であった．交歓は，自己でも他者でもなく，生命が豊饒化する世界システムという「間—対象」——マズローの「事実への愛」（Maslow, 1967）に重なる——へ向けて，人，場所，商品，貨幣等の特異性を贈与結合（転換しながら結合）していく過程を指す．交歓は利己論や他者論を問い直すが，その対象追求が関係性に富をもたらす．なお，このエッセンスの一部は実は贈与返礼論が内包してきたのだが，移送的視点を主要化してしまったがゆえに副次化されたものでもある．

交歓に関する調査事例

　最後に交歓の研究例として，神奈川県相模原市旧藤野町の事例を取り上げよう（香川，2019a）．この地域では先のパーマカルチャーを始めとして，他にも資本制社会の常識を問い直すような複数の共生的実践が，相互にゆるく結びつきながら自律分散的に発生している．たとえば，エコヴィレッジYは，3.11原発事故を契機に資本主義的な仕組みや国策にショックを受けたH氏が，限界集落の廃工場を購入し，入れ替わる多様な参加者と一緒に廃材を利用してその工場をリビルドしながら，コミュニティ形成を図っている場である．廃材は資本主義が生むゴミであるが，水道の蛇口を活かしておもしろいドアノブとして利用するなど，個々の廃材に「特異性」が見出され組み合わされる．活動の

おもしろさに多様な人々が惹きつけられ，食虫に詳しい人，コーヒーに詳しい人など各々の特異性を可視化するやりとりが日常的に行われ，複数の特異性が柔軟に組み合わさって種々のイベントがデザインされる．この生活では，低収入にもかかわらず，経済観念に囚われている状態よりむしろ生きいきと創造的に生活ができること，すなわち「お金のコントロールからの解放」が試みられる．藤野町の中には高収入者もいるが，収入面も特異性の一種であって，標準的な尺度とは言えない．他にも無農薬有機野菜の小農家や地元のパン屋などが集まり，社交場兼ローカル経済の場として構成されるファーマーズマーケットでは，「商品」の概念を崩す試みも見られていた（詳細は，香川，2019b）．

　これらの実践は行政とは無関係に行われており，事実そう語る実践者も少なくない．しかし，町の長い歴史をさかのぼれば，実は過去の県政からの強いトップダウン的政策や，地形的条件や法的規制が間接的にこれらの構築に寄与していることがわかる．地域振興には通常，工業や産業誘致が行われるが，この町には県の保安林規制がかかって大規模開発は行われず，代わりに 1986 年にふるさと芸術村構想が推進された．当初は，何十億という資金をかけ，行政が強力に主導し，芸術施設や芸術家の誘致を行った．その結果，予期せず変わり者のヒッピーたちも集まった．県が退き，藤野町にバトンタッチして，町が何をやればよいかわからなくなっていた頃，ヒッピーらが作った「自由なことがやれそうな町の雰囲気」が次の第二，第三世代を惹きつけ，前述のパーマカルチャー等の新しい実践の分散的発生につながった．藤野には，役所の外で町民と関係を作りながら移住者一人ひとりに空き家などを紹介する（元）町役場の人物がいて，アーティストらのための場作りのサポートも行う．机上や役所内だけでなく，「現場に出て協同する」（元）役人も，重要なアクターの動きと言える．

　このように藤野の現場から，資本制（官僚制，貨幣経済，商品）とポスト資本制（アナキズム，人間経済，特異性）の間のゾーン（ZAD）の出現が窺える．そこでは，官僚主義的な法的規制や政策と，草の根の自律的な活動とが一部では矛盾し，一部では無意図的に手を取りながら，資本制下で廃棄化・一般化・抽象化されたモノや労働者が，逆に特異な具体的アクターとしてふるまうよう翻訳される．すなわち，地形，法，政策，廃棄物，農作物，芸術家，役人らが，自

然共生的，あるいは共愉的で共癒的な活動圏の創出という間─対象に向けて，意図的，無意図的に受精（結合）して，貨幣経済優位の従来の生活システムを「現実」において転換していく具体的過程を見て取れる．交歓は，現場により多様であろうこの種のマイクロな実践を研究し，複数の諸理論や諸実践をまさに交歓することを通して，世界システムを創造する方向性を示す．

5　おわりに

　資本主義，民主主義，そして地球規模の危機が領域を超えて叫ばれる中，諸実践，諸学問がこれを乗り越えていくのにどう寄与できるかが問われている．むろん，資本，あるいは国家の拡張欲と遺恨による連鎖的暴力が，特異な生命を無残に破壊さえする世界システムでは，両者の二重性が現れる．社会課題に取り組む善意の取り組みが，後者の暴力性の拡大に寄与することすらある．藤野町の事例はこの二重性とつき合いつつ，後者をどうにか副次化していこうとする小さな試みに見える．しかし多くの場合，この二重性は引き裂かれたままである．いずれにせよ，われわれが相手にすべき対象とは，特定の個人でも企業でも国家でもなく，「平和」「共生」を目指していると言いつつ破滅に向かう世界システムの虚構と現実であり，これに対し狡猾な権力を利用もしながら，何とかしてそれに代わる，想像─現実間のシステムを作っていかねばならない．生命豊饒化とは単に人口増加の道でも，人間が自然界に手を加えることを避ける道でもない．大規模な災害も多くの生命を奪うが，同時に無二の生命を想う感情とコミュニティ創造を促す（たとえば，立部・宮本，2020）．つまり，生命破壊と生命を想う感情の間から生命豊饒化システムの道は出現するはずである．そのような間─対象に向かって，現場─世界史間，国家間，地域間，そして諸学問間を（つまり，多様な特異性を）交歓していく実践が必要とされている．

　付　記　本章の一部は JSPS 科研費 18K03013 の助成を受けたものである．

引用文献
Abreu, G. D.（1995）. Understanding how children experience the relationship between

home and mathematics. *Mind, Culture, and Activity, 2(2),* 119-142.

Althusser, L. (1965). *Pour Marx.* F. Maspero. (河野健二・田村俶・西川長夫（訳）(1994). マルクスのために 平凡社)

Braudel, F. (1985). *La dynamique du capitalism.* Arthaud. (金塚貞文（訳）(2009). 歴史入門 中央公論新社)

Callon, M. (1986). Some elements of a sociology of translation: Domestication of the scallops and the fishermen of St. Brieuc Bay. In J. Law (Ed.), *Power, action and belief: A new sociology of knowledge* (pp.196-233). Routledge and Kegan Paul.

Callon, M. (2004). The role of hybrid communities and socio-technical arrangement in the participatory design. 武蔵工業大学環境情報学部情報メディアセンタージャーナル, *5,* 3-10. (川床靖子（訳）(2006). 参加型デザインにおけるハイブリッドな共同体と社会・技術的アレンジメントの役割 土橋臣吾・上野直樹（編著），科学技術実践のフィールドワーク——ハイブリッドのデザイン (pp.38-53) せりか書房)

Collins, A., & Kapur, M. (2014). Cognitive apprenticeship. In R. K. Sawyer (Ed.), *The Cambridge handbook of the learning sciences* (pp.109-127). Cambridge University Press. (北田佳子（訳）(2018). 認知的徒弟制 ソーヤー, R. K.（編著）森敏昭・秋田喜代美・大島純・白水始（監訳），学習科学ハンドブック 1 基礎・方法論（第 2 版）(pp.91-107) 北大路書房)

Deleuse, G., & Parnet, C. (1977/1996). *Dialogues.* Flammarion. (江川隆男・増田靖彦（訳）(2011). ディアローグ——ドゥルーズの思想 河出書房新社)

Engeström, Y. (1987). *Learning by expanding: An activity theoretical approach to developmental research.* Orieta-Konsultit. (山住勝広他（訳）(1999). 拡張による学習——活動理論からのアプローチ 新曜社)

Engeström, Y. (2008). *From team to knots: Activity-theoretical studies of collaboration and learning at work.* Cambridge University Press (山住勝広・山住勝利・蓮見二郎（訳）(2013). ノットワークする活動理論——チームから結び目へ 新曜社)

Engeström, Y. (2009). Wildfire activities: New patterns of mobility and learning. *International Journal of Mobile and Blended Learning, 1(2),* 1-18.

Engeström, Y., Engeström, R., & Karkkainen, M. (1995). Polycontextuality and boundary crossing: Learning and problem solving in complex work activities. *Learning and Instruction, 5,* 319-336.

Engeström, Y., Engeström, R., & Kerosuo, H. (2003). The discursive construction of collaborative care. *Applied Linguistics, 24(3),* 286-315.

Fenwick, T., & Edwards, R. (2010). *Acter-network-theory in education.* Routledge.

Friedman, D., & Holzman, L. (2014). Performing the world: The performance turn in social activism. In A. Citron, S. Aronson-Lehavi, & D. Zerbib (Eds.), *Performance studies in motion: International perspectives and practices in the twenty-first century* (pp.276-287). Bloomsbury Publishing.

藤澤理恵・香川秀太 (2020). 仕事とボランティアを越境するプロボノの学び——贈与と交歓を志向する情動的ジョブ・クラフティング 経営行動科学, *32(1),* 29-46.

Graeber, D. (2007). *There never was a west, or, democracy emerges from the spaces in between*. AK Press.（片岡大右（訳）（2020）．民主主義の非西洋起源について──「あいだ」の空間の民主主義　以文社）

Graeber, D.（2011）. *Debt: The first 5,000 years*. Melville house publishing.（酒井隆史（訳）（2016）．負債論──貨幣と暴力の 5000 年　以文社）

Gutierrez, K. D., Baquedano-Lopez, P., & Tejeda, C.（1999）. Rethinking diversity: Hybridity and hybrid language practices in the third space. *Mind, Culture, & Activity, 6*（*4*）, 286-303.

刑部育子（1998）．「ちょっと気になる子ども」の集団への参加過程に関する関係論的分析　発達心理学研究, *9*（*1*）, 1-11.

Harman, G.（2016）. *Immaterialism*. Politry Press.（上野俊哉（訳）（2019）．非唯物論──オブジェクトと社会理論　河出書房新社）

Hardt, M., & Negri, A.（2004）. *Multitude: War and democracy in the age of empire*. Penguin Press.（幾島幸子（訳）（2005）．マルチチュード──〈帝国〉時代の戦争と民主主義（上・下）　日本放送出版協会）

Hardt, M., & Negri, A.（2009）. *Commonwealth*. Belknap Press.（幾島幸子・古賀祥子（訳）（2012）．コモンウェルス──〈帝国〉を超える革命論（上・下）　日本放送出版協会）

Hardt, M., & Negri, A.（2017）. *Assembly*. Oxford University Press.（水嶋一憲・佐藤嘉幸・箱田徹・飯村祥之（訳）（2022）．アセンブリ──新たな民主主義の編成　岩波書店）

Harvey, D.（2014）. *Seventeen contradiction and the end of capitalism*. Profile Books.（大屋定晴・中村好孝・新井田智幸・色摩泰匡（訳）（2017）．資本主義の終焉──資本の 17 の矛盾とグローバル経済の未来　作品社）

橋本栄莉（2019）．難民の実践にみる境界と付き合う方法　質的心理学研究, *18*, 76-94.

日比野愛子・鈴木舞・福島真人（編）（2021）．科学技術社会学〈STS〉──テクノサイエンス時代を航行するために　新曜社

Holzman, L.（2009）. *Vygotsky at work and play*. Routledge.（茂呂雄二（訳）（2014）．遊ぶヴィゴツキー──生成の心理学へ　新曜社）

井上敏昭（2016）．アラスカ先住民における伝統食分配とポトラッチの社会的意義　岸上伸啓（編著），贈与論再考──人間はなぜ他者に与えるのか（pp.92-117）　臨川書店

岩崎秀雄（2013）．生命とは何だろうか──表現する生物学，思考する芸術　講談社

香川秀太（2008）．「複数の文脈を横断する学習」への活動理論的アプローチ　心理学評論, *51*（*4*）, 463-484.

香川秀太（2015a）．「越境的な対話と学び」とは何か──プロセス，実践方法，理論　香川秀太・青山征彦（編著），越境する対話と学び──異質な人・組織・コミュニティをつなぐ（pp.35-64）　新曜社

香川秀太（2015b）．矛盾がダンスする反原発デモ（前篇）──マルチチュードと野火的活動　香川秀太・青山征彦（編著），越境する対話と学び──異質な人・組織・コミュニティをつなぐ（pp.309-335）　新曜社

香川秀太（2019a）．「未来の社会構造」とアソシエーション，マルチチュード，活動理論──贈与から創造的交歓へ　実験社会心理学研究, *58*（*2*）, 171-187.

香川秀太（2019b）．所有，贈与，創造的交歓──関係論の解散へ　香川秀太・有元典文・

茂呂雄二（編著），パフォーマンス心理学入門——共生と発達のアート（pp.57-76）　新曜社

香川秀太・澁谷幸・三谷理恵・中岡亜希子（2016）．「越境的対話」を通した新人看護師教育システムの協働的な知識創造——活動理論に基づくアクションリサーチと対話過程の分析　認知科学, *23*(*4*), 355-376.

Kaptelinin, V., & Nardi, B. A.（2006）. *Acting with technology: Activity theory and interaction design*. MIT Press.

柄谷行人（2014）．帝国の構造——中心・周辺・亜周辺　青土社

岸上伸啓（2016）．贈与論再考——人間はなぜ他者に与えるのか　臨川書店

Kramsch, C.（1993）. *Context and culture in language teaching*. Oxford University Press.

Latour, B.（1991）. *Nous n'avons jamais été modernes: Essai d'anthropologie symétrique*. Editions La Découverte.（川村久美子（訳）（2008）．虚構の「近代」——科学人類学は警告する　新評論）

Latour, B.（2005）. *Reassembling the social: An introduction to actor-network-theory*. Oxford University Press.（伊藤嘉高（訳）（2019）．社会的なものを組み直す——アクターネットワーク理論入門　法政大学出版局）

Lave, J., & Wenger, E.（1991）. *Situated learning: Legitimate peripheral participation*. Cambridge University Press.（佐伯胖（訳）（1993）．状況に埋め込まれた学習——正統的周辺参加　産業図書）

Laville, J. L.（2007）. *L'économie solidaire; Une perspective internationale*. Hachette Littératures.（北島健一・鈴木岳・中野佳裕（訳）（2012）．連帯経済——その国際的射程　生活書院）

Lobman, C., & Lundquist, M.（2007）. *Unscripted learning: Using improv activities across the K-8 curriculum*. Teachers College Press.（ジャパン・オールスターズ（訳）（2016）．インプロをすべての教室へ——学びを革新する即興ゲーム・ガイド　新曜社）

マルクス, K., & エンゲルス, F.　新訳刊行委員会（訳）（1997）．新訳共産党宣言マルクス主義原典ライブラリー

マルクス, K., & エンゲルス, F.　新訳刊行委員会（訳）（2000）．新訳ドイツ・イデオロギー　マルクス主義原典ライブラリー

Maslow, A.（1967）. A theory of metamotivation: The biological rooting of the value-life. *Journal of Humanistic Psychology*, *7*(*2*), 93-127.（上野圭一（訳）（1986）．メタ動機——価値ある生き方の生物学的基盤　ウォルシュ, R. N. & ヴォーン, F.（編）吉福伸逸（編訳），トランスパーソナル宣言——自我を超えて（pp.225-244）　春秋社）

Nasir, N. S., Rosebery, A. S., Warren, B., & Lee, C. D.（2014）. Learning as cultural process: Achieving equity through diversity. In R. K. Sawyer（Ed.）, *The Cambridge handbook of the learning sciences*（pp.686-706）. Cambridge University Press.（三輪聡子・香川秀太（訳）（2018）．文化的プロセスとしての学び——多様性を通した平等の達成　ソーヤー, R. K.（編著）森敏昭・秋田喜代美・大島純・白水始（監訳），学習科学ハンドブック3　領域専門知識を学ぶ・学習科学研究を教室に持ち込む（第2版）（pp.139-156）北大路書房）

仁平典宏（2011）．ボランティアの誕生と終焉──〈贈与のパラドックス〉の知識社会学　名古屋大学出版会

Østerlund, C. S.（1996）. *Learning across context: A field study of salespeople's learning at work*. Aarhus University, Psykologisk Institutt.

Parker, I.（2004）. *Qualitative psychology*. Open University Press.（八ッ塚一郎（訳）（2008）．ラディカル質的心理学──アクションリサーチ入門　ナカニシヤ出版）

Roy, D. F.（1959）. "Banana Time": Job satisfaction and informal interaction. *Human Organization, 18*(4), 158–168.

Salit, C.（2016）. *Performance breakthrough: A radical approach to success at work*. Hachette Books.

Sawyer, K.（2014）. *The Cambridge handbook of the learning science*（2nd ed）. Cambridge University Press.（森敏昭・秋田喜代美・大島純・白水始（監訳）（2018）．学習科学ハンドブック 1　基礎・方法論（第 2 版）　北大路書房）

設楽清和（2010）．パーマカルチャー菜園入門──自然のしくみをいかす家庭菜園　家の光協会

Sim, S.（1998）. *The Routledge critical dictionary postmodern thought*〈*Part 1 Postmodern, its history and cultural context*〉. Icon Books.（杉野健太郎・丸山修・伊藤賢一・稲垣伸一・伝田晴美（訳）（2002）．ポストモダニズムとは何か　松柏社）

Suchman, L. A.（1987）. *Plans and situated actions: The problem of human machine communication*. Cambridge University Press.（佐伯胖（監訳）（1999）．プランと状況的行為──人間─機械コミュニケーションの可能性　産業図書）

立部知保里・宮本匠（2020）．災害復興における住民の組織化の意義と可能性──2013 年フィリピン台風ヨランダの事例　実験社会心理学研究, *60*(1), 1–17.

上野直樹・ソーヤーりえこ・永田周一（2006）．学習環境のデザインのためのネットワーク指向アプローチ　土橋臣吾・上野直樹（編著），科学技術実践のフィールドワーク──ハイブリッドのデザイン（pp.56–74）　せりか書房

上野直樹・ソーヤーりえこ・茂呂雄二（2014）．社会─技術的アレンジメントの再構築としての人工物のデザイン　認知科学, *21*(1), 173–185.

ヴィゴツキー, L. S.　柴田義松（訳）（2001）．思考と言語（新訳版）　新読書社

Wells, G.（1999）. *Dialogic inquiry: Towards a sociocultural practice and theory of education*. Cambridge University Press.

Wenger, E.（1998）. *Communities of practice: Learning, meaning, and identity*. Cambridge University Press.

Wenger, E., McDermott, R., & Snyder, W. M.（2002）. *Cultivating communities of practice: A guide to managing knowledge*. Harvard Business Press.（櫻井裕子（訳）（2002）．コミュニティ・オブ・プラクティス──ナレッジ社会の新たな知識形態の実践　翔泳社）

第4章　日常生活場面の相互行為分析

◆

高梨克也・坂井田瑠衣

1　はじめに——認知科学の対象としての日常生活場面

　日常生活環境において，われわれは様々な人やモノとかかわりながら暮らしている．その環境やそこでの実践はあまりに複雑で多岐にわたる．認知科学の観点から見れば，そこは記憶や思考，身体運動などの「個別競技」の場ではなく，その都度の活動の状況に応じて必要となる認知諸機能を臨機応変に選択したり組み合わせたりする，言わば「総合格闘技」のような場であり，研究者が特定の認知機能のみを事前に選んで分析するというやり方には馴染みにくい．加えて，そこでの実践の多くはルーティン化しており，行為者の意識に上る部分はごくわずかである．このような状況依存的で意識化されにくい人々の日常生活の諸側面を微視的に観察することによって，行為者たちが行っていることや，彼らにとってのミクロな意味や課題を発見していくのに有効だと思われる手法が，相互行為分析である．本章では，日常生活場面を認知科学的に研究する方法の一つとして，相互行為分析というアプローチを紹介する．

　認知科学において日常生活場面を分析対象とすることには少なくとも二つの互いに関連する意義がある．まず1点目として，1990年代頃からの状況論（第5節）や日常認知研究（Neisser, 1976；井上・佐藤，2002）の隆盛により，認知諸現象が不可避に状況依存的であるという事実や，研究環境の生態学的妥当性が重視されるようになったという点である．そして，本章で具体的に述べていくように，日常生活場面の認知科学的研究において相互行為分析のアイデアや手法を用いることの有効性は，これによって，人々の実践を，当事者の認知のリアリティに即しつつ，先験的に要素に分解することなく総体としてとらえ，

的確に記述できるようになるというところにあると考えられる．そこで，本章では，まず「当事者の認知」という点について，「相互志向性」という概念が基盤となることを述べる（第2節）．さらに，「総体」という点については，主体・他者・環境（対象物）の間の有機的で動的な結合とその局所的変化をたどるという作業を重視する．これらのうち，主体と他者との間のかかわりについては会話分析における連鎖分析（第3節）が基礎となり，主体と環境やその中の対象物とのかかわりについてはマルチモーダル分析（第4節）が有効になることを論じる．

　前述の1点目のレベルにおいては，状況や文脈，生活環境は，研究対象とする様々な認知現象の研究に不可欠な「背景」という位置づけにあると考えられるのに対して，2点目の意義として，様々な認知現象が生じる日常生活環境自体の個別的特徴を解明したいという動機も考えられる．様々な業種のオフィスや家庭，学校などの生活環境はそれぞれどのような社会的・認知的活動を可能にしており，逆にそこにはどのような潜在的な課題があるか，という関心である．この志向性にとって有望なのが，特定の生活場面を対象としたフィールドワークである（第5節）．フィールドワークにおいては，前述の連鎖分析やマルチモーダル分析といった相互行為分析は，研究目的であるというよりもフィールド理解のための調査手段という位置づけになる．そのため，調査対象フィールドで行われている人々の「活動」を読み解いていくために，相互行為分析の様々な手法や分析概念をどのように臨機応変に導入していくか，という点に関する工夫や経験が必要になる（第6節）．

2　相互行為分析の基盤——相互志向性

　相互行為分析は社会学の一派であるエスノメソドロジー[1]とそこから生まれた会話分析[2]に基づくものであるが，著者らの考えでは，相互行為分析と

---

1)　エスノメソドロジーに関する入門としては，前田他（2007）が非常にわかりやすい．
2)　会話分析ないし相互行為分析についての一般的な概説としては，近年，串田他（2017）や高木他（2016）などの良書が刊行されている．また，Sidnell & Stivers（2013）や平本他（2018）では，会話分析研究の最新の広がりや深まりについて知ることができる．

は，一言で言えば，相互行為における参与者の注意（あるいは志向）の変化を記述的にたどっていくための体系的な手法である[3]．そこで，本章では，参与者の注意（志向）の変化を記述する際に重要となる「相互志向性（mutual orientation）」という概念から議論を始める．

見えるものとしての相互志向性

西阪（2008）は，人が知覚している世界の中から「特定部分を選択的に切り取り，それに対して特定の関わりを持つ」ことを「志向（orientation）[4]」と呼んでいる（p.75）．この表現に倣えば，相互志向性とは，相互行為の参与者たちが，それぞれ世界の特定部分に対する特定のかかわりを持ち，そのことが何らかのかたちで相互に共有されていることを意味する．

ここで言う志向は，一般的な意味での「注意」という概念とほぼ同義であるとまずは考えておこう．注意や共同注意といった概念は認知科学に関心のある読者の多くにとっても馴染み深いものであるだろう．特に共同注意は，主体─他者─対象物の三項関係を焦点としているという意味で，第 1 節で述べたような日常生活環境の基盤であると考えられる．ただし，共同注意に関して，第一に，これはコミュニケーションしている両者が同じ対象物や人に注意（視線など）を向けていることを指すものの，それに加えて，両者が単にたまたま同じ対象物に注意を向けているだけでなく，互いの注意状態を共有していることも必須の条件である（Tomasello, 1999；大藪，2004）という点に注意が必要である．

そのように考えると，相互志向性と共同注意という二つの概念は，指し示そ

---

3) こうした解説の仕方は必ずしも一般的ではないとも考えられるが，本章では認知科学という分野を想定し，相互行為分析を狭義の「会話」にとどまらない多様な相互行為を分析するために有用なアプローチとしてとらえ，このような説明を試みる．そのため，たとえば順番交替（turn-taking）など，会話の構造的特徴をとらえる上で不可欠であると思われる概念についても，必ずしも説明の中心には据えていない．会話分析を創始したハーヴィー・サックスやエマニュエル・シェグロフらによる順番交替システムに関する記念碑的研究であるSacks *et al.*（1974）については，西阪仰による邦訳がある．西阪自身による詳細な訳注も付されており，大変わかりやすい．

4) 'orientation' という概念には（物理的な意味での）向きや方向性といった含意があるため，和訳としては「指向」という表記を用いたほうが正確かもしれないが，本章では相互行為分析の関連分野における慣習（西阪，2008 など）に従って「志向」と表記する．

うとしている現象の外延としては概ね類似していると言える．ただし，相互行為分析では，相互志向性という概念を用いることで，一般的な共同注意研究とは異なるいくつかの側面を強調しようとしている．

　まず，その一つは，ある主体の志向状態は他者にとって観察可能であるという側面である．すなわち，相互行為分析の文脈において志向という概念を用いる時，そこには「互いに相手が何にどう志向しているかを知ることができる」（西阪，2008, p.75）はずだという含意がある．相互行為の参与者たちは，互いの発話や動作を観察することで，他者の志向を知ることができる．そうした「見えるもの」としての志向は，人々が相互行為を展開していく際の資源として用いられる．

　多くの認知科学的アプローチが，「認知」は表面的には「見えない」ものであるという前提に立ち，これに様々な方法を駆使して迫ろうとしてきたのに対し，相互行為分析の基盤となっている社会的相互行為論では，人の認知状態は他者から「見える」ようにされているものであるという前提から出発する[5]．たとえば，会話分析研究者のジョン・ヘリテッジは，会話における 'oh' という発話が当該発話者の認知状態の変化を他者に示すものであることを論じている（Heritage, 1984；高梨・榎本，2009）．他者の発話に反応するかたちで産出される発話冒頭に置かれた 'oh' は，それを発話した者が，直前の他者の発話から何らかの新しい情報などを得たということを示している．この時，当該発話者は，自らの認知状態が変化したことを他者から「見える」ようにしている，というわけである．

　相互行為論の泰斗であるアーヴィング・ゴフマンは，公共空間などにおいて，活動への「関与（involvement）」が他者にとって観察可能になっていることを重視した．関与とは，ある人が何らかの活動に対して「認知的かつ情緒的にかかわりを持」っていることを意味する（Goffman, 1963　丸木・本名訳，p.40）．ゴフマンの言うところの関与は必ずしも志向と完全に同一の概念ではないが，人の認知状態が他者に「見える」ものとなっているのでなければ，そもそも社

5）「他者の心のすべての部分が見えるか」と難しく考える前に，少なくともその一部は実際に見えているし，当事者たちはその見えているものを互いに用いているという事実にまずは目を向けたい．

会的相互行為は成立不可能であるし，実際，参与者たちも自らの認知状態がそのふるまいを通じて他者に「見える」ものになることを認識した上で自らのふるまいを決めている，という基本的な研究スタンスは，こうしたゴフマンの視点を受け継ぐものである．

　さて，このような研究態度を採ることで，人々が互いに注意を向け合っているかどうかという状態も見えるものとして扱うことが可能となる．チャールズ・グッドウィン（Goodwin, 2006）は，話し手と受け手が相互に注意を向けている状態，すなわち共同注意あるいは相互志向性について，マイケル・トマセロ（Tomasello, 2003）などの発達心理学者らのように当人たちの内的状態として分析するのではなく，公的な実践（public practice）という観点から分析することが可能であるという．ここでいう「公的」とは，それが個人の内的状態として秘匿されたものというより，むしろ他者に開かれたものであるということを意味している．Streeck *et al.*（2011）は，ゴフマンの表現を引用しながら，以下のように述べている．

　　「参与者の身体の相互志向性は，Goffman（1964）が「生態学的群集（eco-logical huddle)」と呼んだものを作り出す．それは，目に見える身体的実践を通じて，参与者たちが互いに対して，そしてしばしば周辺環境における特定の場所，対象物，出来事に対して，相互に志向し合っていることを公的に示すものである」(p.2)．

　ここにはもう一つの含意がある．それは，相互行為における参与者の認知状態が他の参与者によって観察できる「公的」な側面を持っているという事実に依拠することによって，相互行為の「外側」にいるはずの研究者にも，相互行為の「内側」，すなわち参与者の視点に立った分析を行う道が拓かれる，ということである[6]．相互行為の参与者たちが互いのふるまいや周辺環境などに注意を向けていることが公的に示されているのであるならば，その相互志向性は第三者にとっても観察可能になるはずである．これから徐々に見ていくように，このことは，相互行為の内側で起きている出来事を外側から分析しようとする

---

6)　Takanashi & Den（2019）では，「二人称的アプローチ」と呼ばれている．ただし，用語の用法は Reddy（2008）などでのものとは若干異なっている．

研究者にとって非常に好都合である．

達成されるべき課題としての相互志向性

　志向という概念を用いることで強調されることになるもう一つの側面は，相互志向と言う時，その状態は，何かテレパシーのようなものによって簡単に実現するものではなく，達成するために参与者が順を追って行為するという過程が不可欠なはずだ，ということである．相互行為分析においては，相互志向性を参与者たちによって達成されなければならない「課題」として見る立場から，相互志向性が成立するまでの緻密な過程の解明が重視されることになる．

　たとえば，到達点として，人物Ｘと人物Ｙが，ともに特定の対象物を指差し，ともにその対象物に視線を向けているという状況を想像しよう．ここでは，ＸとＹの間での相互志向性（あるいは共同注意）が成立している，と言うことができる．しかし，この状態はあくまでも相互行為を通じて達成された「結果」である．この状態に至るまで参与者たちが適切にふるまわなければ，そもそもこの状態に至ることはなかったはずである．したがって，ここで重要になるのは両者の間でのやりとりの時間的展開である．相互志向性は共同注意と結果として同様の現象を指している一方で，一般的な共同注意研究においては，共同注意状態に至る過程の緻密さにはほとんど注意が払われてこなかった．

　たとえば，事例１（図4-1）は，あるコンサルティング会社が主催した起業コンテストのワークショップにおいて，ＴとＡを含む４人がA0サイズの模造紙を囲んでワークに取り組んでいる場面からの抜粋である（髙梨，2019）．模造紙には，彼らがワークにおいて発言した内容が彼ら自身によってマーカーで色分けして記録されており，図4-2は，模造紙に書かれたこうしたコメントの一つに対して，ＴとＡが指差しをしているところである（図4-1中の★１の時点）．転記では，［で発話と指差しという複数の要素が同時進行していることを表し，一つの指差しを構成する「（準備→）開始→維持→撤退」という各フェーズの冒頭のタイミングを縦の点線で示している[7]．

---

7)　相互行為分析におけるデータの転記方法，とりわけ身体的ふるまいの扱い方について，より詳しくはMondada（2018），安井他（2019），城（2018），細馬・菊地（2019）などが参考になる．

```
┌ T 発話：　　　　　　っと，これですね.
│ T 指さし：　準備│開始　　　　　　　　　│保持
│ A 発話：　　　　　　　　　　　　　　どれ│ですか？
└ A 指さし：　　　　　　　　　　　　　　　│開始

┌ T 発話：　　　はい，│買う，うー，│買う（てきやー），
│ T 指さし：　　　　★1　　　　　│撤退
└ A 指さし：　　　保持
```

図 4-1　事例 1

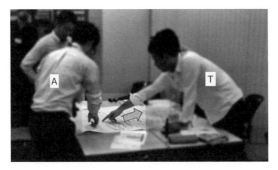

図 4-2　事例 1（★ 1）における T と A の指さし

　ここでは，T と A の間で，両者によって指差されたコメントに対する共同
注意が成立している，とまず見ることができるだろう．しかし，この共同注意
という状態は，A の注意を引こうと試みた T と，それに応じて注意を向けた
A の間の相互行為によって達成された「到達点」である．

　そこで，この「到達点」に至る相互行為の「過程」がいかなるものだったか
を見てみよう．T が直示表現「これ」を発しながら，やや遠方に書かれていた
コメントに対して右手での指差しを〈開始〉する．すると，赤ペンを持ち記録
役となっていた A が「どれですか」という確認発話をしながら右手での指差
しを〈開始〉する．この間も T の指差しは撤退せずに〈保持〉されており，
これが〈撤退〉を始めるのは，T が指差していた箇所を A が自分でも右手で
指差した（〈保持〉）直後である（★ 1）．T は「買う（てきやー），」と言いながら
〈撤退〉を開始し，A は当該箇所の横にマーカーで記入を開始する．このよう
に，相互志向性の達成に向けた試みは，人物 X の働きかけ（ここでは T の「こ

れ」と指差し）を契機として，まず開始される．そして，その働きかけに対して人物 Y が応じる（ここでは A の指差し）ことによって，ようやく X と Y の間に相互志向性が達成されるのである．

相互行為分析の強みは，相互行為の映像や音声データを繰り返し丹念に観察することで，相互行為の参与者たちの間で共有されている（相互志向性）ものの，分析者には一見するだけでは把握することが容易でないようなリアリティを詳らかにできることである．相互行為において「見えているものの気づかれていない（seen but unnoticed）」（Mondada, 2006)[8] ことの詳細に迫ることは，当事者たちに共有されているものの，分析者が見落としがちな，参与者たちの認知のリアリティに接近するための道筋を与えてくれる．

3 相互行為分析の核心──連鎖分析

連鎖分析の必要性

事例 1 の分析から導き出される重要な事実は，相互志向性が達成されるためには（時間的な）連鎖というかたちを取ることが必須である，ということである．すなわち，人物 X が人物 Y との間に相互志向性を達成しようとする時，X は，それを達成するための発話や動作を Y に向けて産出し，Y がそれに追随するように仕向けなければならない．

この事実から，相互志向性がいかなる過程によって達成されるかを分析する際に，必然的に採用すべき方向性が導かれる．すなわち，相互志向性が達成される過程を分析するには，相互行為における発話や動作の連鎖関係に着目した連鎖分析を行わなければならない．連鎖分析とは，ある発話や動作を分析しようとする時，その発話や動作の次に生じる他者の反応を手がかりにして分析することである（髙梨，2016）．

たとえば，事例 2（図 4-3）は，話し手と聞き手の間で相互志向性が達成される過程として Goodwin（1981）が分析した会話からの抜粋である（p.60）．

---

8) この表現は，元来はエスノメソドロジーを創始した Garfinkel（1967）によるものであるが，ここでの Mondada（2006）の用法は，その当初の用法とはやや異なっている可能性もある（第 6 節）．

```
Ethyl:      So they st- their classes start around (0.2) in
                                    [
Barbara:               ..............X_____
```

図4-3　事例2

　Ethyl は "So they st-" まで発話したところで言いよどみ，その後，"their classes start" と発話している．なぜここで Ethyl は言いよどんだのだろうか．その理由は，Ethyl の傍らにいる Barbara の反応を見ることで明らかになる．

　Barbara の行に書かれた "X＿" は，Barbara が X の時点から話し手である Ethyl に視線を向けていることを示している．さらに "..." は，Barbara の視線方向が変化している最中であることを示している．ここで Barbara は，Ethyl が "st-" と言いよどんだ直後から Ethyl に視線を向け始め，Ethyl が "clas" まで発話したところで，完全に Ethyl を見ていることがわかる（X）．Ethyl は，聞き手である Barbara の視線が自らのほうを向いていなかったので，発話を中断し，言い換えることで，Barbara の視線を獲得しようとしているのである．

　この事例においては，Ethyl の発話だけを見ると，それが Barbara との間で相互志向性を達成しようとしているということを見落としてしまう．あえて Ethyl の発話だけを手がかりにして分析してみるとどうなるだろうか．Ethyl は "they start" と言いかけたのを取りやめ（"st-"），"their classes" に言い換えている，と見なすこともできる．すなわち，この言いよどみと言い換えは，いわゆる自己訂正（Schegloff *et al.*, 1977）と呼ばれる現象であり，Ethyl の「自己都合」による言い換えであるとも考えることができてしまう．

　しかし，ここで聞き手である Barbara の反応に注目することで，Ethyl の発話中断と言い換えが Barbara との間での相互志向性を確立するための働きかけとなっているということが初めて見えてくる．このように，相互志向性の確立や維持の過程を分析するためには，発話や動作の連鎖に着目した分析，すなわち連鎖分析が必要なのである．

　発話や動作の連鎖に着目して分析することは，相互行為を「外から」分析しようとする研究者に対して，強力な手がかりを与えてくれる．つまり，ある発

話や動作を分析しようとする時，その分析が「正しい」かどうかを確かめる方法が提供されているということである．

　相互行為分析における「正しい」分析とは，相互行為の参与者どうしの理解に沿った分析のことである．たとえば，ある発話によって「参与者 X が参与者 Y に質問している」と分析する時，その分析の正しさは，「参与者 Y がその発話を『質問』として受け取り応答した」ことを見ることによって，初めて確かめられる．参与者 Y の反応を見ずに，分析者が外から X の発話の意味や機能などを判断してはならない．このように，ある発話や動作を分析する時に，その次の反応を手がかりにして分析の正しさを確かめることは，「次の順番による証明手続き（next-turn proof procedure）」（Sacks *et al.*, 1974）と呼ばれる．この分析上の手続きは，相互行為の外側にいる研究者が，相互行為の内側，すなわち参与者の視点に立った分析を行うための有力な手段となっている（Takanashi & Den, 2019）．

社会的行為の連鎖分析

　「次の順番による証明手続き」を使った連鎖分析について，ここからは「社会的行為」の連鎖分析を例に説明していこう．多くの場合，発話や動作は，他者との相互志向性を達成するだけでなく，当然のことながら，他者に対して何らかの社会的行為[9]を遂行するために産出されるものであるからである．相互行為においては，発話や動作によって相手から引き出したい反応を引き出すこと，すなわち発話や動作が社会的行為として機能することがしばしば目指される．そのため，「次の順番による証明手続き」を用いて，ある発話や動作がなされた時，その発話が相手から引き出したい反応を引き出すことができたかどうかを確かめることで，当該の発話や動作がいかなる社会的行為として機能したかを分析することが可能になる．

　相手から特定の反応を引き出したい時に典型的に用いられるのが，シェグロ

---

[9]　社会学的には，「行為」とは主観的意味が込められている行動のことであり，「社会的行為」とは他者のふるまいが考慮に入れられた行為のことである．その中でも，相互行為分析においては，「複数の人々が互いの反応をリアルタイムに感知できる状況」において行われる社会的行為を研究対象としている（串田他，2017）．

```
1  A：ソフトクリームください.
2  B：かしこまりました.
```

図4-4　事例3

フとサックスにより定式化された「隣接ペア（adjacency pair）」と呼ばれる社会的行為の連鎖関係である（Schegloff & Sacks, 1973）[10]. 隣接ペアとは，①二つの発言順番からなり，②異なる話し手によって産出され，③隣り合って配置され，④第一部分（first-pair part）が第二部分（second-pair part）に先行し，⑤特定の第一部分が特定の第二部分を呼び出す，という特徴を持つ.「特定の第一部分が特定の第二部分を呼び出す」とは，たとえば，「質問」は「応答」を，「挨拶」は「挨拶」を，「確認要求」は「確認」を呼び出す，ということである[11].

　隣接ペアが社会的行為の連鎖として持つ重要な特徴は，「第一部分が与えられた時，第二部分の出現が期待される」（Schegloff, 1968, p.1083）ということである. すなわち，「第二部分が即座に出現すれば，それは第一部分に対する第二部分として理解され，第二部分が即座に出現しなければ，公的に不在であると見なされる」（Schegloff, 1968, p.1083）.

　ごく短い事例3（図4-4）を考えよう. ここでのAの「ソフトクリームください」という発話には，まず直観的に「Bに対して「依頼」という隣接ペア第一部分を産出している」，という分析的記述を与えることが可能だろう. そういった記述を与えた時，その記述が正しいかどうか，すなわち，これが分析者の独りよがりな記述ではなく参与者たちの理解に則した記述になっているかどうかは，聞き手Bの次の反応を確認することで確かめることができる. そこでBの反応を見てみると，BはAの産出した第一部分に応じた適切な反応として，隣接ペア第二部分に相当する「受諾」を表す「かしこまりました」を産出している. この反応は，Aの直前の発話が自らに対する「依頼」であったというBの理解を示している，ということにもなる. つまりここで，当初のAの発話

---

10)　会話では隣接ペアを核として，さらに様々な拡張連鎖が構成される. Schegloff（2007）ではこの点についての平易で体系的な解説がなされている.

11)　このような「行為」については，言語行為論の観点から説明することも可能である（高梨, 2016）.

に対する分析的記述が「正解」であったことが確かめられたことになる．

このように，分析者が何らかの記述を外から与えようとする前に，参与者が観察可能な発話や動作を通して互いに理解を示し合っているのだから，その理解を分析に利用しない手はないというのが，連鎖分析の基本的な考え方である．

もちろん，隣接ペアを用いても常に引き出したい反応を引き出すことができるとは限らない．たとえば，2行目でBが何も反応しなかった時，Aはどのように反応するだろうか．Aは1行目の自らの依頼をもう一度繰り返すなど，何らかの方法で再びBの反応を求めるのではないだろうか．それは，他でもない，Bの反応が「ない」ということが顕在化している証拠である．適切な反応が「ない」ことが理解できるという事実からは，隣接ペアが単なる規則性ではなく，（われわれを含む）社会成員に共有された規則であることがわかるのである（串田，2010)[12]．

ある規則性から逸脱した現象が生じた時，参与者たちがその逸脱に対処しようとすることが観察できるならば，そこには規則があるという証拠になる（高梨，2016）．このように，連鎖分析を用い，相互志向性を基盤として産出された社会的行為が連鎖を形成していくプロセスを見ることで，そこにある「規則」を参与者の視点から明らかにすることも可能になるのである．

4　相互行為分析の現在——マルチモーダル分析

マルチモーダル分析の考え方

ここまでいくつかの事例分析を紹介しながら相互行為分析の考え方や特色に

---

12) エスノメソドロジーに起源を持つ相互行為分析では，このように，会話などの相互行為の微視的な分析から，人々がその場で従っている社会的な規則を記述していくことを通じて，社会秩序の存在を明らかにすることが目指される．他方，認知科学的な研究目的のために相互行為分析を用いる際には，こうした規則を明らかにすることは必ずしも最重要の課題であるとは限らず，得られた知見を，たとえばオンライン発話理解（Goodwin, 1981；小磯・伝，2000；榎本，2003），指差しジェスチャー（Goodwin, 2003），周辺視野の重要性（Heath & Luff, 2000），プラン（Suchman, 1986），問題発見と情動（高梨，2018a）といった認知科学の個別現象・トピックに関する従来研究に関連づけていくことが目指される．本章が相互行為分析に関する従来の一般的な概説とは異なる方針で書かれているのはこの点にもよる．

ついて説明してきたが，すでに多くの読者は，相互行為の参与者たちの言語的な発話だけでなく，彼らの身体的ふるまいが分析の焦点に含まれていたことに気づいているだろう．こうした分析の背景には，言語的な発話だけでなく，身振りや視線配布，姿勢変化などの身体的ふるまい，さらには相互行為を取り巻く物質的環境がもたらす諸情報，すなわち「マルチモダリティ」を分析の範疇に含めた「マルチモーダル分析」を行うべきであるという，相互行為分析における近年の研究動向がある．相互行為のマルチモーダル分析を牽引してきた1人であるロレンザ・モンダダによれば，マルチモダリティとは「身振り，視線，表情，姿勢，身体動作，さらには韻律，語彙，文法など，参与者たちが行為を組織するために用いる多様な資源」のことを指す（Mondada, 2016, p.338）．

　相互行為分析においてマルチモーダル分析を行う際に避けなければならないのは，身振りや視線といった資源が，それぞれ単体でどのように用いられているかという分析に終始してしまうことである（坊農・高梨，2009，第4章）．たとえば，道端で「郵便局はどこですか？」と質問された人が，その郵便局の方向を無言で指差すことによって応答するというように，特定の資源が単体で何らかの行為をなしているように見えることはあるだろう．けれども，実際にはその指差しは単体で行為をなしているわけではない．指された対象物（ここでは郵便局）およびその対象物との位置関係，指差しをしている時の視線の向き（多くの場合，その視線は質問者か郵便局に向けられるだろう），さらにはその指差しを質問者が見ることを可能にする身体配置[13]などが組み合わせられることで初めて，指差しが（応答という）行為として他者にとって理解可能になっているのである[14]．

　このように，マルチモーダルな資源が複雑だが秩序立った仕方で組み合わせられることで，何らかの行為が構成され，相互行為の展開において本質的な役割を果たしていく様子——複雑なマルチモーダルゲシュタルト（complex mul-

---

13)　人々が対面的状況において相互行為を展開するに当たっては，互いの身体的ふるまいが十分に観察できるような身体配置を整え，相互行為空間（interactional space）（Mondada, 2009）を組織することが重要となる（坂井田，2020a, 2021）．
14)　環境に接続された身振り（environmentally coupled gesture）と呼ばれるものの一種である（Goodwin, 2007）．

timodal gestalt）（Mondada, 2014a）と呼ばれる——を丹念に記述することこそが，相互行為のマルチモーダル分析の中心的な作業となる（安井・杉浦，2019）．その際のポイントは，第3節で述べたような発話や動作の「連鎖関係」に着目するだけでなく，それらの「共起関係」にも着目することである（高梨，2016）．第3節では，相互行為の参与者の視点に立った分析を行うために，ある発話や動作の「次に何が起きるか」に注目することの重要性を強調したが，それだけでなく，ある発話や動作と「同時に何が起きているか」にも注目することが不可欠なのである．先に示した事例1においても，もし「これ」という指示詞に共起する指差しを見逃してしまうと，その指示詞が指し示そうとしているもの，すなわちその場の参与者たちにとっての「これ」の意味するところが全く理解できない．この事例では指示詞と指差しが共起していることがあまりに明快なため，分析の過程においてその共起関係を見逃す可能性は実際には低いだろう．しかし，先に示した事例2においては，話し手の発話と共起する聞き手の視線を見逃すことで「的外れ」な分析になってしまうというように，共起する多様な資源が複雑に組み合わせられて相互行為が展開していく場合も多い．発話や動作の連鎖関係に加えて，マルチモーダルな資源の間の共起関係を注意深く記述していくことで，相互行為の参与者たちが相互志向性を達成する際に用いているはずの多様な資源を，できる限り漏れなく記述していくことができるようになる．

マルチモーダル分析の現在地

　日常生活環境において，各主体の身体は狭義のコミュニケーションのみならず，周囲の環境にある物質的対象にも関与している．逆に，物質的環境との身体的なかかわり方が，会話のような主体間での狭義のコミュニケーションに還流してくることも多い．その意味で，日常生活場面においては，必ずしも常に主体間での主に言語によるコミュニケーションがあらゆる活動の基盤であるとは言えない（坊農・高梨，2009，第5章）．そこで，身体動作をも視野に含めたマルチモーダル分析は，各主体が関与している対象物の持つ物質性（materiality）やその際の各主体ごとの感覚性（sensoriality）といった側面をも研究テーマとして正面から引き受けざるを得なくなる．近年の相互行為のマルチモーダ

ル分析においても，物質性と感覚性という互いに関連する二つの研究テーマが注目を集めてきている．

　2011 年に刊行されたマルチモーダル分析の記念碑的な論文集（Streeck *et al.*, 2011）においては，相互行為における参与者の身体を物質的世界（material world）から切り離したかたちで分析することが問題視され，参与者たちの行為は相互行為を取り巻く個別具体的な対象物や環境を含んだ全体（whole）としてとらえられるべきであるというパースペクティブが明確に示されている．このことには，単に相互行為が何らかの物理的環境に埋め込まれており，それが相互行為の展開にたまたま利用されることがある，という事実以上の含意がある．実際，対象物に向けられる指差し（安井他，2019）のように，物質的世界における様々な対象物や環境が相互行為を展開するための「資源」として使われるだけでなく，対象物自体が相互行為における何らかの「目的」になっているという場合も少なくない（Nevile *et al.*, 2014; Day & Wagner, 2019）．たとえば，料理教室における教師と生徒の相互行為において，初心者である生徒が食材に手を加える直前にそのやり方を教師に確認するというやりとりは，食材という対象物が「一度手を加えたら元に戻らない」という不可逆性を持っていることと本質的にかかわっている（Mondada, 2014b）．このように，相互行為の形成のされ方には当該の物質的対象物の性質に依存している側面があることがわかってきている．したがって，日常生活場面を対象としたマルチモーダル分析は，相互行為の中での人と人とのやりとりだけでなく，そこに含まれている物質的対象が不可避のアクターとなっているという事実を直視せざるを得なくなる．

　相互行為分析の強みは様々な現象を参与者たちの相互志向性という観点からとらえられることにあるため（第 2 節），参与者たちの相互志向性をたどっていけば，個別具体的な環境を含んだ全体の中から，そのつどどのような対象や側面が関与的（relevant）になっているかを特定できるようになる．しかし，そのためには，それぞれの参与者が当該対象物・環境に志向するために用いている，視覚や聴覚のみならず，触覚や嗅覚，味覚なども含めた多様な感覚にこれまで以上にこだわることが必要になってくる．このように，日常生活環境の持つ物質的多様性は，物質的世界に対する感覚的な経験（sensorial experiences）についての相互行為研究という新たな方向性を生み出しつつある（Mondada,

2021；高梨，2018b；坂井田，2020b）．

　たとえば，食品販売店における店員と客のやりとりにおいては，店員はサラ
ミやチーズの硬さをさわって確かめる様子を客に見せ，硬さを理解させること
で，客がその食品を買うべきかを判断することを促す（Mondada *et al.*, 2021）．
このやりとりを可能にしているのは，食品の品質が成熟などによって刻々と変
化するという物質性であり，食品の「今ここ」の状態を把握する際に用いられ
る触覚や視覚といった多様な感覚である．

　物質性や感覚性が決定的に関与する相互行為を分析することで見えてくるの
は，相互行為において相互志向性が達成されるプロセスが，その相互行為が埋
め込まれた物質的世界の個別的なありようと不可分であるということである．
これは，隣接ペアのような連鎖構造や，順番交替のような言語使用を中心とし
た会話分析の諸概念が，一般的なレベルでの定式化を目指すものであったこと
とは対照的である．このように，物質的対象やこれらに対する感覚の役割を強
調するほど，相互行為分析は分析対象としているそれぞれの活動の個別性を重
視する方向へとその一歩を踏み出していくことになる．こうした個別性は，
様々な分野と手法でのフィールドワークにおいて，共通して重視されてきた価
値観とも一致するものである．

5　相互行為分析の応用──フィールドワーク

　本章ではここまで，相互行為分析の基盤となるものの見方や基本的な分析手
法について概観してきた．認知科学の関連領域においても，近年，相互行為分
析のアプローチを用いて日常生活場面における多様な認知の姿に迫ろうとする
研究が盛んになっている．旧来の認知科学的研究においては，実験的環境で収
録されたコミュニケーションや相互行為に見られる言語的側面を定量的に分析
するといったアプローチが主流であったのに対し，近年は実生活のフィールド
における相互行為を対象とし，身体的やりとりも含めてマルチモーダルかつ定
性的に分析するといったアプローチによる研究が多く見られるようになってき
た．日本認知科学会の機関誌『認知科学』でも，これまでに「言語コミュニケ
ーションの科学へ向けて」（第9巻第1号，2002年3月），「聞き手行動から見た

コミュニケーション」（第 16 巻第 1 号, 2009 年 3 月), 「フィールドに出た認知科学」（第 22 巻第 1 号, 2015 年 3 月）といった特集が組まれているが, これらの特集の趣旨にもこうした研究動向の変遷が反映されている. そこで本節では, 相互行為分析をフィールドワークのための手法として利用するという観点から, まずはこうした流れの背景について概観する.

状況論とワークプレイス研究

1980 年代, 認知科学の分野では状況論的転回が起こった. これは, 従来の認知科学が人間の心理過程を個人内に閉じられたものととらえる傾向があったのに対して, 人間の日常的な認知における状況, すなわち他者やモノとの相互作用の中で生じる関係的な過程, の重要性を主張するものであった. ルーシー・サッチマンは「状況的行為（situated action）」という用語を導入し, 「すべての行為のコースは本質的なあり方で物質的・社会的な周辺環境に依存している」という点を強調している（Suchman, 1986　上野他訳, 1999, p.49）. つまり, 現実世界での活動は状況に応じて即興的に組織化されるものであり, 行為の詳細は活動の開始時点では未決定で, 活動の進行に伴って状況が変化していく中で徐々に詳細化されていく, と考えるのである.

広義の状況論的アプローチには, サッチマンによる状況論的認知の研究の他, エドウィン・ハッチンスなどの分散認知（Hutchins, 1996）, ジーン・レイヴとエティエンヌ・ウェンガーの状況に埋め込まれた学習（Lave & Wenger, 1991）, ヴィゴツキー派の活動理論（Engström, 1987; Wertsch, 1991）, ギブソン派の生態心理学（Gibson, 1966, 1979）, そして本章が基盤としているエスノメソドロジー・会話分析に基づく相互行為分析などが含まれる. この流れが国内においてもはっきりと顕在化してきたのは 2000 年頃であると言える. この時代には論文集形式のシリーズ「状況論的アプローチ」（全 3 巻）（上野, 2001；加藤・有元, 2001；茂呂, 2001）の刊行を始めとして, モノグラフ形式のシリーズ「認識と文化」や「身体とシステム」（いずれも金子書房）でも, 広義の状況論に属する様々なアプローチ・テーマのものが多く取り上げられており, 当時の状況論の活況を現代に伝えるものとなっている.

こうした状況論的転回の流れの中で, Suchman（1986）の金字塔的業績の影

響を受け，1990年代から，情報学分野におけるグループウェアなどのコンピュータ支援協調作業（computer-supported cooperative work: CSCW）の開発・評価にエスノメソドロジーを中心としたフィールドワークを用いる「ワークプレイス研究」という領域が誕生し，クリスチャン・ヒースとポール・ラフによって，2000年頃に一つの到達点に達した（Luff *et al.*, 2000, Heath & Luff, 2000）．Luff *et al.* (2000)によれば，ワークプレイス研究は，日常的なワークプレイスにおける協同活動がどのような手順で状況依存的に組織されていくかを，実世界環境における人工物や技術の日常的使用を重視しつつ分析する自然主義的な事例研究手法である．彼らは地下鉄の制御室や医療診察，手術室，博物館などの様々な社会的場面を対象とした分析を精力的に行ってきている．

　このように，当初は情報コミュニケーション技術の開発や評価という側面が重視されていたワークプレイス研究であるが，近年では，その応用範囲はこれを大きく超え，文字通り「働く場所」全般が対象とされるようになってきている[15]．国内におけるワークプレイス研究の最新の動向をまとめた水川ら（2017）でも，ワークプレイス研究は「仕事／労働の現場やそこでのコミュニケーションに焦点を当てたエスノグラフィーやフィールドワークを用いた研究」（p.2）と定義されており，前述のLuff *et al.* (2000)の定義よりもスコープが広がっていることがわかる．水川ら（2017）は，「サービスエンカウンター／カスタマーサービスというフィールド」「組織コミュニケーションのデザイン」「プロフェッションと実践の中の道具／メディア」「メディアのデザインのインターフェース」の4セクションから構成され，それぞれのセクションに複数のフィールドでの事例分析が含まれているが，これは，「人々（ethno）が社会生活を営むために用いるやり方（methodology）」を研究するエスノメソドロジーにとってはそれぞれのフィールドでの人々の実践の個別性こそが重要であるからであろう．

　ワークプレイス研究の特徴は，エスノメソドロジーや会話分析の基本概念を用いているという理論面以外にも，方法面におけるビデオデータの活用という

---

15) 家庭という生活環境についても，ワークプレイス研究と同様の手法での研究が可能であるだろう（是永・富田，2021）．

点にもある．従来のフィールド調査では，調査者が調査対象場面に周辺的に参与しつつ，そこでの観察をフィールドノートに記録していく参与観察が主な手法であったが，ビデオデータを活用することによって，コミュニケーション行動という，時間的に敏捷でリアルタイムでは参与者や観察者の意識に上りにくい現象を正確に記録すると同時に，等速または減速で繰り返し再生したり，他の研究者と観察を共有したりすることによって，分析の客観性や信頼性を高めることが可能になる．ビデオ収録というフィールド調査のための技術面の変化により，相互行為分析などの微視的な分析手法の活用範囲が広がっていったと言える[16]．

相互行為分析を用いたフィールドワーク

前述のように，認知科学分野でも，近年，フィールド調査を重視した研究が増加の一途をたどっているが（伝他，2015；高梨，2018a など），本章の視点からは，これは相互行為分析の焦点が，一般的な規則からフィールドの個別性へと移行してきたことと表裏の関係にあると考えられる（第4節）．特に国内では近年，「○○の会話分析」（西阪他，2008；高田他，2016；戸江，2018a など）[17] や「○○の技法」（西阪他，2013；秋谷他，2021）といったタイトルの相互行為分析の書籍の刊行が続いていることからも，相互行為分析の手法を特色あるフィールドに応用する方向性が盛んになりつつあることがわかる．「技法」という用語の選択も，「人びとが社会生活を営むために用いるやり方」を研究するという前述のエスノメソドロジーの目的を強く意識したものだと言えるだろう[18]．このように，特定のフィールドにフォーカスすることで，そのフィールドで参与者たちが志向しているローカルな問題に焦点を当て，そこからフィールドの個別の特徴と表裏になった当事者たちの実践の詳細を明らかにしていくことがで

---

16) Heath *et al.*（2010）は，ビデオを用いた相互行為分析に関する，コンパクトだが非常に有用な教科書である．副題は 'Analyzing Social Interaction in Everyday Life' であり，本章のタイトルとも類似している．

17) これらの他，Maynard（2003）も邦訳タイトルは『医療現場の会話分析』である．

18) ただし，秋谷他（2021）はエスノメソドロジー・会話分析のみの観点からのものではなく，メディア史の観点からの論考も含むものである．

きるようになると考えられているのだ.

　この点について，第3節で概観した連鎖分析をフィールドワークに応用した例を挙げよう．まず，高梨（2018a）は，科学館における新規展示制作チームの調査を行っているが，当該チームによるミーティングで頻繁に観察される「気になるのは」から始まる発話が，他のメンバーからの何らかの対応を引き出すという意味で隣接ペアと類似した性質を持つことに着目し，これを「懸念導入―解消連鎖」と呼んでいる．しかし，この連鎖が他の社会的場面においても同様に頻繁に，または効果的に用いられるものであるかはわからない．むしろ，この連鎖は「多職種チームでまだ完成していない展示についてのイメージを共有する」という，当該チームに固有の課題の解決に資するものであり，その意味でこのフィールドの特徴を強く反映したものであると考えるほうが生産的かもしれない[19]．同様に，子育てひろばのフィールド調査に会話分析を用いた戸江（2018a）も，会話分析で一般的に知られている話題提供連鎖と類似しつつも異なる特徴を持つものとして「糸口質問連鎖」という現象に着目し，これを子育てひろばに集まる母親どうしの「悩み語り」という，このフィールドの特徴を関連づけながら論じている[20]．このように，相互行為分析の分析概念や手法を特定のフィールドに応用することによって，各フィールドを特徴づけているであろう，より個別的で自生的な実践のさまを明らかにしていける可能性がある．

6　「活動」を推測する——フィールド調査初期のコツ

　フィールドワークの長所（もしくは醍醐味）の一つは，これによって「研究者

---

[19]　この連鎖の分析が会話分析の観点から見て不十分だと考えられる点に関しては，黒嶋（2021）の書評に的確な指摘がある.

[20]　その一方で，高梨（2018a）は，懸念表明―解消連鎖という現象について，組織における問題発見・解決とその中で情動が果たしている役割といった認知科学的な観点からの解釈を行っており，本章もまた，次節で論じるように，相互行為分析をその「背後にあるもの」と関連づけながら進めていくことを推奨している．こうした方向性には，戸江（2018b）のような，エスノメソドロジー・会話分析により忠実なフィールドワーク観とは異なる面もあるため，興味のある方には比較対照していただきたい.

が当事者の視点に近づく」ことができると感じられている点にあるだろう．つまり，当事者の視点や彼らにとっての物事の意味・価値に可能な限り肉薄したいと考える時，フィールドワークが有効な研究手法として検討されるのである．であるならば，当事者の視点に迫るためには「参与者の視点に立つ」ための方法論（第 2 節）である相互行為分析が威力を発揮するのではないかと考えるのが自然である．

　しかし，相互行為分析の手法を実際に認知科学的なフィールドワークの手法としてすぐに用いるのは必ずしも容易でない．特に調査の初期段階での研究者にはジレンマがある．調査を開始してみないと，そのフィールドでどのような行動・動作が参与者にとって重要かがわからないのである．だからといって，分析対象とする現象（行動・動作）の種類を調査開始前に性急に決めてしまうと，当事者の視点・意味からずれた「的外れ」な調査になりかねず，そもそも時間と労力をかけてフィールドワークを行う意味自体がなくなってしまう．そのため，多くの一般的な科学的研究で対象とする行為・動作をあらかじめ（少なくともある程度）決めているのとは対照的に，フィールド調査では，「詳しく調べるに値する『問い』を，調査を進めながら発見していく」ことが重要になる．そこで本節では，読者の手元にあるビデオデータなどに対して相互行為分析の手法を適用していく際の「最初の着眼点」となりそうなコツを紹介する．

調査者が当事者による活動を推測する

　最初にフィールドに入った際，目の前で繰り広げられている様々な行動や現象の目的や重要性などが理解できない時は，まずは次の点を意識してみるとよいだろう．

> フィールド調査（の初期）に調査者が最も意識すべき観点は「活動」である．
> 行為や動作といった観察できる〈手がかり〉から「活動」を推測するようにする．

　より具体的には，焦点としている行為・動作が「どのような活動の一部になっているか」を想像し，その「活動」の名称や要点をなるべく的確に言語化することを試みるとよい．ここでは「活動」という概念を，「ある目標の達成という動機に貫かれた一連の行為であり，人間（や動物）が，環境や対象物に向

かって，道具や記号を適宜手段として用い，ある時には協働しながら行う，有意味で能動的な実践」と，まずはとらえておこう．

　相互行為分析の分野でも，個々の分析の中で「活動」という概念が用いられていることは多いが，反面，その明確な定義が述べられていることは少ない．そこで，本章では，狭義の相互行為分析とはやや異なる立場からの知見を参照する．相互行為の分析に関して，行為レベルよりも上位の活動のレベルを考慮する必要性を早くに主張した重要文献として Levinson（1979/1992）がある．スティーヴン・レヴィンソンは，「活動」について，「目標によって規定され，社会的に構成され，境界づけられた出来事であり，参与者や状況などについての制約を伴うが，中でも重要なのはその中で許容されている貢献（allowable contribution）の種類に関する制約である」と述べ，例として，教育や就職面接，法的尋問，サッカーの試合，ワークショップでのタスク，ディナーパーティーなどを挙げている（Levinson, 1992, p.62）．こうした観点から，世の中で行われている活動は互いに異なる「活動タイプ」に分類される．さらに，特に相互行為という観点を重視するハーバート・クラークは，「共同活動」という概念を提唱している（Clark, 1996, pp.37-38）．レヴィンソンもクラークも活動の「目標」という点を重視しており，また，クラークはより明確に，「共同活動は階層的な複数の行為からなる」というように，レベル間の階層関係を想定している [21]．彼らが活動という概念を重要視しているのは，これが局所的な行為や動作の意味や役割を定めるのに有効だと見込んだからであろう [22]．

---

21)　ただし，若干の保留もある．西阪（2008）は，こうした階層関係もさることながら，行為は達成動詞，活動は過程動詞だという相違が重要であるという．たとえば，ある「会議」という活動において何らかの「合意」が形成されたという場合，合意に至るための会議には「過程」が必要であり，合意は参与者による相互行為の過程を通じて「達成」される，ということである．そのため，本章でも目標の「達成」という観点を重視している．

22)　「行為」を中心として，その上位に「活動」，下位に「動作」を想定する3階層モデルと，「活動」を「動機」という観点からとらえる発想については，アレクセイ・レオンチェフの活動理論（レオンチェフ，1980）からも着想を得ている．ただし，レヴィンソンやクラークによる「活動」概念とレオンチェフに代表される活動理論との関係については，それぞれの理論的主張にさらに踏み込んでいくと相違点のほうが大きくなってくるという可能性も高い．その中でも特に重要だと思われるのは，ヴィゴツキー派では文化的道具による「媒介」（Wertsch, 1991）とこれによる精神内的機能の形成や，歴史文化的側面（Engström, 1987）

　分析のテクニックとして重要なのは，活動には何らかの「目標」が伴っていると考える以上，観察者・分析者は，参与者たちによる当該の目標の「達成」に注意を向けながら観察・分析を進める必要があるという点である．そして，この点からの帰結として，活動には「それが成功したら活動が『達成』に至ったと言える」ような何らかの核となる「行為」があるはずだという見方も有効になる．これは前述のレヴィンソンが重視していた「許容されている貢献」の中でも特に中心的なものであるはずである [23]．フィールドワーカーとしての勘を磨くには，進行中の相互行為をリアルタイムに観察しながら，この「核となる行為」を常に予測し，この予測の確度を上げていくことを意識するとよいだろう（Takanashi & Den, 2019）．

　しかし，その一方で，ビデオに映っている行為や動作が少なくとも表面的な行動としては分析者にも「観察できる」ものであるのとは対照的に，「活動」自体は目や耳などで直接観察できるものではない．また，進行中の活動の観察・分析の途中段階では，外部にいる観察者にはその「目標」もわからないことのほうが多い．つまり，活動は観察できる行為や動作の上位にあるだけでなく「背後にあるもの」だと考えておく必要がある．そこで，分析の初期においては，図 4-5 のような二つの方向 [24] での作業を往復しながら行うイメージを持っておくとよいだろう．つまり，分析対象データに対して，①この人たちはどんな（動機での）「活動」をしているか，②分析者がそのように判断できる「証拠」（観察できるふるまいや事物）は何か，という二つの問いについての「解答」を探し求めながら分析を進めていくのである．その際には，言語も非言語も，動作も動作以外の物質的環境も，すべて総動員してよい（第 4 節）．

が重視されているという点であろう．相互行為分析がこれらの観点とどのようにして接点を築いていけるかは，今後の重要な課題となる．

23)　もちろん，こうした行為が達成された瞬間にその場の活動が終結するわけでは必ずしもなく，会議などでも，達成された合意事項を前提とした細部の調整や今後の計画についての話し合いなどが続くことのほうが多い．ただし，こうした状況では当該の活動はすでに「分水嶺」を超えていると見なせる．

24)　Clark (1996) の「上方への完成（upward completion）」と「下方への証拠（downward evidence）」（pp.147–148）という用語をヒントに，これを分析者にとっての分析手法としてアレンジし直したものでもある．

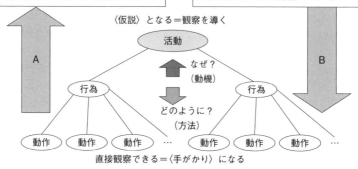

図4-5 フィールドでの相互行為分析の初期段階

分析の実演 [25)]

　ここで取り上げるのは，国立国語研究所で開発・公開されている『日本語日常会話コーパス』（小磯他，2019）の中の一つのデータである．このやりとりは18分程度続くのだが，フィールド観察者には最初はそのことすらわからないという点に，まずは注意が必要である．つまり，調査者はこうした場において，「この活動はいつ・どのような状態になったら終わるのだろうか」という疑問を抱きながら，その場にいるはずである．この「どのような状態になったら終わるか」という疑問こそ，前述の「それが成功したら活動が『達成』に至ったと言える」行為である．

　図4-5のAの「観察できる〈手がかり〉からその場の活動の目標・動機を推測していく」ために着目できるより具体的なポイントは様々あり，対象としているフィールドの性質によって異なる部分も大きいと考えられるが，ここではどのようなフィールドでも比較的共通して利用できるだろう次の3点に焦点

---

25)　社会言語科学会事業委員会主催講習会「社会言語科学の研究の始め方」（2021年3月，オンライン）の中の「コース3：フィールドで問いを見つける」で筆者（高梨）自身が行った実習をもとに，本章の論点に合わせて再分析を行った．

を絞ろう[26]．なお，実際にフィールドワークを行う際には，これらの点が観察前の時点で調査者にとって一見自明であると感じられる場合も多いだろう．その意味で，以下の実演は実際のフィールドワークの際よりも「高いハードル」であるかもしれない．しかし，これらの一見自明だと思われる点についても，以下のような発見と検証の手続きを通じて，あえて意識化していく習慣を身につけることが望ましい．

①キーワード：何の「話題」か

②成員カテゴリー：それぞれの人が「何者として」行為しているか

③関与配分：それぞれの人は，いつ・どんな「対象物」を操作したり注意を
　　向けたりしているか

データ冒頭で参与者の 1 人の Y が「はい，じゃあ通常のあれをやりましょう」と言い，参与者たちが焦点の定まった相互行為（Goffman, 1963）に移行するのが観察できる．このように，多くの焦点の定まった相互行為場面では，冒頭にその活動の目標や趣旨など，参与者たちが暗黙的に共有しているであろう点があえて言語化されることも多い．しかし，あいにくこの場面では肝心の「あれ」が何を指しているかが分析者にはわからない．そこで，この「あれ」に相当する適当な「記述」を定めていく作業が必要になるが，同時にそれは，分析者が当該の活動の目標についての参与者たちの認識に接近していくための作業ともなる．

前述の①〜③のうち，表面的に最も観察しやすいのは③「関与配分」である．ここでは，前述の発言があってすぐ，「ファイル持ってきましょうか」と発言したり探したりする参与者や，角印とスタンプ台を持ってくる参与者などが現れる．そこから，どうやらこれらの「対象物」は当該の活動にとって不可欠なものなのではないかという予測が立つ．そう考えて見てみると，この部分付近の「夏ですねー．お化け」や「配本予定 6 月 20 日」「福音館はいっかな」といった発言も，何かの印刷物やクリアファイルを手にとりながらの発言であることに気づく．ならば，これらの紙やクリアファイルも前述のファイルと同種の

26）　②の「成員カテゴリー」と③の「関与配分」は相互行為分析をフィールドワークに応用する際の重要な観点となる（高梨，2016, 2018a）．

ものか，少なくとも何か関連したものではないかと思われてくる．このように，参与者たちがどのような対象物にどのような方法でかかわっているかを「関与」と呼ぶ（Goffman, 1963, 本章第2節）．各参与者の関与状態やその変化をたどっていくことは，フィールド調査の初期段階において多くの重要な気づきをもたらす．ただし，繰り返すが，これはまだ外部からの「予測」であり，外れている可能性も大いにある．こうした予測を〈仮説〉として立てながら（図4-5A），それが立証されるか反証されるかを，様々な観察事象を「証拠」として確かめていく（図4-5B）のである．

　次に，①「キーワード」という観点からは，「配本」や「福音館」が気になる．どうやらここでの話題は絵本に関することなのではないか．また，「福音館はいっかな」の「いっかな（＝いいかな）」にも引っかかる．ここでのニュアンスは「要らない」といった感じのものである．だとするならば，ここでメンバーたちは何かを「選んでいる」のではないだろうか．そうすると選ぶものは「絵本」だろう．たしかに参与者たちの背後には背の高い棚がたくさん並んでおり，そこには絵本らしきものも多く見えている．このように少しずつ予測が確認されたり具体化したりしていく．この時点までで，ここでの活動は「絵本を選ぶ」と記述できるようになる．しかし，これではまだ十分ではないだろう．

　少し見ていくとすぐに，「福音館ちょろっと見とく？」という発言が聞かれる．冒頭の開始の合図をしたYだ．このYはクリアファイルなどの積まれた山の正面に座り，これらを順にめくっている．どうやらこのYがこの活動にとっての中心人物の1人であるらしい．ここでポイントになるのが前述の②「成員カテゴリー」だ．Yやその他の参与者たちはそもそも「何者」なのだろうか．その点が見えてくれば，この活動の種類もより具体的に予測しやすくなりそうだ．参与者たちが「何者」であるか，すなわち「成員カテゴリー」に着目することは当該の活動を推測する上で極めて重要な手がかりとなる．それはそれぞれのメンバーの成員カテゴリーごとに当該の活動の中で行いうる／行うべき行為がある程度定まっていることが多いからだ（カテゴリー付随活動：category-bound activity）（Sacks, 1972）[27]．たとえば，資料の山をめくっていく権限

27）　詳しくは，高梨（2016）などの解説を参照．

を持っているのは誰であり，そしてそれはなぜかということが，成員カテゴリーに着目することによって見えやすくなってくる．ちなみに，先ほど探されていたファイルを最終的に受け取って手元に置いたのはNだった．Yが自分の背後から見つけ出したファイルを，ではなぜNに手渡したのかという点にも，何かの成員カテゴリーがかかわっているかもしれない．

　成員カテゴリーの観点から，先ほどの「福音館ちょろっと見とく？」という発言について再度考えてみると，一方でYには何か中心的な役割がありそうだが，その一方で，この発言はおそらく「提案」ないし「勧誘」という行為であり，隣接ペア（第3節）の観点から言えば，これは第二部分として聞き手からの「同意」を必要とするものである．つまり，「福音館（のおそらく資料）について見ておくかどうか」というごく些細な点さえ，Yの一存で決まるわけではないことがわかる．この提案に対する明示的な異議などは特になく，Yが資料を次々と広げてチェックし始めると，他のメンバーたちは次々と登場する資料について，「わたしのこねこ楽しそう」などの評価的なコメントをしていく．これをもってYの「提案」は同意されたものと見なせるだろう．しかし，ここまでに立てた「（絵本を）選ぶ」という活動についての暫定的な仮説に照らすと，「評価を述べる」という行為は，まだ「選ぶ」という段階には到達していないものであるとも考えられる．つまり，「評価を述べる」ことはここでの活動を構成する「許容された貢献」（第5節）の一つであるとは見なせそうだが，その反面で，ここでの活動の「核」や「分水嶺」になりうるものではないと考えられる．では，どのような行為が起こったらこの場の活動は「達成」されたと考えられるか．

　こうした評価的発言に混じって，Y「これ一回入れたよね」→S「だめだった？」→Y「ってゆうか売れたけど，そのまんまにしちゃった」というやりとりが起こる．まず，「入れる」はおそらく「選ぶ」と関連しているが，「選ぶ」の次の段階の何かまでをも含んだ表現であろう．また，「入れた」ものが「売れた」と言える立場にあることからは，このメンバーたちが「入れたものを売る」立場にあることが推測される．前述のように，「入れたもの」が「絵本」であると考えるならば，ここは本屋もしくは絵本屋であり，メンバーたちはそこに仕入れる絵本を選んでいるのではないかというあたりまで推測が進む．そ

う考えると，直後の「でも一冊入ってるから」という後半が省略された発言に
ついても，「（今回は）入れない」といった内容が続くであろうことが想像され
る．したがって，「入れる」は単に「選ぶ」だけでなく，選んだものを「入荷
する」ために「注文する」ということまでを含んでいるのだろうと考えられる．

しばらくすると，Yは「すぐ返せないので，入れたらちゃんと売れるまで
見守るか，相当―」と発言していくと，その最後の部分を引き取るかたちで
Nが「フォローしないと」と言う．このやりとりに対して，他の参与者も
「そうだよねえ」などの表現で同意を示す．ここまでに観察してきた点に依拠
するならば，このやりとりを通じて，明示的な表現がないにもかかわらず，今
ここで話題になっている絵本を「注文しない」ということが合意されたのでは
ないかということが推測できるようになっているはずである．だとすれば，逆
に，「注文する」ということが合意される際にはどのような手続きが見られる
のかが気になってくる．そこで，今度はこれを見つけることを目指して，続き
を観察していくことになる．

しかし，作業仮説は，所詮は仮のものである．結果として，観察者の前述の
推測は外れていたことがすぐにわかる．まずは対象物への関与（③）を確認し
よう．すると，この話題の際に広げられていたカラー刷のリーフレットがまだ
開かれたままであることに気づく．さらに，ただ開かれているだけでなく，Y
の前述の最後の発言の終わり頃に，奥に座っているSが手を伸ばして自分の
ほうにそのリーフレットが見えるよう角度を変える．この本についての話題は
まだ終わっていないのかもしれない．

案の定，Sが角度を変えたリーフレットを再度凝視したNが，「井上洋介さ
ん？」「遺作ってこと？」と発言すると，すぐにWが「こないだ亡くなった
からね」と呼応する．メンバーたちの専門知識は少なくともこのぐらいには詳
しい[28]．これに続けて，Sが「なんか最後だから」というと，いったんは注
文しないという結論に到達しかけていたYが「どうですか？　入れときま

---

[28]　こうした場合には，フィールドにおいてもなるべく速やかにスマホなどで検索するとよ
い．たとえ表記がわからずに「井上陽介」などとしてしまっても，「絵本」というキーワー
ドとセットで検索すれば，Googleならば「もしかして：井上洋介 絵本」と提示してくれる．

す？」と再提案し，結局「入れる」という方向で決着を見る．Yが持ってい
たペンでリーフレットの当該箇所に丸印をつけたことからも，ここでのやりと
りが合意に到達したであろうことがわかる．

　実は筆者（高梨）自身も，この丸印をつける行為を目撃するまではYがペン
を持っているということに注意を向けていなかった．しかし，ひとたびこの行
為を目撃すると，今後も丸印がつけられたら当該の候補の絵本について「入れ
る」ことが合意されたのではないかと判断できるようになるし，また丸印をつ
けるというこの行為の権限を持っているのが（少なくともこの時点までは）Yで
あるということにも目が向くようになる．やはりYの成員カテゴリー（②）は
他の参与者とは少し異なっていると考えておくほうがよさそうである．

　ここまで実演してきた分析は，約18分のやりとりの中のまだ冒頭の2分程
度の時点までのものである．したがって，もちろん以降も観察・分析を進めて
いくのに応じて，そこまでに立てた仮説はどんどん精緻化されたり，大きく修
正されたりすることもあるだろう．しかし，フィールド調査とビデオ分析の初
期段階で重要なことは，まずは前述のような複数の着眼点を参照しながら，ど
んどん仮説を立て，その予測を持ちながら観察を続けていくというスタンスで
ある．予測を持つことによって観察がより具体的になる．その意味で，活動に
ついての〈仮説〉はさらなる観察を導く「準拠枠」である．また，こうした予
測を意識的に言語化しておくようにすると，この記述が以降の事例観察との間
で不整合を来した際に，違和感を感知しやすくなる．

　最後に，もう1点伏線の回収をしておこう．すでに述べたように，この話し
合い（と今となってはそう呼んでもよいだろう）の冒頭付近で，参与者たちはファ
イルと角印・スタンプ台を取りに行っていた．このうちのファイルについては，
どのような使われ方がされているのかをすでに見てきた．では，角印・スタン
プ台は，いつ・何のために用いられるものだったのか．ビデオデータが有利な
のは，こうした場合に，最初に置かれた角印・スタンプ台の位置などがどこで
変化するかだけを「飛ばし見」していけば，答えが簡単に見つかるという点で
ある．ビデオ収録していなければ，こうした気になった細部を後から再確認す
ることはできない．

　この方法でビデオを確認していくと，前述の丸印の作業から約3分後に角印

とスタンプ台が動く．手を伸ばしたのは最初にスタンプを取りに行き，自分の前に置いたNだ．Nがスタンプ台を開き，Yの目の前にあった資料に角印を押している．Yが「丸印をつける人」だったのに対して，Nは「角印を押す人」なのかもしれない（ここではこれ以上は踏み込めないが）．では，Nはなぜこのタイミングでこの資料のこの位置に角印を押したのか．そこで，ビデオをさかのぼって確認すると，Yが先ほどとは別の資料に丸印をつけながら，「押しとけばいんだよね」と言っている．この直後にNは角印に手を伸ばし，行為を開始する．発言の言語内容とこの身体的行為のマルチモーダルな共起関係（第4節）を考えても，両者のふるまいの間には連鎖関係があると見なせるだろう．こうしてわれわれは，参与者たちの活動が少なくともあるレベル[29]において「達成」に至ったことを確認できたことになる．

　ただし，ここでの一連の活動を「注文する」と記述するのは適当ではない．このデータで観察された範囲では，「注文する」に相当する行為は最後まで行われておらず，注文は別の機会に行われるのだろうと考えられるからだ．なので，ここでの活動を暫定的に「絵本専門店で書店員たちが資料を使って注文する絵本を選定する」といった形で定式化しておこう．しかし，この定式化もあくまでも暫定的なものにとどまる．この記述と整合しない参与者のふるまいが，ビデオの中にさらに観察される可能性は残り続けるからだ．その意味で，あるフィールドデータの相互行為分析が完成することはないのかもしれないが，観察できる事象から参与者の認識についての仮説を立て（図4-5A），これをさらなる分析を通じて精緻化していくことによって発見を増やしていく（図4-5B）ということが相互行為分析の醍醐味である．

---

29)　行為と活動の間に階層関係があるというのと同様に，活動の間にも複数の階層があると考えることもできる．実際，当該の分析対象場面についても，この後も注文する絵本を選ぶという同様の作業が複数回繰り返されていく．そうした場合に，より上位の活動のほうをさらにどのような名称で記述すべきかという点については，残念ながら今回は分析を断念せざるを得ない．

7 フィールド調査の方法論としての活動概念

　前節では，特にフィールド調査の初期段階を想定して，目の前に見える行為・動作間の連鎖関係（第3, 4節）をとらえていくだけでなく，こうした観察の際に，観察できる事象の背後にある参与者たちの「活動」を，あえて意識的に推測することの有効性を述べてきた．しかし，一般に，相互行為分析は参与者たちが相互行為を組織化していく局所的な過程を最重要視する視点から，活動のようなより上位の概念を（個々の事例分析の中では用いられていることも多いものの，少なくとも理論的には）安易に参照することには慎重であることが多い．分析者が持ち込んだ「活動」についての仮定が，参与者自身による認識とは異なった外在的なものであるという危険が常にあるためである（Drew & Heritage, 1992；好井，1999；戸江，2018b）．

　しかし，エスノメソドロジー・会話分析の中にも参考になる見解がある．第2節でも言及したように，ハロルド・ガーフィンケルは，「見えているが気づかれていない（seen but unnoticed）」という表現をしばしば用いているが，これは「背後期待（background expectancies）」についての議論の中で用いられているものである（Garfinkel, 1967　北澤・西阪訳，1995, p.34）[30]．ただし，この背後期待というのは，背後にある固定的な規範のようなものによって行為が機械的に決定されるという決定論的な考え方に基づくものではなく，「行為」とその背後の「状況」との間には相互に規定し合う相互反映的（reflexive）な関係があると考える必要がある．相互行為の参与者がこうした状況に置かれている

30）「背後期待」について，Garfinkel (1967) はアルフレッド・シュッツを参照しているが，ゴフマンによる「状況の定義」や「フレーム」の概念との関連性についても検討したい．安川（1991, pp.10–11）は，Goffman (1974) の要点をまとめ，「フレーム」とは「それ自体は意味をもたないむきだしの出来事の流れを，なんらかの組織だった意味のあるシーンとして経験させる，経験の組織化の前提，もしくはその『原理』であ」り（Goffman, 1974, pp.10–11, 21），フレーミングは「経験の組織化にともなう，あるいはこれを支える活動の組織化」（Goffman, 1974, p.247）であり，したがって「関与の組織化でもある」（Goffman, 1974, p.345）としている．このように，ゴフマンのフレーム概念は，本章で言う活動という観点を理解する際にも参考になるであろう．

と考えられるからこそ，分析者も参与者の視点に漸近すべく，前掲図 4–5A「上方への仮説構築」と図 4–5B「下方への仮説検証」の間を往復する必要があるわけである．こうした「事例」と「一般化された規則」とが相互反映的であり，一方を考える際に他方が参照されるという循環関係は，「ドキュメント的解釈法（documentary method of interpretation）」（Garfinkel, 1967）と呼ばれるが，前節で紹介した手法における A と B の間の往復運動も初期の分析者が用いるドキュメント的解釈法であると言える．

これまで論じてきたように，一般的な相互行為分析とは異なり，本章では，「活動」という観点を調査・分析の初期にこそ大胆に導入すべきであると考えている．しかし，他方で，活動というものの持つ，直接観察できず，また分析者が恣意的に導入することに禁欲的であるべきという性質を考慮するならば，この概念の使用はあくまで作業仮説的なものであると考えておくほうがよい．そのため，以上でも「活動の名称や要点をなるべく的確に言語化すること」を意識し，事例の観察を通じて常にこの記述を当事者たちの実践をとらえるのにより的確なものへとブラッシュアップしていくことを強調している．

この「活動の名称や要点をなるべく的確に言語化する」という作業指針にはもう一つの狙いがある．それは，フィールド調査において，ある場面で参与者たちが行っている活動を単にたとえば「会議」という名称で呼んでしまうのは，その会議の個別性などの観点から考えて不十分であるし，そもそもそうした抽象度での記述でよいなら，わざわざフィールド調査やビデオ分析などをせずとも自明であるからである．フィールド調査で知りたいことはそのレベルのことではないだろう．だからこそ，ビデオデータの分析を繰り返し行うことによって，当該の活動を呼称するのにふさわしい記述の定式化をより的確なものにしたり，必要に応じて精緻化したりしていく作業を怠ってはならない．そのことを通じて，当該のフィールドにおける実践の個別性の解明という，フィールドワークの狙いの一つもまた達成されるようになるだろう．

8　まとめ

本章では，日常生活場面を認知科学的に研究する方法の一つとして，相互行

為分析について紹介してきた．相互行為分析は，相互行為における参与者の志向の変化を記述的にたどっていくための体系的な手法である．その核心となるのは「相互志向性」の概念であり（第2節），実際の相互行為の分析の際にこれをたどっていくための手法として，「連鎖分析」（第3節）と「マルチモーダル分析」（第4節）がある．さらに，フィールド調査において相互行為分析を用いる際には「活動」概念に着目した分析を試行することが有効である（第5, 6節）．

第1節でも述べたように，本章は相互行為分析を認知科学的研究のための手法として利用するという観点を重視したため，相互行為分析についての一般的な概説とは様々な点で焦点の置き方を変えている．そのため，相互行為分析についてさらに詳しく知りたい読者には，ぜひとも他の教科書などの内容とも比較してみていただきたい．また，相互行為分析と認知科学分野における特に状況論と総称される他の手法との間の接点を探っていくことからも，今後の有意義な方向性が見えてくるだろう．

引用文献

秋谷直矩・團康晃・松井広志（編）（2021）．楽しみの技法——趣味実践の社会学　ナカニシヤ出版

坊農真弓・高梨克也（編著）（2009）．多人数インタラクションの分析手法　オーム社

Clark, H. H. (1996). *Using language.* Cambridge University Press.

Day, D., & Wagner, J. (Eds.) (2019). *Objects, bodies and work practice.* Multilingual Matters.

伝康晴・諏訪正樹・藤井晴行（2015）．特集「フィールドに出た認知科学」編集にあたって　認知科学, *22(1)*, 5–8.

Drew, P., & Heritage, J. (1992). Analysing talk at work: An introduction. In P. Drew & J. Heritage (Eds.), *Talk at work: Interaction in institutional settings* (pp.3–65). Cambridge University Press.

Engeström, Y. (1987). *Learning by expanding: An activity-theoretical approach to developmental research.* Orienta-Konsultit Oy. （山住勝広他（訳）（1999）．拡張による学習——活動理論からのアプローチ　新曜社）

榎本美香（2003）．会話の聞き手はいつ話し始めるか——日本語の話者交替規則は過ぎ去った完結点に遡及して適用される　認知科学, *10(2)*, 291–303.

Garfinkel, H. (1967). *Studies in ethnomethodology.* Prentice-Hall.（北澤裕・西阪仰（訳）（1995）．日常活動の基盤——当り前を見る　G. サーサス, H. ガーフィンケル, H. サックス, E. シェグロフ　北澤裕・西阪仰（訳），日常性の解剖学——知と会話（pp.31–92）マルジュ社）

Gibson, J. J. (1966). *The senses considered as perceptual system.* Houghton Mifflin

Company. (佐々木正人・古山宣洋・三嶋博之（訳）(2011). 生態学的知覚システム──感性をとらえなおす　東京大学出版会)

Gibson, J. J. (1979). *The ecological approach to visual perception*. Routledge. (古崎敬他（訳）(1986). 生態学的視覚論──ヒトの知覚世界を探る　サイエンス社)

Goffman, E. (1963). *Behavior in public places: Notes on the social organization of gatherings*. Free Press. (丸木恵祐・本名信行（訳）(1980). 集まりの構造──新しい日常行動論をもとめて　誠信書房)

Goffman, E. (1964). The neglected situation. *American Anthropologist, 66*(6), 133-136.

Goffman, E. (1974). *Frame analysis: An essay on the organization of experience.* Northeastern University Press.

Goodwin, C. (1981). *Conversational organization: Interaction between speakers and hearers.* Academic Press.

Goodwin, C. (2003). Pointing as situated practice. In S. Kita (Ed.), *Pointing: Where language, culture and cognition meet* (pp.217-241). Lawrence Erlbaum.

Goodwin, C. (2006). Human sociality as mutual orientation in a rich interactive environment: Multimodal utterances and pointing in aphasia. In S. C. Levinson & N. J. Enfield (Eds.), *Roots of human sociality: Culture, cognition and interaction* (pp.97-125). Routledge.

Goodwin, C. (2007). Environmentally coupled gestures. In S. D. Duncan, J. Cassel, & E. T. Levy (Eds.), *Gesture and the dynamic dimension of language: Essays in honor of David McNeill* (pp.195-212). John Benjamins.

Heath, C., Hindmarsh, J., & Luff, P. (2010). *Video in qualitative research: Analysing social interaction in everyday life.* Sage.

Heath, C., & Luff, P. (2000). *Technology in action.* Cambridge University Press.

Heritage, J. (1984). A change-of-state token and aspects of its sequential placement. In J. M. Atkinson, & J. Heritage (Eds.), *Structures of social action: Studies in conversation analysis* (pp.299-345). Cambridge University Press.

平本毅・横森大輔・増田将伸・戸江哲理・城綾実（編）(2018). 会話分析の広がり　ひつじ書房

細馬宏通・菊地浩平（編）(2019). ELAN入門──言語学・行動学からメディア研究まで　ひつじ書房

Hutchins, E. (1996). *Cognition in the wild.* MIT Press.

井上毅・佐藤浩一（編著）(2002). 日常認知の心理学　北大路書房

城綾実（2018). 多人数会話におけるジェスチャーの同期──「同じ」を目指そうとするやりとりの会話分析　ひつじ書房

加藤浩・有元典文（編著）(2001). 状況論的アプローチ2　認知的道具のデザイン　金子書房

小磯花絵他（2019).『日本語日常会話コーパス』モニター公開版　コーパスの設計と特徴　国語研究所日常会話コーパスプロジェクト報告書, 3.

小磯花絵・伝康晴（2000). 円滑な話者交替はいかにして成立するか──会話コーパスの分析にもとづく考察　認知科学, *7*(1), 93-106.

是永論・富田晃夫（編）（2021）．家庭における活動と学び――身体・ことば・モノを通じた対話の観察から　明石書店

黒嶋智美（2021）．書評：高梨克也（編）（2018）．多職種チームで展示をつくる：日本科学未来館「アナグラのうた」ができるまで　ひつじ書房　認知科学, *28(3)*, 482–483.

串田秀也（2010）．言葉を使うこと　串田秀也・好井裕明（編），エスノメソドロジーを学ぶ人のために（pp.18–35）世界思想社

串田秀也・平本毅・林誠（2017）．会話分析入門　勁草書房

Lave, J., & Wenger, E.（1991）．*Situated learning: Legitimate peripheral participation.* Cambridge University Press.（佐伯胖（訳）（1993）．状況に埋め込まれた学習――正統的周辺参加　産業図書）

レオンチェフ, A. N.　西村学・黒田直実（訳）（1980）．活動と意識と人格　明治図書出版

Levinson, S. C.（1979/1992）．Activity type and language. *Linguistics, 17,* 365–399. In P. Drew, & J. Heritage（Eds.）（1992）．*Talk at work: Interaction in institutional settings*（pp.66–100）．Cambridge University Press.

Luff, P., Hindmarsh, J., & Heath, C.（Eds.）（2000）．*Workplace studies: Recovering work practice and informing system design.* Cambridge University Press.

前田泰樹・水川喜文・岡田光弘（2007）．エスノメソドロジー――人びとの実践から学ぶ　新曜社

Maynard, D. W.（2003）．*Bad news, good news: Conversational order in everyday talk and clinical settings.* University of Chicago Press.（樫田美雄・岡田光弘（訳）（2004）．医療現場の会話分析――悪いニュースをどう伝えるか　勁草書房）

水川喜文・秋谷直矩・五十嵐素子（編）（2017）．ワークプレイス・スタディーズ――はたらくことのエスノメソドロジー　ハーベスト社

Mondada, L.（2006）．Video recording as the reflexive preservation and configuration of phenomenal features for analysis. In H. Knoblauch, B. Schnettler, J. Raab, & H.-G. Soeffner（Eds.）, *Video analysis: Methodology and methods*（pp.51–67）．Lang.

Mondada, L.（2009）．Emergent focused interactions in public places: A systematic analysis of the multimodal achievement of a common interactional space. *Journal of Pragmatics, 41(10),* 1977–1997.

Mondada, L.（2014a）．The local constitution of multimodal resources for social interaction. *Journal of Pragmatics, 65,* 137–156.

Mondada, L.（2014b）．Cooking instructions and the shaping of things in the kitchen. In M. Nevile, P. Haddington, T. Heinemann, & M. Rauniomaa（Eds.）, *Interacting with objects: Language, materiality, and social activity*（pp.19–26）．John Benjamins.

Mondada, L.（2016）．Challenges of multimodality: Language and the body in social interaction. *Journal of Sociolinguistics, 20(3),* 336–366.

Mondada, L.（2018）．Multiple temporalities of language and body in interaction: Challenges for transcribing multimodality. *Research on Language and Social Interaction, 51,* 85–106.

Mondada, L.（2021）．*Sensing in social interaction: The taste for cheese in gourmet shops.* Cambridge University Press.

Mondada, L., *et al.* (2021). The local and filmed accountability of sensorial practices: The intersubjectivity of touch as an interactional achievement. *Social Interaction: Video-Based Studies of Human Sociality, 4(3).* doi: 10.7146/si.v4i3.128160

茂呂雄二（編著）（2001）．状況論的アプローチ 3 実践のエスノグラフィ 金子書房

Neisser, U. (1976). *Cognition and reality: Principles and implications of cognitive psychology.* W. H. Freeman. （古崎敬・村瀬旻（訳）（1978）．認知の構図――人間は現実をどのようにとらえるか サイエンス社）

Nevile, M., Haddington, P., Heinemann, T., & Rauniomaa, M. (2014). *Interacting with objects: Language, materiality, and social activity.* John Benjamins.

西阪仰（2008）．分散する身体――エスノメソドロジー的相互行為分析の展開 勁草書房

西阪仰・早野薫・須永将史・黒嶋智美・岩田夏穂（2013）．共感の技法――福島県における足湯ボランティアの会話分析 勁草書房

西阪仰・川島理恵・高木智世（2008）．女性医療の会話分析 文化書房博文社

大藪泰（2004）．共同注意――新生児から 2 歳 6 ヶ月までの発達過程 川島書店

Reddy, V. (2008). *How infants know minds.* Harvard University Press. （佐伯胖（訳）（2015）．驚くべき乳幼児の心の世界――「二人称的アプローチ」から見えてくること ミネルヴァ書房）

Sacks, H. (1972). On the analyzability of stories by children. In J. J. Gumperz, & D. Hymes (Eds.), *Directions in sociolinguistics* (pp.325–345). Basil Blackwell.

Sacks, H., Schegloff, E. A., & Jefferson, G. (1974). A simplest systematics for the organization of turn-taking for conversation. *Language, 50(4),* 696–735. （西阪仰（訳）（2010）．会話のための順番交替の組織――最も単純な体系的記述 会話分析基本論集――順番交替と修復の組織（pp.5–153） 世界思想社）

坂井田瑠衣（2020a）．相手のふるまいに寄り添う――日常会話の間合い 諏訪正樹（編著），「間合い」とは何か――二人称的身体論（pp.55–83） 春秋社

坂井田瑠衣（2020b）．触ることで知る――視覚障害者の環境把握における複感覚的相互行為 人工知能学会研究会資料，SIG-SLUD-C001-01, 1–6.

坂井田瑠衣（2021）．「共鳴的共在」としての歯科診療の場 木村大治・花村俊吉（編），出会いと別れ――「あいさつ」をめぐる相互行為論（pp.147–165） ナカニシヤ出版

Schegloff, E. A. (1968). Sequencing in conversational openings. *American Anthropologist, 70(6),* 1075–1095.

Schegloff, E. A. (2007). *Sequence organization in interaction（A Primer in Conversation Analysis 1）.* Cambridge University Press.

Schegloff, E. A., & Sacks, H. (1973). Opening up closings. *Semiotica, 8,* 289–327. （北澤裕・西阪仰（訳）（1995）．会話はどのように終了されるのか G. サーサス，H. ガーフィンケル，H. サックス，E. シュグロフ 北澤裕・西阪仰（訳），日常性の解剖学――知と会話（pp.175–241） マルジュ社）

Schegloff, E. A., Jefferson, G., & Sacks, H. (1977). The preference for self-correction in the organization of repair in conversation. *Language, 53(2),* 361–382. （西阪仰（訳）（2010）．会話における修復の組織――自己訂正の優先性 H. サックス，E. A. シェグロフ，G. ジェファソン 西阪仰（訳），会話分析基本論集――順番交替と修復の組織（pp.154–

246)　世界思想社)

Sidnell, J., & Stivers, T.（Eds.）（2013）. *The handbook of conversation analysis*. Cambridge University Press.

Streeck, J., Goodwin, C., & LeBaron, C.（Eds.）（2011）. *Embodied interaction: Language and body in the material world*. Cambridge University Press.

Suchman, L. A.（1986）. *Plans and situated actions: The problem of human-machine communication*. Cambridge University Press.（上野直樹・水川喜文・鈴木栄幸（訳）（1999）．プランと状況的行為——人間—機械コミュニケーションの可能性　産業図書）

高田明・嶋田容子・川島理恵（編著）（2016）．子育ての会話分析——おとなと子どもの「責任」はどう育つか　昭和堂

高木智世・細田由利・森田笑（2016）．会話分析の基礎　ひつじ書房

高梨克也（2016）．基礎からわかる会話コミュニケーションの分析法　ナカニシヤ出版

高梨克也（2018a）．フィールドインタラクション分析1　多職種チームで展示をつくる——日本科学未来館「アナグラのうた」ができるまで　ひつじ書房

高梨克也（2018b）．瞬発的運動のジレンマ——雪上での木遣りの事例分析から　生態心理学研究，*11*（2），30-33.

高梨克也（2019）．発散型ワークショップでの発言に伴う指さし——多重の行為から見た活動への志向　安井永子・杉浦秀行・高梨克也（編），指さしと相互行為（pp.191-217）　ひつじ書房

Takanashi, K., & Den, Y.（2019）. Field interaction analysis: A second-person viewpoint approach to maai. *New Generation Computing, 37*(3), 263-283.

高梨克也・榎本美香（2009）．特集「聞き手行動から見たコミュニケーション」の編集にあたって　認知科学，*16*（1），5-11.

戸江哲理（2018a）．和みを紡ぐ——子育てひろばの会話分析　勁草書房

戸江哲理（2018b）．会話分析とフィールドワーク——やりとりのしくみの解明と社会的世界の解明　平本毅・横森大輔・増田将伸・戸江哲理・城綾実（編），会話分析の広がり（pp.127-162）　ひつじ書房

Tomasello, M.（1999）. *The cultural origins of human cognition*. Harvard University Press.（大堀壽夫・中澤恒子・西村義樹・本多啓（訳）（2006）．心とことばの起源を探る——文化と認知　勁草書房）

Tomasello, M.（2003）. *Constructing a language: A usage-based theory of language acquisition*. Harvard University Press.

上野直樹（編著）（2001）．状況論的アプローチ1　状況のインタフェース　金子書房

Wertsch, J. V.（1991）. *Voices of the mind: A sociocultural approach to mediated action*. Harvard University Press.（田島信元他（訳）（1995）．心の声——媒介された行為への社会文化的アプローチ　福村出版）

安井永子・杉浦秀行（2019）．相互行為における指さし——ジェスチャー研究，会話分析研究による成果　安井永子・杉浦秀行・高梨克也（編），指さしと相互行為（pp.3-34）　ひつじ書房

安井永子・杉浦秀行・高梨克也（編）（2019）．指さしと相互行為　ひつじ書房

安川一（1991）．〈共在〉の解剖学——相互行為の経験構成　安川一（編），ゴフマン世界の

再構成——共在の技法と秩序（pp.1-31）　世界思想社

好井裕明（1999）．制度的状況の会話分析　好井裕明・山田富明・西阪仰（編），会話分析への招待（pp.36-70）　世界思想社

益川弘如

1　人と社会の複雑な相互作用の蓄積と知識の転移

　人は，社会の中でよりよく生きていくために，生涯にわたって何らかのかたちで学習し続けている存在である．そのような意味で，学習とは，この先の未来に何が起きそうで，その時どう対処すればよさそうか，「予測可能な範囲を拡げる」こととも言える．また，予測可能な範囲を超えた事態が起きた時に，学習してきたことや新たに入手した情報を生かして問題を解決し，さらに予測可能な範囲を拡げることにつなげるプロセスであるとも言える．このように，未来のために学習した知識や学び方を役立てることが可能なことを「転移（transfer）」と呼んでいる．特に学校教育では，ある学年で学んだことが次の学年で生かされることや，卒業後も学んだことが社会で生かされることを期待して設計されており，転移研究の研究成果は，大きな影響を与えうるものだとも言える．

　初期の転移研究では，簡単には転移が生じない証拠が積み上げられてきた．それは，実験室という社会と隔離した条件下で，限られた時間内での，言わば学習者が外界のリソースを活用できないもとでの結果であった．しかし，私たちが社会を生きていく上で必要な「知識の転移」を考えた時，より複雑で長期な時間スパンを念頭に置いた視点が必要となるだろう．それは，学習成果を将来必要となる場所と時間まで持っていくことができ，必要となった時にきちんと使え，また必要に応じて知識を修正しながら発展的に成長していくような学習ゴールである．このような視点で知識の転移を見直すと，学校教育においては「協調学習（collaborative learning）」を通した学習経験の積み重ねが鍵とな

ることもわかってきた．協調学習とは，人が生まれつき持つ潜在能力である学ぶ力を引き出し，他者との建設的相互作用によって，一人ひとりが，自分なりに今よりも適応範囲が広く抽象度の高い知識を構成していくような学習である．そうすると，転移研究は，個人に焦点を当てるだけでなく，協調学習を実現するような学習環境を提供できたかどうかと組み合わせて見ていく必要性が出てくる．よって，「人がどうなるとよさそうか」だけでなく「社会（環境）がどうなるとよさそうか」という，社会変革のアクションも視野に入れた社会実装研究が射程に入ってくる．

　本章では，知識の転移とは，主体者自身にとって活用可能で適用範囲の広い知識を自ら生み出すことであるとした上で，「協調学習」を通した経験の蓄積が豊かな「知識の転移」につながる源泉となることを示す．そのために，転移研究の歴史を振り返り，その歴史を踏まえ発展している現在の取り組みを紹介する．その上で今後の研究課題を展望したい．

2　転移の難しさを示した先行研究とそこからの脱却

　知識の転移の研究は，古代ギリシャ時代より続く，「形式陶冶」と「実質陶冶」の考えの対立に対する答え探しから始まっている．形式陶冶とは，数学や幾何学，ラテン語など難しい特定領域の学問を学ぶことによって，記憶力，思考力，問題解決能力といった汎用的な知能や能力を獲得することができるという考え方である．実質陶冶とは，個々の実質的な知識や技能の習得を重視する考え方である．学校教育においては，双方の考え方が含まれており，現在でもなお，双方の程度をどう考えるべきかの議論が続くが，主張する者たち各自の経験則に基づいた言い合いにとどまることが多い．転移研究の歴史は，この落としどころを探してきた歴史とも言えよう．この節では，転移の条件を実験室で実施してきた歴史と学校教育への適用を振り返る．

行動主義に基づいた初期の転移研究
　19世紀から20世紀初頭にかけて，教育の世界では形式陶冶の考え方が広く信じられていた．この形式陶冶説に一石を投じたのが，学習研究に「転移」と

いう用語を使い，転移テストを実施した古典的行動主義（behaviorism）者のエドワード・ソーンダイクらの研究（Thorndike & Woodworth, 1901）だった．彼らは形式陶冶説には科学的証拠がないことに注目し，転移テストを開発して検証した．実験では，様々な図形の形の面積を推定するプレテストを出題し，事前知識を調査する．その後，長方形の面積を正確に推定できるようになるまで，何十回と繰り返し出題と解答の確認を続けた．そして，転移テストではプレテストと同じ問題を出題し，様々な形の面積の推定が向上したかどうかを調べた．その結果，長方形とそれに似た図形の面積推定の成績は向上したが，それ以外の図形の成績は向上しなかった．他にも異なる課題を実施する中で，転移元と転移先に表面的に共通した「知識の要素（element of knowledge）」がある場合，知識が転移するとし，同一要素説を唱えた．

　同一要素説により，頭の体操が一般的な知能向上につながるとした形式陶冶の教育の衰退をもたらし，科学的証拠を出したとされた行動主義心理学が主流となっていく．観察可能な刺激と反応の連合だけに焦点を当てたため，「知識の要素」の詳細に関する研究は進まず，学び手の持つ，豊かな転移能力のポテンシャルは封印された．学校教育においても刺激と反応の繰り返しや，基礎基本からの積み上げ式による同一知識とスキルの教え込みという教授主義（instructionism）に基づいた知識伝達型授業が台頭し，今現在でもこの考え方は根強く残ってしまっている．

条件統制下での知識の転移条件の抽出

　時は経ち，1950 年代の認知革命を前後して，転移の条件として注意力や問題解決能力，想像力などの能力や，既有知識の構造に着目するようになった．たとえば，Gick & Holyoak（1980）では，「類推（analogy）」による創造的な洞察を通した転移との関係を明らかにした．それぞれ転移元（ベース）と転移先（ターゲット）が「要塞の攻略」と「癌の放射線治療」であり，表面的類似点はないが「多方面から分散して中心部に向かうと集結できる」という構造的類似点がある問題を用いて，類推が利くことを教示すれば解答者は 9 割以上に上るが，教示しなければほとんどの人は正答できないという結果である．また，既有知識の弊害として有名な研究として，Luchins（1942）の水がめ問題が挙

げられる．そこでは，確証バイアスによって負の転移につながる事実が示された．こういった研究から，学習の転移には，転移を実現するための「思考を働かせることができるかどうか」の重要性が見出されてきた．

　そして熟達者と初心者を比較する研究から，転移を引き出す思考を働かせるためには，既有知識の豊かさがかかわることも見えてきた．DeGroot（1965）のチェス・マスターを対象にした有名な研究では，チェスゲーム中盤の盤面を5秒間見ただけでどれだけ再現できるかという研究から，初級のプレーヤーと比べて多くの数を正確に再生できることを示した．その背景には何万時間ものチェスの試合を通じて培われた柔軟な知識があり，その知識によってすばやく情報をチャンク化できたからとしている．実際，ランダムに置いた駒では初心者と再生数は変わらず，一般的な記憶能力が向上しているわけではないことを示した．さらに，Chi（1978）は，チェス経験がある子どもとチェス経験がない大人で比較し，チェスに熟達した子どもは大人よりも多くの駒の配置を覚えることができた一方，ランダムな数字は大人のほうが多く覚えることができたことを示した．このことは，年齢に関係なく，既有知識の豊かさが転移に影響することを示した．他にもChi *et al.*（1982）は，物理学の熟達者（物理学研究者）と物理学の初心者（物理学を専攻する大学生）に問題を分類させ，その理由を問うことで，問題解決に利用している知識構造の違いを明らかにした．そこでは，初心者は表面的特徴の共通点から分類したのに対して，熟達者は「仕事とエネルギー保存の問題」など，問題を解く時に適用すべき原理や法則に基づいて問題を分類していた．既有知識の豊かさにより，転移先の問題のとらえ方自体変わると言える．

実験室研究をそのまま学校教育に適用することへの課題

　数多くの転移研究が取り組まれたこの時代は，転移の難しさと，その克服には豊かな既有知識とその知識に基づいた様々な思考力の発揮が重要であることが見えてきた．しかし，学校教育の場面での研究成果の活用を考えた時，転移に必要な知識や思考力を持ち合わせていないと仮定する学習者に対して，「いかなる学習が望まれるのか」といった学習者中心視点の答えは出されておらず，「持ち合わせていないから教授しなければならない」という考え方は拭いきれ

ていなかった.

　この時代, 転移研究と人工知能研究は両輪の関係でもあり, CAI (computer assisted instruction) 研究も盛んだった. たとえば, 「認知的チューター (cognitive tutor)」と呼ばれる数学, 科学, プログラミングなどの専門分野を対象としたシステムも開発された. しかし, 熟達者の知識をモデル化して構成したシステムであっても, 現場教師の支援なく単に個々人が使用する範囲では, 表面的な手続きの獲得で留まる報告もある. 近年, 教育産業から AI ドリルと称した適応型学習機能つきドリルが販売されているが, 益川・稲垣 (2021) による小学 5 年生算数「比・割合」54 人 8971 件の解答履歴分析から, 算数成績高群と低群とでは取り組み回数に大きな差がつき, 適応型学習がうまく機能しておらず, その中で繰り返し解いている問題の 3 分の 2 は単純な計算問題で占められ, 残りの文章題も立式化が中心だったことが明らかになった. 「習熟＝比・割合の意味理解をしっかりしたものにする」ではなく, 転移が限定的な「習熟＝正答が出せること」の訓練に終始していた可能性が高い.

　佐伯胖は 1997 年の時点ですでに, テクノロジーの安易な学校導入は, 教育の市場化による詰め込み教育の効率化に終始してしまうことを著書で警告していた (佐伯, 1997). その指摘は, 学校教育に学習者 1 人 1 台の情報端末が整備された現在, 現実のものとなっている.

日常的認知における転移場面の観察

　1980 年代以降, 人の研究を社会から切り離して考えることの限界に呼応する形で, 社会・文化の中での人の認知, 状況的認知 (situated cognition) の研究に広がりが出てきた. 日常生活に埋め込まれた人の認知・学習過程の観察が盛んになる中, ジーン・レイヴは, これまでの「学習転移実験の文化」を批判して新たな研究の方向性を位置づけている. Lave (1988) は, 過去の実験文化の特徴として, 実験室という制限された場の中で, 認知を社会的世界から切り離し, 同型の問題解決をさせるために形式と内容を切り離し, 状況を切り離した活動での転移の連続性を求めているものだとした. この立場では, 知識領域の概念は, 個人や文化とは独立して一様なものだと仮定され, 異なるとしても専門家, 初心者などの区別の範囲にとどまっていると指摘した.

表5-1　成人数学プロジェクトの課題と結果（Lave, 1988　無藤他訳, 1995）

課　題	正解平均値	就学年数との相関係数
スーパーでの買い物計算：買い物の様子を観察し，お買い得の商品を間違えずに選択できるか	98%	0.01
お買い得模擬テスト：自宅で，実験者が口頭でどちらがお買い得か尋ねて，口頭で回答する問題	93%	0.00
数の知識テスト：1桁から3桁の整数の足し算，引き算，割り算問題を口頭で尋ね，口頭で回答する問題	85%	0.20
多肢選択テスト：テスト用紙に書いてある整数，小数，分数の加減乗除，比率などの計算問題を解き，多肢選択から選ぶ問題	82%	0.40
数学テスト：テスト用紙に書いてある整数，小数，分数の加減乗除，比率などの計算問題を解き，答えを記入する問題	59%	0.47

　Lave（1988）は，日常生活における問題解決行動を分析することで，一人ひとりの個人の視点から見た知識の転移の姿を示した．具体的には，成人数学プロジェクト（AMP）で，学校教育で学んだ数学は大人になってからの日常生活での計算に生かされているかを調べた．就学年数が6〜23年間まで幅がある34人の女性を対象に，スーパーマーケットで実際に買い物をする様子を観察し，さらには様々な計算課題を実施した．その結果が表5-1である．

　その結果，学校的な数学の得点は就学年数と強い相関があり，年数が長いほど正答率が高い．しかし，スーパーでの買い物計算やお買い得模擬テストはばらつきが少なく，ほとんど間違えることがなかった．また，お買い得の計算方法は必ずしも学校教育の「比・割合」の領域で学ぶような「1単位当たりの値段を計算」しての比較ではなく，「差」に着目して量どうしと値段どうしを引いて求める方略や，片方の単位量はもう片方の何倍か「倍」に着目して比較する方略をとるなどして，その時点で一番効率的な算出方法を用いていた（表5-2）．さらには，お買い得の判断には，割高であっても使い切ることができるかどうかなども考慮した適応的判断を行っていた．また，それら日々のルーティンに見える買い物活動であるが，実際は日々お買い得商品が変化する中，過去

表 5-2　お得な買い物課題の計算方法（Lave, 1988　無藤他訳，1995）

	差に着目	倍に着目	単位当たりに着目
スーパーでの買い物計算	22%	35%	5%
お買い得模擬テスト	9%	47%	39%

の経験から得たお買い得商品モデルを判断基準としていることも見えてきた．これらの結果より，日常生活における計算では「目的」や「目標」に応じた思考が行われていること，また，お買い得の判断は繰り返し行われる中で深化しているものであり，次の買い物に備えた準備がされている点を強調している．

　Lave（1988）は学校教育についても強く批判していたが，それは，一人ひとりの学習目標や既有知識の考慮に基づいていない点，個人の頭の中にとどまらない，環境との相互作用を考慮していない伝統的な学校教育の姿が前提となっていた．学習者が自らの目標を達成するために，過去の学習成果や相互作用の強みを生かした「教授主義」から「社会構成主義（social constructivism）」への転換が鍵となる．

実験室研究から現実の教室場面を対象とした研究へ

　日常的認知の研究が進むとともに，実験室研究の限界を研究者自ら実感し，実際の教室場面を対象とした研究へのシフトと，「協調学習」の学習環境が鍵となる事実の積み重ねが進んでいく．

　アン・ブラウンらは，1970 年代からメタ記憶能力や文章読解能力を向上させるメタ認知能力の育成研究に取り組んできた．当初は，記憶方略を教えることによる能力向上を実験室で研究していたが，実験文脈下で使えても日常の学校場面等では能力を発揮しない姿を見てきた．この経緯より，教授し訓練して直後の成果を示す研究から，実際の学習場面で意味のある活動をさせることで，将来の学習時に能力を発揮できることを目指す研究に発展した（Brown, 1992）．たとえば，文章読解能力を育成する「相互教授法（reciprocal teaching）」の取り組みでは（Palincsar & Brown, 1984），既有知識と関連づけて考え，知識の再構造化や知りたいことを発見する「要約」「質問」「明確化」「予測」といった

活動をグループで1段落ごとに役を回すことで相互に学び合い，実践3週間後に読解力テストを行ったところ，直後と同様の成績を収めたことを示している．

　また，ブラウンが取り組んだFCL（fostering community of learners）プロジェクト（Brown, 1997）では，数週間から数カ月かけて行うプロジェクト学習で，ジグソー学習法を導入した．食物連鎖というテーマの学習であれば，初めに「食物の生産」「消費」「再利用」「分配」「エネルギー交換」という五つのトピックを提示し，学習者はいずれかを担当する．担当の「研究グループ」で，担当内容を説明するための資料を作成する．その後，各グループから1人ずつ集まって「学習グループ」を作り，内容を教え合う．その際，各自が担当したトピックの資料について相互教授法を用いて読み合う．最後に理解したことを活用して「砂漠に適した生物をデザインする」などの発展問題を解く，という流れである．この流れを学習環境としてデザインすることで，学習者自身による構成を実現するとして，「導かれた発見（guided discovery）」と名づけている．この実践では，最終課題が知識の転移を求めるものとなっており，読み書きやICT活用スキルの向上と合わせて多様な評価手法が用いられている．Brown（1997）は，知識を理解していく活動の文脈の中で，不完全な知識からでも推論しようとする知識構成活動や，メタ認知能力といった汎用的な能力の一体的な育成が示唆され，小学2年生の授業でも実現可能なことを示している．

　マリーン・スカーダマリアとカール・ベライターは，知っていることをただ書き連ねる知識伝達型（knowledge telling）ではなく，書きながら自分の知識を作り変える知識変形型（knowledge transformation）の作文能力育成の研究を実験室で行った（Scardamalia & Bereiter, 1987）．研究では手続きファシリテーション法を用いて，知識変形型の作文作成者が使う「新たなアイデア」「改善」「洗練」「まとめ」などの書き出しの教授支援を行った．結果，一見，文章構成はよくなるが，違う言い方で言い換える程度の「付加」にとどまり，狙っていた知識や考えの変容は伴っていなかった．欠けていたのは，何のために文章を書くのかという大きな目標設定とその維持という自発性であった．その後，意図的な学習環境を準備することが知識の創造を生み出す主体性を支えることにつながるという知見の積み重ねから，クラス全員が共同体として学習目標を共有した文脈下で知識構築を進めていく協調学習支援システムとして，CSILE （computer supported intentional learning environment）（後にナレッジフォーラムとして発展）を開発した．そこでは，手続きファシリテーション法で使われた書き出し支援をノート作成時に利用できるとともに，教室のメンバーが互いのアイデアや調べたことをノートとしてまとめ，仮想空間上の公共の場に貢献し合い，それらの考えを関連づけ，変容させ発展させていく協調学習を支援した（Scardamalia & Bereiter, 2014；スカーダマリアほか，2010）．

　これらの研究より，文脈等から切り離した場面で汎用的な能力を短時間で直接教授し，転移を期待することの限定性が，改めて示された．その上で，他者とともに，目標や文脈を共有した中で，対話を通して考えを生み出していく協調学習という場に支えられるかたちで，汎用的な能力を学習者なりに発揮し，実質的な知識や技能が身につき，汎用的な能力が時間をかけて磨かれていくような姿が見えてきた．このように，学習環境をうまく設計することで，学習者の知識の転移を促していくような取り組みが世界各地で行われるようになり，研究フィールドも実験室研究から実社会の教室場面に広がっていった．

3　長期スパンの学習を踏まえた知識の転移

　実験室研究から教室場面へと研究対象が広がっていく 1990 年代，認知科学の派生学問である学習科学（the learning sciences）が誕生する．これまでの研究では，転移の条件，転移の難しさなど，主として現象の解明に焦点が当てられていたが，社会実装への展開も目標とする学習科学においては，現実場面において転移が促進される学習環境をいかにデザインするか，という点に焦点が当てられていく．

長期スパンの学習ゴール――三つの性質を持つ知識構成へ

　創設期の学習科学の研究手法は，デザイン研究（design-based research: DBR）というアプローチを取った（Brown, 1992 など）．「人はどこまで賢くなれるのか」について，最大限効果が引き出されるよう学習環境をデザインし，検証改善を繰り返す中で新たな知見を抽出していく．テクノロジーの活用も，学習者への直接教授を狙った CAI 研究から，協調学習を支援する学習環境としての

CSCL（computer-supported collaborative learning）研究へと広がっていった．

　学習科学研究の特徴は，学習者自身にとって「本物」の学習場面を扱おうとしている点である．研究を通して，ある学習状況から得られた学習経験と別の学習状況から得られた学習経験が，自然に構築，拡張，統合されるという「学習」の概念のとらえ直しと，支援可能性の追求が進められた．

　2007 年にアメリカ，ラトガース大学で開催された国際学習科学会主催のCSCL2007 にて，「転移研究の行き詰まり（transfer strand）」を突破していくためのシンポジウムが，三宅なほみとロイ・ピーによって企画された（Miyake & Pea, 2007）．企画のタイトルは「多くの異なる活動場面をまたぐ長期スパンの学習を視点に入れた学習ゴールの再定義」である．従来の学習パフォーマンスの評価は短期的な時間スパンであるため，より長い時間枠での現実社会に即した概念やスキルの活用について，状況横断的に見ていくことが望まれるとした．シンポジウムでは，「長期スパンの学習ゴール」として，以下の三つの性質を持つべきだとし，可搬性，活用可能性，持続可能性を保証する「転移」に関する理論構築の再定義と，その転移を実現する学習環境の検討を主張した．

- 可搬性（portability）：学習成果が，将来必要になる場所と時間まで「持って行ける」こと
- 活用可能性（dependability）：学習成果が，必要になった時にきちんと「使える」こと
- 持続可能性（sustainability）：学習成果が，修正可能であることを含めて「発展的に持続する」こと

　これらの学習ゴールは，従来の転移研究から考えるととても難しいゴールに見えるかもしれないが，日常的な場面を考えると，われわれが生きていく上で普段から行っていることとも言える．しかし，日常生活においては，一人で成し遂げているわけではなく，学びを共有する仲間がいて，先人たちが作り上げてきた社会が背景にある．だからこそ，一人ひとりの知識や理解，スキルは，日々周りの人たちとの経験の中で育まれていくと考えられる．そのように，学習過程を多岐かつ長期にわたる文脈でとらえ直すと，転移研究においてもこの可搬性，活用可能性，持続可能性を長期スパンの学習ゴールとして設定し，そのゴールに向けてどれだけ学習が実現しているかで評価をしていく，新たなア

プローチが必要となる.

未来の学習のための準備

　実社会において新たな問題解決の必要性に迫られた時には, 自身の既有知識に加え, 様々なリソースに頼ることも多い. また, 探索的試行や考え直すようなプロセスを経て, 問題を解決している. ジョン・ブランスフォードとダニエル・シュワルツは, 教室場面においてドラマ仕立てビデオ教材のパッケージ教材を開発し, 学習者自身が問題解決のために主体的に情報を読み取り, 学習者どうしの対話を通して, 計算技能を使える知識として変換させていく「ジャスパープロジェクト (Jasper Project)」などに取り組んできた (Bransford & Schwartz, 1999). それらの研究成果から, 伝統的な転移研究は隔離された状況下での「直接的な適用 (direct application)」の考え方が基本であったと問題点を指摘した. 直接的な適用の考え方では, 「以前に習ったことのある知識を, 新しい状況や問題に直接的に適用できる能力」として理論化されているため, 転移はなかなか生じないという, 人の転移の力を過小評価してしまう結論になると主張, 従来の転移測定を「隔離された問題解決 (sequestered problem solving: SPS)」と呼んだ. それに対し, 「未来の学習のための準備 (preparation for future learning: PFL)」を提唱し, 転移の概念を拡張した. 未来の学習のための準備では, 知識やリソースが豊かに使える環境下での能力に焦点を当てている. より日常場面に近いこのような環境においては, 未来の学習のための準備につながる学習をしておくほど, 新しいことを学ぶ時のスピードや質が高くなるというものである. この視点に立つことが, 生徒の学ぶ力を直接的に評価し, 隔離されたこれまでの転移の評価に取って代わると主張した.

　Schwartz & Martin (2004) の研究では, 中学 3 年生の推測統計学を対象として, 教授法 2 群と測定法 2 群をかけ合わせた 4 群による評価実験を行った (図 5-1). 実験では, 教師による直接教示と練習 (tell-and-copy) の統制群と, データをもとに学習者自身で考える (innovate their own way) 対照群に分けて学ばせた. その 1 週間後, 両群をさらに半分に分け, 実験群には特に追加学習を与えず, 対照群には追加の新規例題と問題の資料が渡され, 自学自習を行わせた. その後, すべての群で転移課題を解かせた. 二重転移課題 (double

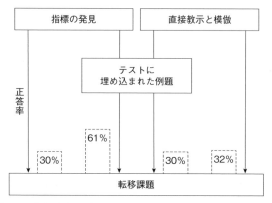

図 5-1　評価実験のデザインと結果（Schwartz & Martin, 2004）

transfer assessment）と名づけた実験の結果，学習者自身で考える学習活動の後に例題と問題を自主学習した群（学習者中心の学習の上で新たなリソースを渡した場合）のみ，転移課題の正答率が高かったが，他の3群の正答率は30％前後にとどまった．転移課題を解くための，未来の学習のための準備としていかなる学びが必要かということを，教室場面から実験場面に戻して検証することで示した，興味深い例である．

定型的熟達者と適応的熟達者

Schwartz & Martin（2004）は，未来の学習のための準備の研究結果を考察していく上で，Hatano & Inagaki（1986）が提案した，定型的熟達化（routine expertise）と適応的熟達化（adaptive expertise）の二つの熟達概念を対応づけている．

波多野誼余夫は晩年，柔軟性や創意により特徴づけられる「適応的熟達化」の理論をめざして，適応的熟達者が持つ知識，適応的熟達化の動機づけ的な基盤，適応的熟達化のための社会的文脈の3点について整理している（波多野，2001）．

適応的熟達者が持つ知識には，大きく三つの解釈があるとした．一つ目は，Holyoak（1991）による整理で，「定型的熟達者は慣れた型の問題をすばやく正確に解くことができるが，新しい型の問題を扱う能力は特に高くない．これ

に対して，適応的熟達者は彼らの専門的知識から新しい手続きを発明すること
が可能である」に代表される，概念的知識の役割の強調である．二つ目は，知
識の結束性，特に手続き的知識と概念的知識の間の緊密な結合を重視する解釈
である．三つ目は，ブラウンやブランスフォードらの整理のように，現在の理
解の水準をモニターして，不十分ならさらに努力を重ねる能力である「メタ認
知」を適応的熟達者の特徴とした解釈である．これら整理をまとめると，よく
構造化された知識の獲得こそ適応的熟達者の優れた問題解決，転移，創造性の
源だ，ということがわかる．

　次に，適応的熟達化の動機づけ的な基盤として，基本的には問題解決時に内
在して生ずる意味生成の試みが不可欠だと考えられている．このための環境の
条件として，次の四つを提案している．

　①絶えず新奇な問題に遭遇すること

　②対話的な相互作用に従事すること

　③緊急な（切迫した）外的必要性から解放されていること

　④理解を重視する集団に所属していること

　最後に，適応的熟達化のための社会文化的文脈について，実践が固定された
範囲の問題を手際よく解決することに方向づけられていると，参加者は速さ，
正確性，自動性において特徴づけられる定型的熟達者になる傾向があり，参加
者が多様でかつ変化する要求を満たしていく必要がある時には，柔軟で適応的
な技能が獲得されやすいとした．

学習と学習研究における効率性と革新性のパス

　Schwartz *et al.* (2008) は，学習空間を図 5-2（左）に示すように 2 軸で整理
した．人は「効率性（efficiency）」の軸の側面が強い時，定型的な作業を実行
したりよくある問題を解いたりするために，適切な知識やスキルをすばやく習
得して適用することができる．これらは状況に埋め込まれた実践の中で効率的
に学習されるが，同時に，Luchins (1942) の研究に代表されるような過去の
実験室での転移研究で明らかになったように，新たな選択肢を検討しなくなる
転移の阻害要因を生み出すとした．一方，「革新性（innovation）」の軸は，新
しい概念やスキルの生成を含んでいて，新しい状況に適応する方法となる．未

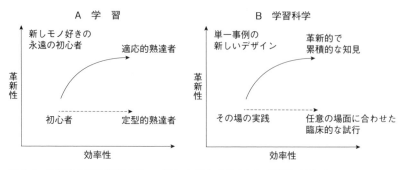

図5-2 熟達者の熟達過程の違い（左）と研究で求められる過程（右）（Schwartz et al., 2008）

　来の学習のための準備の研究は，この革新性のパスを経て適応的熟達に向かうための新たな転移研究として位置づけ，学習の初期段階から新規の問題に対して学習者自身が思考，検討することの重要性を，革新性への軸になぞらえた．

　さらにシュワルツらは，適応的熟達者へのパスになぞらえて，これからの学習研究の進め方についても提起している（図5-2右）．従来の介入実験は，結果を示すために効率性が重視され，複雑な要因の解明にはつながらず，革新的な成果を見出せない．一方，デザイン研究は単一事例の新しいデザインを生むが，その累積的知見に乏しいのが現状だとし，革新性の研究の後に効率性も追求していく「知見の累積的な成長」の重要性を示した．

後ろ向きアプローチから前向きアプローチへ

　定型的熟達者の視点から適応的熟達者への視点のシフトにより，学校教育における授業目標の考え方も変わってくる．Scardamalia et al.（2012）は，学習者中心の知識構築環境を実現するために，学習目標から後戻りする「後ろ向きアプローチ（working-backward approach）」の授業設計から，学習者なりの新しい目標の創発を生む「前向きアプローチ（working-forward approach）」の授業設計への転換を主張した．

　後ろ向きアプローチは，教師が学習目標から逆算して一連の下位目標を作り，初期状態からその目標に至る一本の道筋を用意し，その道筋に沿って順番に教えたり，その道筋の範囲内での正解を話し合わせ確認したりして進めていくよ

うな学習環境で，Newell & Simon（1972）の古典的な問題解決研究で示された一般問題解決器（general problem solver: GPS）と呼ばれた，手段―目標分析などの研究の時代から変わっていないと批判している．この正解到達型とも呼ぶ学習環境では，学習者が持つ多様な汎用的な能力を発揮しながら学ぶことにはつながらず，結果，直接的な知識の習得にとどまり，多様な汎用的な能力の成長は伴わないとする．一方，前向きアプローチは，教師が授業における学習目標を事前に設定するが，学習者は目標を共有し，その解決に向けて自発的，対話的な課題解決活動を促すような学習環境を準備する．学習者は対話を通して各自なりに理解を創り上げる過程で新しい疑問を見つけ，さらにその先の学習目標を創り出す，目標創出型の学習環境である．

　前向きアプローチと後ろ向きアプローチの議論は，2009 年 1 月にロンドンで開催された「学習とテクノロジーの世界フォーラム」において発足した「21世紀型スキルの評価と教育のプロジェクト（assessment and teaching of 21st century skills: ATC21S）」で，ブランスフォードとスカーダマリアが学習環境ワーキンググループの共同代表となり，21 世紀型スキル白書の一つの章に整理されている．このプロジェクトは，これからの社会に必要なスキルを整理した上で，その評価方法や育成方法を各方面の教育にかかわる研究者が集まり検討したものだった．整理された 21 世紀型スキルは「創造性とイノベーション」「批判的思考・問題解決・意思決定」「学び方の学習・メタ認知」「コミュニケーション」「コラボレーション（チームワーク）」「情報リテラシー」「ICT リテラシー」「シティズンシップ」「人生とキャリア発達」「個人の責任と社会的責任」であり，どれも知識の転移に深くかかわるようなスキルだった．しかしながら白書を出版した後も，世の中の受け止めは「後ろ向きアプローチ」であり，領域知識とは独立して，21 世紀型スキル自体の直接的なテストや教授を試みたり，知識創造企業が持つ特徴を兼ね備えた活動を模倣させたりすることを通して獲得させようとしていると，後にスカーダマリアらは批判している（Scardamalia & Bereiter, 2014）．

前向きアプローチで 21 世紀型スキルを超えていくために

　ATC21S プロジェクトの初期の会議に参加していた三宅（2012）は，「21 世

155

紀型スキルとよばれるものは，私たちが今，つくりあげているスキルだ」とし，「21 世紀型スキル育成に向けて新しいゴールを見出しつつそのゴールを超えるために学び続けるあらゆる仕掛け」が必要になってくると指摘している．その一つの可能性が「協調学習」をよりよくし続ける取り組みであるとする．スカーダマリアとベライター（私信）も，「21 世紀型スキルを超えていく（beyond 21st century skills)」ことを強調し，新しい能力や問題が創発されるチャンスを持つような教育環境に学習者を置く必要があるとする．両者とも，知識の転移を，教授者や学習環境の提供者が想定するものを与えるという立場ではなく，それらの提供者を超えて，学習者に新しい能力や知識を生み出すような「転移」を期待している．

　第 4 節と第 5 節では，前向きアプローチで革新的で累積的な知見に取り組んでいる，国内，海外の二つの研究プロジェクトを紹介する．一つは三宅を中心とした CoREF プロジェクトで，建設的相互作用（constructive interaction）と呼ばれる，人が生まれつき持つ賢さを学習環境として意図的に埋め込むことで，協調学習を通した概念変化を学習者一人ひとりなりに引き起こす取り組みである．もう一つはスカーダマリアとベライターを中心としたプロジェクトで，知識構築（knowledge building）と呼ばれる，共同体での知識構築コミュニティをテクノロジーの力も借りながら創り上げていくことを通して，個々人の転移可能な深い理解につなげる取り組みである．両プロジェクトの特徴を比較整理したのが表 5-3 である．どちらも「協調学習を通した知識の転移」を狙っているが，CoREF プロジェクトは，授業の枠組みに一定の制約を入れることで，その制約により個人の能力が引き出されることや，授業実践の準備，広がりやすさを強調している．一方，知識構築プロジェクトは，定型的な授業の枠組みを用意しないことが個人の能力が引き出されるという立場で，授業者が知識構築の理念を理解し実践することを強調している．これより，それぞれの取り組みを紹介することで，知識の転移を目指した協調学習の姿の議論を深めていく．

4　学ぶ力を引き出し高める協調学習

　この節では，「建設的相互作用」と呼ばれる，人が生まれつき持つ対話を通

表 5-3　両プロジェクトの特徴比較

	CoREF プロジェクト	知識構築プロジェクト
基盤とする理論	建設的相互作用：他者との対話により，個人の考え方ややり方の適用範囲を広げ，適応的な熟達を遂げる仕組みを生得的に持つ	知識構築：パブリックな場に考えを出し，共同体の中で知識を高めていくことによって，個人の知識も高まっていく
学習環境の特色	知識構成型ジグソー：建設的相互作用が引き起こされやすい授業の枠組みを用意することで，学習者中心の授業を実現する	知識構築環境：知識構築実現の 12 の原則が引き出されるよう，学習者の主体的な活動をテクノロジー環境によって支援
学習者の利点	ジグソーの枠組みの中で建設的相互作用のよさを繰り返し経験することで，枠組みのない対話場面でも自ら能力を発揮していくようになるという考え	特定の授業の枠組みを用意しないことで，学習者ごとの主体的な能力発揮機会を保証し，自ら能力を発揮すること自体が学びになるという考え
授業者の利点	枠組みがあることで学習者の具体的な姿を想定しやすくなり，その想定をもとに教材研究，授業準備を進め，想定通りだったかどうかを見取り，次の授業につなげる	理念を実現するために方法が多様であり，学習者の学習過程を見取った結果をもとに，次にどのような方向に支援するかを考え，次の授業につなげる

して得た理解のほうが適用範囲が広く，抽象度の高い知識となる仕組みを生かした協調学習のプロジェクトを紹介する．三宅は，2008 年に東京大学 CoREF（大学発教育支援コンソーシアム推進機構）を立ち上げ，研究対象を自身が実践する大学授業から，齊藤萌木，飯窪真也らとともに小中高等学校に広げ，現場の教師らとともに取り組み仲間を増やしていくスケールアップ研究を推進していった．三宅亡き後は，齊藤，飯窪に白水始も加わり，現在は教育環境デザイン研究所（Nahomi institute for the learning science: NI）という学習科学実践のハブとなる研究所を拠点として，組織的な展開を継続している．

建設的相互作用

　CoREF プロジェクトの基盤となる理論「建設的相互作用」を紹介する．可搬性，活用可能性，持続可能性のある知識を構成する力がわれわれに備わって

いるということは，「人」という種が生まれつき持つ制約条件の中で，個々人が能動的に構成していく存在であるととらえることができる．Hatano（1996）は，知識の構成活動は，内的な制約（生得的な獲得装置と，それまでに獲得した知識）と，外的な制約（周囲の人々などの社会と，共有された人工物や道具などの文化といった社会文化的制約）を充足するかたちで行われているとまとめている．この両制約の相互作用によって「人の賢さ」が引き出されると言える．

　晩年，協調学習の考え方を基盤として授業改革に取り組んだ三宅（2015）は，学ぶ力を発揮する良質なチャンスをいつも経験することが，知識の転移のパフォーマンスの質も向上することに注目し，「知識構成型ジグソー法（knowledge constructive jigsaw）」という授業の型を用いた協調学習実践者を育ててきた．その学ぶ力の良質な発現機会を数多く生み出す教育環境デザインについて，鍵となる理論が「建設的相互作用」である．三宅（2016）は，「建設的相互作用」について，「相手と共有する問いを巡って答えを作り合っている時，それぞれの参加者が対話開始時に持っていた答えの候補より対話終了時に得た答えの候補の方が，適用範囲が広い，あるいは抽象度が高くなること」と定義している．

　建設的相互作用の理論は，ペアを対象とした，三宅のミシンの縫い目はどうやってできるのかを説明する課題（Miyake, 1986；三宅，1987）や，折り紙の「2/3 の 3/4」または「3/4 の 2/3」の部分に斜線を引く課題（Shirouzu et al., 2002）において，対話プロトコルの詳細な分析から明らかにしている．これらの課題は表向き二人が「一緒に考えている」ように見えても，実際には一人ひとり自分なりの問題理解をし，自らの視点でその場に提供される様々な外的資源を利用して，最終的には自分一人の納得を得ているという，協調学習を通した知識の構成過程を明らかにしている．三宅（2011）の論文で，両研究について次のようにまとめている．

　ミシンの問題では，2 本の糸が互いに端のない状態で，なぜ絡み合うかたちで縫うことができるのか，説明できるようになることが当面の問題だった．3組のペア 6 人全員が縫い目の仕組みについて考えを一通りできるようになったが，それらの説明は一人ひとり異なり，しかし全員「わかった」感覚を持っていた．4 時間近くかかった対話プロセスでは，ペアの一人ひとりが相手の理解とは明確に異なる独自の理解を，自分自身で少しずつ変えながら，自分で納得

できるかたちに作り上げていた．そこでは，自分の考えを相手に説明しながら問題を解く「課題遂行者」としての役割をとることもあったが，相手が問題を遂行している時にはその過程を解釈，評価しようとする「モニター」としての役割をとることもあり，この両方の役割を交代しながら両方とも経験することで，自分の考えに対して他人の考えも統合しつつ，納得できる解を導き出そうとしている過程が見出された．たとえば，二人の問題解決が袋小路に入った時，状況を根本的に変化させて自分たちを救出するアイデアを思いつくのは，聞き手として状況を見守っているモニターであり，その時点で問題解決の主導権を握っている課題遂行者ではないことのほうが多かった．

　折り紙問題では，さらに課題遂行とモニタリングの役割交代がはっきりとしていた．一人よりも二人で問題を解いた時のほうが「折り紙を折って答えを出す」方式の他に，「計算で答えを出す」別の方法があることへの気づきが多く起こっていた．「課題遂行者」が折り紙の 4 等分の 3 等分の箇所だけに着目している時，「モニター」は折り紙全体を見ているなど，「モニター」が「課題遂行者」のやっていることをより広く視野に収めながら，その場に起きていることを解釈しようとしていたケースが多かった．結果として「モニター」の視野の広さが，折らなくてもかけ算で計算すれば答えを出せることへの気づきを引き出していた．逆に，この問題を一人で解いている場合には，「うまく行っている解法は変えない」傾向が強かった．

　一人での問題解決では常に「課題遂行者」になってしまい，複数人いなければ「モニター」のような視点を持つことは難しい．三宅（2011）は以下のように，適応的な熟達を遂げる制約としての建設的相互作用の強みをまとめている．

　　「人は一人であればそれぞれ自分の考え方ややり方を貫こうとする傾向がある．自分の考えを中心にするからこそ人は，自分自身のやり方を『調整』し，定型的には『熟達』する．しかしそこに他人がいると，他人がわかるよう制約をかけて自分の考えを説明しようとすることで自分自身の考え方ややり方を見直し，さらに他人のやり方を自分のやり方に照らして解釈しようとするなど『異なる（多くの場合より広い）視点』から考え直す支援を得る．これらの社会文化的制約による制限と支援によって，建設的相互作用は，個人が個人の考え方ややり方の適用範囲を広げ，より適応的な

熟達を遂げる制約になり得る.」

　他者との建設的相互作用は，自身の知識の転移可能性を拡げることにもつながる．また，建設的相互作用は，人数がもっと多くても，また参加者が同じ場所と時間を共有しない過程でも起きるとし，この特性に着目して，多人数が参加する教室で学習者どうしによる建設的相互作用を実現する取り組みが「協調学習」であるとした.

協調的概念変化を支える知識の社会的構成モデル

　白水・三宅（2009）は，学校教育の枠組みの中で，時間をかけて可搬性，活用可能性，持続可能性のある知識構成を実現していく学習を，長期にわたる概念変化（conceptual change）の連続ととらえ，概念変化研究と建設的相互作用を統合した．素朴概念から科学的な知識への変化には，四つの段階があるというジョン・クレメントの整理がある（Clement, 2008）．このモデルでは，「Ⅰ　観察記録（1回きり）」「Ⅱ　経験則も含む質的パターンの記述（複数の積み上げ）」「Ⅲ　説明モデル」「Ⅳ　形式理論原則」の段階に分けた．ⅠとⅡは観察によって得られる概念，ⅢとⅣは理論として構成される概念とした．特徴的なのは，観察によって得られる経験則のレベルの概念と，形式理論原則のレベルの概念との間に，学習者自ら形式理論原則がどのようなものを指し示すのか，経験則ともつなげて説明可能な「説明レベル」という概念を置いたことである．クレメントの過去の研究にさかのぼり，物理専攻の大学生が，公式を使って問題が解けるにもかかわらず，物体の動きなど質的な予測ができないのは，Ⅳの表層的知識を持つだけでⅢの説明モデルを欠いているためだとして，概念変化研究の再整理を行った．そして，類推を使ってⅡの素朴概念とⅣの科学的説明を段階的につなぐ「橋渡し方略（bridging strategy）」を提唱，学習者自身によるⅢの説明モデル構築を促す方略例が提示された．しかし，学校教育という長期スパンの中での概念変化を踏まえたモデル化にまでは至っていない.

　白水・三宅（2009）は，クレメントが整理したⅠとⅡは個人でできる観察であるが，ⅢとⅣは他人の意見も統合した結果であるとして，「協調による概念変化モデル」に発展させた．Ⅲは異なる経験則を持つ他者との建設的相互作用によって抽象度の高い説明モデルが形成され，Ⅳはそのような相互作用を先人

の専門家たちによる熟議を通して構成されたもので，簡単に構成できるものではない．そのため，建設的相互作用を通してⅣに近づく抽象度の高い説明モデルを形成できる学習環境が鍵となるとした．そして，大学学部生を対象に「スキーマ」を扱った認知科学カリキュラムにおいて，Ⅰのスキーマ形成体験後，Ⅳの資料を与え，知識構成を促した 2002 年実践と，Ⅱのスキーマ形成体験を複数回した後，Ⅲの説明モデル構築の対話をさせ，Ⅳの資料を与えた 2005 年実践のほうが，1 年経過後の遅延再生調査における説明レベルについて，無回答者の割合が 4 割から半分以下に減り，具体例つきの割合が 1 割だったのが 5 割近くまで高まることを示した．

　学校教育では，教科という枠組みや教科書が存在しており，ひとまず求められている「形式理論原則」は，教科書の内容とも言える．従来の教授主義に基づいた知識伝達型授業では，「説明レベル」に該当する学習者自身による言語化の活動に乏しく，「経験則」と独立したかたちでの記憶にとどまる．その結果，本来，適用範囲の広い，抽象度の高い知識であるはずの科学的説明である形式理論原則は，その原則の記憶再生しかできず，転移につながらない．そうではなく，先生や教科書が説明していることと，自分の持っている経験則がどう結びつくのかということを自分で考えるような教育環境をデザインできると，授業では自分で考えて言葉にするチャンスが増える．その発現するチャンスを多く作ると，原理原則のレベルと経験則のレベルがつながるとして，三宅は，授業改革の取り組みを通して「知識の社会的構成モデル」（表 5-4）を教育環境デザインの枠組みとして整理した（齊藤，2016；白水，2020）．

　齊藤（2016）は，レベル 2 の説明モデルの箇所でいかなる建設的相互作用が起きていたか，小学校 3 年生の仮説実験授業の「空気と水」単元を扱った授業セットの分析をしている．この単元では，3 択の選択肢からなる全 11 題が用意され，途中予想が覆される問題を埋め込み，素朴概念からの概念変化を狙った構成となっている．21 人の児童を対象とした授業の発話と選択肢の予想の分析から，教室全体としては各問一つの解に収束しつつも，一人ひとりが多様な予想遷移を経つつ，教室内での対話を通して理解を深化させ，各自なりの説明モデルを構築していった様子を描き出している．

　また，益川ら（2016）の研究では，目標到達型授業から目標創出型授業へと

表 5-4　知識の社会的構成モデル（齊藤，2016）

レベル3 科学者集団の合意	先生が教えたい，教科書に載る様々な知識	例：熱力学の体系
レベル2 「説明モデル」	他者が持っている知識も統一的に説明できるような，少し抽象的で視野の広い知識	例：動き回る粒の図式
レベル1 一人で作ることができる知識	学習者一人ひとりが作ってきた知識 経験のたびに確認して強化される／してしまう	例：ものを温めると体積が増える

シフトした学校における，4人の小学校3〜6年生の4年間のグループ発話データを集め，縦断的に分析した．その結果，目標到達型授業を実践していた頃は，チーム構築や司会進行などの発話が目立ち，個々の意見を順番に述べ合う程度にとどまっていたが，目標創出型授業へシフトすることで，わかった状態とわからない状態を示す発話を行き来しながら，レベル2の説明モデルを構築していく対話へ徐々に変容していく様子を示している．

知識構成型ジグソー法

　CoREF プロジェクトでは，45分，50分という限られた授業時間内に知識の社会的構成を実現するため，以下の4点を実現していく枠組みとして「知識構成型ジグソー法（knowledge constructive jigsaw: KCJ）」を開発（三宅他，2011）した．

- 答えは自分で作る（教師の提示された内容を記憶するのがゴールではない）
- 答えは話し合いながら考える（検討結果を順番に紹介することがゴールではない）
- 答えが見えてきたら，次の問いを作る（授業目標に到達することがゴールではない）
- 答えや答えの出し方について，人との違いに価値を置く（同じ考えに収束することがゴールではない）

知識構成型ジグソー法は，以下の5ステップで構成されている．

①問いの共有：教師から提示された，一人では十分に答えが出ない問いに，

最初の考えを書き出してみる

②エキスパート活動：問いに答えを出すためのヒントになる「部品」（3 種類程度の場合が多い）をいくつかの小グループに分かれて担当する

③ジグソー活動：それぞれ異なる「部品」を担当したメンバーが集まった新しいグループで問いに対するよりよい答えを作り上げる

④クロストーク：教室全体で出てきた答えを共有し，比較吟味する

⑤再び問いに答える：最後に，個々人が問いに対する自分の納得行く答えを書いてみる

知識構成型ジグソー法は，小中高等学校を中心に，ほぼすべての教科で取り組まれており，CoREF が蓄積，関係者と共有している授業数は 2020 年度末の時点で小中学校 845 件，高等学校 1880 件に上る．知識構成型ジグソー法での先生による授業設計ポイントは，最初に子どもたちに提示する「課題」と，エキスパート資料で配布する「部品」として渡される資料，そして学習活動を支える「ワークシート」である．知識構成型ジグソー法は，その枠組みに支えられるかたちで，授業実践者が教科や単元の内容に沿って教材を創意工夫して開発，評価ができるよう考慮されている．

　これより事例を紹介するが，数多くの取り組み事例は，知識構成型ジグソー法が取り上げられている論文や書籍，インターネット上の情報などを参照してほしい．たとえば，白水（2020）では，知識構成型ジグソー法での学習者たちの対話の詳細記録や，授業を通して構成した知識について，学んだ内容の可搬性，活用可能性，持続可能性について言及した学習者の具体的な発言なども紹介されている．

　本項では，小学校における水谷教諭の実践事例を紹介する（齊藤・水谷，2021）．6 年生 28 人 45 分 1 コマの算数「比とその利用」の授業である．授業の課題と部品を表 5-5 に示す．教師は授業設計時に，水の量とシロップの量の「差」に着目する児童が出ることを予想していたため，部品 A では，差では濃さを比較できないことに気づかせることを狙っていた．

　授業実践の結果，授業前のプレテストの結果を正しく見通せたのは 1 人のみだったが，授業最後のポストテストでは完全正答 23 人，部分正答 5 人とパフォーマンスが大きく上昇した，成功した実践だった．その計算の説明を見てみ

表 5-5 「比とその利用」の知識構成型ジグソーの課題と部品（齊藤・水谷, 2021）

課題 （プレテスト）	梅のシロップと水を混ぜて作った①〜⑥の梅ジュースのうち，①と同じ濃さのものをすべて選びましょう. ①シロップ 60 ml と水 100 ml, ②シロップ 100 ml と水 140 ml, ③シロップ 90 ml と水 150 ml, ④シロップ 120 ml と水 240 ml, ⑤シロップ 21 ml と水 35 ml, ⑥シロップ 3 カップと水 5 カップ
部　品	A：①と②をシロップと水の量の差で比較しようとしている 2 人の考えをもとに，①と②が同じ濃さになるのかを話し合う B：①と③を「シロップと水が，もう一方の何倍か」を求めて比較しようとしている 2 人の考えをもとに，①と③が同じ濃さになるかを話し合う C：①と③を「シロップを 3 と見ると，水はいくつになるか」を求めて比較しようとしている 2 人の考えをもとに，①と③が同じ濃さになるかを話し合う
ポストテスト	⑦〜⑨で，①と同じ濃さになる組み合わせには○，違う組み合わせには×を書きましょう. そして，その理由を説明しましょう. ⑦シロップ 150 ml と水 250 ml, ⑧シロップ 150 ml と水 300 ml, ⑨シロップ 180 ml と水 300 ml

表 5-6 「比とその利用」の実践における子どもたちの着目点

	差に着目	倍に着目	比に着目
プレテスト	39%	—	21%
ポストテスト	—	21%	61%

ると，非常に興味深い．表 5-6 はどこに着目していたかを示したものである．プレテストでは，差に着目した子どもたちが 4 割近くを占めていた．それが，授業最後のポストテストでは割合・比に着目した子どもたちの割合が増えており，適用範囲の広い，抽象度の高い知識として構成された可能性がある．レイヴの研究で前掲表 5-2 として示していたように，日常生活のスーパーマーケットにおけるお買い得計算においても，差に着目した比べ方を採用している人の割合が高かった．今回のジグソー実践では，部品が「差」「倍」「比」と分かれており，それぞれの有用性について行き来しながら説明モデルを作り上げていく対話を通して，日常計算と算数的知識とを結びつけた子どもたちが増えた可能性がある．

　さらに報告では，到達度が一番低かった班の発話を詳細に分析することで，「差に着目した比べ方が有用でないことを自覚できなかった」点が原因だとわかった．子どもたちの既有知識である経験則の積み上げが，教師の想定よりも強力だった可能性を見取ることができたからこそ，把握できた例である．協調学習による授業実践は，子どもたちの「わかり方」について多様な姿を見取ることができ，次の授業改善につなげることができる．また，協調学習を通して知識の転移が実現するような下地を，時間をかけて作り上げていくことは，AI ドリルで正答が出せるようになることとは異なる取り組みだろう．

5　共同体の主体的なアイデア構築の実現

　この節では，「知識構築」と呼ばれる，共同体での知識構築コミュニティをテクノロジーの力も借りながら創り上げていくことを通して，個々人の転移可能な深い理解につなげるというプロジェクトを紹介する．トロント大学のスカーダマリアとベライターを中心としたプロジェクトであり，第 2 節の最後で紹介した，ナレッジフォーラムと呼ぶ知識構築環境を用いて知識構築の理念を学校教育で実現している．現在では，メンバーたちが世界各地に広がり，ネットワークを形成しており，日本国内でも静岡大学の大島純らを中心とした拠点がある．

知識構築

　知識構築プロジェクトの基盤となる理論「知識構築」を紹介する．スカーダマリアは，2002 年の論文（Scardamalia, 2002）で，知識構築環境を実現するために必要な 12 の原則を設定している．なお，日本語文献として，スカーダマリア他（2010）が参考になる．

- 真のアイデアと真正性の高い問題（real ideas, and authentic problems）
- 向上し続けるアイデア（improvable ideas）
- アイデアの多様性（idea diversity）
- 俯瞰する行為（rise above）
- 認識論的主体性（epistemic agency）

- 共同体としての知識，そのための集団的責任（community knowledge, collective responsibility）
- 知識の民主化（democratizing knowledge）
- 対象性を持つ知識発展（symmetric knowledge advancement）
- 普及する知識構築（pervasive knowledge building）
- 権威のある資源の建設的利用（constructive uses of authoritative sources）
- 知識構築の対話（knowledge building discourse）
- 場に埋め込まれた変容的評価（embedded and transformative assessment）

　まず知識構築の共同体に欠かせないのが，真のアイデアと真正性の高い問題であるとしている．学習者にとって「問い」への関心を高く持ち続けることが，共同体に自分の考え（アイデア）を提案し続けることにつながる．そして提案される考えは，個人の所有物から離れ，共同体によって吟味され向上し続けることが大事とされる．そのため，多様な考えが出されることが大事であるとともに，それら多様な考え群を俯瞰する活動も大事とされる．このような知識構築活動を建設的に進めていくためには，参加者それぞれが，自分の考えと相手の考えを関係性について言及したり，新たな考えを生み出したりするような認識論的主体性を持つ必要があり，そのような中で共同体としての知識を構築するには，個々人が集団的責任を持っていることが重要となる．

　知識構築で特徴的な考えは，可視化された共同体の場での知識構築が求められている点である．そこでは，参加者全員が知識を発展させる貢献者となる民主的な視点，自分のものであり共同体のものでもある対照性を持った知識発展であり，成果は各々の知識として普及していき，各自の理解が深まることが期待されている．このような知識構築環境の中では，すでに世の中に存在する知識（権威のある資源）も活用していくが，その知識も別の共同体の中で構築された絶対的な存在として扱うのではなく，批判的に扱っていくことが推奨され，それによって知識構築の共同体の中では，常に対話を通して知識発展を続けていくような姿を想定し，その知識発展の変容を評価していく．

　ただ，これら一連の原則を満たす学習活動を初学者が主体的に実行することは簡単ではない．そのため，前述したナレッジフォーラムというシステムを開発し，その仮想空間内で知識構築を支える環境を実現している．

ナレッジフォーラム

　ナレッジフォーラム（knowledge forum）は，学習者自身の主体的な学習を共同体の中で実現していくために必要となる「足場かけ」が装備された，データベース型の学習環境である．知識構築の授業設計自体には制約がなく，制約がないからこそ学習者自身の主体的な学習の育成と知識構築を支援していると主張している．この点については，前述したブラウンらの FCL プロジェクトにおける「導かれた発見」や，CoREF プロジェクトの「知識構成型ジグソー法」といった，授業の枠組みがあることで学習者自身の主体的な学習の育成と知識構成を支援するという考え方とは異なっている．その代わり，ナレッジフォーラムを活用しながら授業を進めることで，ナレッジフォーラムに搭載された機能が，学習者自身の主体的な学習を促す制約となっている．

　仮想空間の知識構築環境であるナレッジフォーラム（Scardamalia & Bereiter, 2014）は，「ビュー（view）」と呼ばれる共同体の知識空間と，「ノート（note）」と呼ばれる学習者個人が貢献するアイデア（考え）を書き出す空間で構成される．ビューは，タイトルつきでアイコン化されたノートを空間配置でき，クラス全体（共同体）で出されたアイデアを視覚化し，整理したり発展させたりするベースとなる．共同体としての知識，知識の民主化などの原則が実装されていると言える．

　ノートを作成する時には，共同体に考えを貢献するための枠組みとして書き出しを支援する機能がある．たとえばクラスで理論を構築していく時には，「私の理論は……」「知る必要があることは……」「新しい情報は……」「この理論で説明できないことは……」「もっとよい理論は……」「みんなの知っていることを一緒にすると……」といった文章の書き出しを選ぶことができる．このような枠組みがあることで，共同体で知識を作り上げていくアイデア出しや，構築した知識を自分の考えとして表現し直すことを支援している．

　ビューにノートがたまっていくと，多様な考えを比較・整理して，全体をまとめていくような知識構築活動が活発になる．その際には，「まとめ上げ（rise above）」という機能を使って，一段抽象化されたまとめを作成する機能もある．これにより，継続的な知識構築活動を支援している．

　ナレッジフォーラムを用いた実践では，小学 1 年生であっても「秋になると

なぜ葉は落ちるのか？」という問いに対して，初めは各学習者が持つ素朴な考えを出し合うところからスタートするが，様々な証拠を集め，議論を積み重ねていく中で，科学的な思考を発揮しながら理論を発展させていったことなどが報告されている．質の高い知識の転移経験を仮想空間上で実現したとも言える．実際，小学1年生が終了時に「私のアイデアはどこに行くの？ 私がアイデアを発展させようとするのを誰が助けてくれるの？」と尋ねたという記録もあり，2年生になっても継続的な知識構築を望むような成長が見られたという．

6 社会変革を目指す実践学としての展開へ

　知識の転移の柔軟性が上がり，人がより賢くなるためには，人が潜在的に持つ学ぶ力を引き出すような教育環境を，関係者みんなで構築し続ける「社会の変革」をいかに実現していくかに依存するであろう．実験室研究から教室場面を対象としたデザイン研究（DBR）にシフトした次の研究アプローチとして，研究者が直接かかわるフィールドだけでなく，取り組みを社会全体にスケールアップしていき，より多くの知見を集めていく「デザイン社会実装研究（design-based implementation research: DBIR）」が2010年代以降広まりを見せていく．単一事例から幅広く成果を作り上げていく研究アプローチとして，白水ら（2014）は，認知科学や学習科学は，実践学に取り組んでいくべきだとも主張している．最終節では，研究自体を人の学びについての社会の変革にもつなげていくために，授業実践と学習評価にかかわる関係者の持続的改善を支える環境と，そこでの研究の方向性について考える．

授業実践にかかわる関係者の持続的発展

　持続的発展に欠かせないのは，より質の高い協調学習を実現するため，子どもたちの学習の見取りに基づいた，研究者，実践者を始め，教育関係者らが集うコミュニティの形成と，そこでの協調学習を通した新たな実践検証サイクルの構築であろう．

　CoREFプロジェクトの中では，研究者と実践者，教育委員会が一緒になって改善し続けるコミュニティとして，自治体，学校，自主組織等の単位で参加

できる会員制の「新しい学びプロジェクト」を 2010 年に立ち上げ，組織的に全国の自治体，実践者と研究者がつながり，定期的に集まり，情報交換を行っている．白水ら（2021b）は，10 年を超えるプロジェクトの取り組みの中で，知識構成型ジグソー法の枠組みの活用範囲が，「授業づくりのための道具」，「学びを見取るための道具」，そして「授業研究のための道具」と広がっていったという．最初の「授業づくりのための道具」としてのフェイズでは，研究者と実践者が直接かかわり合いながら，教師が狙った建設的相互作用を引き起こす授業作りと実践を繰り返し，実践事例を蓄積していった．次の「学びを見取るための道具」としてのフェイズでは，学習者の学びを見取る仕組みを明示的に組み込み，その記録を活用できるかたちにした．具体的には，第 4 節「知識構成型ジグソー法」で述べた，①問いの共有と，⑤再び問いに答えるステップで，授業の最初と最後に個々のその時点の考えを記述してもらい，前後比較から変容をとらえることができるようにしたことである．これは，研究者が転移などの学習研究で用いるプレ・ポストテスト比較と同様の枠組みとも言える．さらには，3 人の学習者の前後解答データを取り上げて，授業実践後に学習と授業デザインを振り返る「振り返りシート」を導入し，個々の学習者の授業前後の変容と教師の感触が可視化されるようになった．特に，学習者一人ひとり理解が違うことが可視化されたことは，教師らが建設的相互作用を実感する契機となったという（飯窪，2016）．「授業研究のための道具」としては，幅広い実践者を教師どうしのつながりで支援しながら，①各教師が自分の狙いや想定をもとに授業をデザインし，②ともに授業デザインを検討し，③実践し，④子どもの学びの事実をもとに授業デザインを振り返る，という授業研究を支援するフェイズである．以上の取り組みは，テクノロジーの力も借り，授業を協調的に作り上げる場としてのメーリングリスト，「指導案・授業前後の記述内容・授業者の振り返り」のリソースを参照できる「学譜システム」など，時空間を超えた協調学習環境を整えている（白水他，2021a）．

　また，知識構築プロジェクトにおいても，世界各地の取り組みの中心メンバーから構成される会員制の「知識構築インターナショナル（Knowledge Building International）」が存在し，定期的に集まり，情報交換を行っている．また，BCCI（building cultural capacity for innovation）ネットワークと呼ばれるプロ

ジェクトを始めている（Scardamalia *et al.*, 2014）．このプロジェクトでは，知識構築の取り組みを社会実装につなげるための取り組みが進められている．この BCCI プロジェクトには，これまでの取り組みの課題を解決したり，新たな取り組みやその普及を支援したりする革新のハブとしての役割や，テクノロジー支援の学習環境，評価ツールの開発，オープンソースの開発などが含まれているという．たとえば，より幅広い学校で取り組みを広げていくために，保護者やジャーナリストに対して，これまでの授業実践の取り組みの事例を集約して，広く公開していく取り組みである．これまでの研究成果が，限られたコミュニティで閉じてしまわないよう，社会実装を強く意識した方略に変化してきている．

学習評価にかかわる関係者の持続的改善

社会実装による知識の転移に関する研究を進めていく上で，別の大きな障壁の一つとして，世の中の「学習評価」に対するとらえ方が挙げられる．社会における評価の見方が変わらなければ，知識とその転移に対する前提条件の見方も多様になっていかない．たとえば，現在世の中に広く存在する「テスト」「学力調査」「入試問題」が示す「点数」は，一体何を意味しているのだろうか．

本章の転移研究の歴史を改めて振り返って考えると，現在の世の中のテストの多くは，ブランスフォードらが指摘する「隔離された問題解決」になっていないだろうか．それにもかかわらず，その点数を上げるための学校教育や自学自習，塾等のサービスが当たり前のようになっていないだろうか．協調学習を通した知識の転移の考え方であれば，学習者が可搬性，活用可能性，持続可能性のある知識を構成し，未来の学習のための準備ができているかどうかを本来評価すべきではないだろうか．

学習評価を考えていく上で役立つ視点として，ジェームズ・ペレグリーノによる「評価の三角形」の枠組みがある（Pellegrino, 2014）．物理現象とは異なり，学習者の学習状況を直接的客観的に把握する手段は存在しない．そのため，学習の評価とは，「認知」「観察」「解釈」の三つを頂点とする三角形で構成されているとする．「認知」とは，測りたい学習者の認知状態を示す．「観察」とは，測りたい学習者の認知状態について，何らかの手段を使って観察の窓を開くこ

とである．そして，その観察の窓から得られた結果から学習者の認知状態を「解釈」する．たとえば，観察の窓が単純な穴埋め問題か理由を問う記述式問題かによって，解釈可能な知識はずいぶん異なるだろう．また，出題者がいかなる認知を測りたいかの前提も異なるだろう．

　本来は，教育の成果を評価してさらなる学びを引き出す情報を得るためのテストであるはずだが，多くの場合，テストで点数をとるために，その最適な学習（たいていは丸覚えで対応するような）にとどまることが多い．本来，適用範囲の広い，抽象度の高い知識を構成してほしいところであるが，そのためには学習目標として設定されやすいテスト自体の見直しが重要であろう．知識構成型ジグソー法に取り組む教師らは，子どもたちの学習を評価するために，テストの出題内容や方法を変えたという報告をよく聞く．子どもたちに期待する学習のゴールが変わり，それに合わせてテストも変わっていった好事例だろう．

　テストで出題する「問い」を変えることで，より受検者が持つ学ぶ力を引き出しつつ，一人ひとりの思考の多様性をとらえるような CBT（computer-based testing）の試行的開発にも取り組んでいる（益川他，2021）．この研究では，東京大学の国語現代文の入試問題を対象に，文献読解の視点を問いとして与え，設問との相互作用を引き出すことによって積極的な読み（aggressive reading）に取り組ませることで，未来の学習のための準備を見ていこうというものである．この研究はまだスタート段階に過ぎないが，学習評価にかかわる関係者（出題者，テスト測定学者，学習研究者，教育政策者など）が，受検者がテストを解く思考プロセスを丁寧に見取りながら，いかなる出題形式・方法が，本来見取りたい「認知」の解釈につながるか，関係者どうしの建設的相互作用を積み上げていくことが重要かもしれない．テストが変わると，世の中の学習に対する認識が変わり，いかなる「知識の転移」が求められるのかの認識も発展が見込まれる．

　観察の窓の開け方は多様であってよいし，何度あってもよい．今回はテストを始めとした総括的評価について述べたが，CoREF プロジェクトの取り組みでは，前後理解比較法や発話プロセス分析など，観察の窓が数多くある．また，知識構築プロジェクトにおいても，授業に埋め込まれた変容をとらえ，次の知識構築につなげるための評価の重要性を強調している．観察の窓がたくさんあ

ればあるほど，学習者の学びの多様性を実践者・学習者双方がとらえやすくなり，持続的な学習の発展と学習環境の発展につながっていくだろう．

今後の転移研究に向けて

三宅は，対談インタビュー（三宅他，2014）で，学習にかかわる研究者が学校現場や社会とかかわっていく上での注意点を話している．そこでは，研究者として強く自覚すべきことは，「人を対象とした一般解だと示されている研究成果は，あくまでその条件下での条件付き解である」と述べている．実際，本章で紹介してきた通り，転移研究の歴史は，「知識の転移の一般解が提示され，その詳細が明らかになっていく」という流れではなく，「知識の転移の状況設定が限定された範囲での一般解からスタートし，状況設定がより複雑な現代社会となり新たな解が生み出されていく」という流れだったことからも，それはわかるだろう．学校現場とのかかわりの中で，無意識であっても，一般解として押しつけていくようなことがあると，それは，本来人が持つ学ぶ力を制限していくような学校教育改変につながってしまう．たとえば現在，学校現場において日常的に情報端末等のテクノロジーを活用する状況になってきたが，使用されるアプリケーションとして旧来の研究成果や経験則に基づいたものが多く提供される中，同様に学校教育改革が負の方向に動いてしまう懸念が強い．このような認識のもと，これまでの認知科学の歴史で積み上げてきた知見の限定性を踏まえつつも，子どもたちの学習の姿を丁寧にとらえていきながら，学校現場の教師らと一緒に，リアルな世界の中で条件つき解の研究知見を積み上げていく，シュワルツら（2008）の言う「知見の累積的な成長」の姿勢が求められる．

さらに，人がより賢くなるような教育環境がデザインできるようになっていくと，社会の「学習」に対する認識自体が変わっていく．それによって，「社会が変容した状況下での知識の転移はいかなる姿か，そこからさらに人が賢くなれるよう社会を変容させると次の問いは何だろうか」と，一般解の答え探しは際限なく続く．2021年の『認知科学』第28巻第3号で「戸田正直『心理学の将来』から半世紀」という特集が組まれた．戸田（1971）は，人の感情システムと文明環境との研究を通して，われわれ人類が賢くなり続ける必要性を主

張し，そのための「理論模型」作りを提案した．それは，「研究者のだれひと
りとしてその模型の構造を細部まで知っているものはいない」が「極めて多数
の，他の理論と論理的にかみ合わせることができる部品的理論群」で，もし人
類が今ある選択をしたら，「未来はどう変わるかという条件付き予言を生産」
できるものとしている．特集号の論文，飯窪ら（2021）において，戸田の提案
するこの「理論模型」について，デザイン社会実装研究の実践コミュニティで
実践検証改善を繰り返すこと自体が「理論模型」の構築と実施となっている，
と整理している．この研究アプローチこそが，社会変革までつなげていく，地
道で長期にわたる，しかし確実で有用な方法であると言えるだろう．

　当面，われわれが現場と一緒に取り組めることとして，以下（三宅・益川，
2014）を挙げる．

　①学習のプロセスを，その起きている現場で，今までより詳しく分析する
　②学習のプロセスを，複数の状況にわたって，これまでより長いスパンで追
　　う
　③学習者一人ひとりの学びの軌跡を多数集積し，そこからの演繹的な理論の
　　抽出と，個別の学習履歴の抽出の両方を可能にする
　④こういったデータとその分析を，実践後すばやく関係者多数で共有吟味で
　　きるシステムを作り，そこから次の授業を展開する

　取り組みの鍵は，進化が続くテクノロジーの有用的な活用だろう．しかし，
この過去 10 年でどれだけ新たな知見を得ることができたのか，次の 10 年でい
かなる知見を得ることができるのか，協調学習を通した知識の転移について，
少しずつ異なる条件下のデータ，長期スパンのデータなどを多く集め，検証し
ていくことが求められるだろう．

　研究者の役割は，研究のための研究をゴールとするのではなく，「人がより
賢くなるような社会の変革」に取り組みつつ，同時にどれだけたくさんの「条
件付き解」を積み上げ，「次の仮説」と「社会の変革」を作り出し続けること
ができるか，に変わりつつある．認知科学研究は，新たな段階を迎えている．

引用文献

Bransford, J. D., & Schwartz, D. L. (1999). Rethinking transfer: A simple proposal
　with multiple implementations, In A. Iran-Neijad & P. D. Pearson (Eds.), *Review of*

Research in Education, 24, 61-100.

Brown, A. L. (1992). Design experiments: Theoretical and methodological challenges in creating complex interventions in classroom settings. *The Journal of the Learning Sciences, 2(2)*, 141-178.

Brown, A. L. (1997). Transforming schools into communities of thinking and learning about serious matters. *American Psychologist, 52(4)*, 399-413.

Chi, M. T. H. (1978). Knowledge structure and memory development. In R. Siegler (Ed.), *Children's thinking: What develop* (pp.73-96). Erlbaum.

Chi, M. T. H., Glaser, R., & Rees, E. (1982). Expertise in problem solving, In R. J. Stenberg (Ed.), *Advances in the psychology of human intelligence (Vol.1)* (pp.7-75). Erlbaum.

Clement, J. (2008). The role of explanatory models in teaching for conceptual change, In S. Vosniadou (Ed.), *International handbook of research on conceptual change* (pp.479-506). Routledge.

DeGroot, A. D. (1965). *Thought and choice in chess*. Mouton.

Gick, M. L., & Holyoak, K. J. (1980). Analogical problem solving. *Cognitive Psychology, 12*, 306-355.

Hatano, G. (1996). A conception of knowledge acquisition and its implications for mathematics education. In L. P. Steffe, P. Nesher, P. Cobb, B. Sriraman, & B. Greer (Eds.), *Theories of mathematical learning* (pp.197-217). Lawrence Erlbaum.

波多野誼余夫 (2001). 適応的熟達化の理論をめざして 教育心理学年報, *40*, 45-47.

Hatano, G., & Inagaki, K. (1986). Two courses of expertise. In H. Stevenson, H. Azuma, & K. Hakuta (Eds.), *Child development and education in Japan* (pp.262-272). Freeman.

Holyoak, K. J. (1991). Symbolic connectionism: Toward third-generation theories of expertise. In K. A. Ericsson & J. Smith (Eds.), *Toward a general theory of expertise: Prospects and limits* (pp.301-335). Cambridge University Press.

飯窪真也 (2016). 教師の前向きな学びを支えるデザイン研究――「知識構成型ジグソー法」を媒介にした東京大学 CoREF の研究連携 認知科学, *23(3)*, 270-284.

飯窪真也・白水始・齊藤萌木 (2021).「理論模型」としての学習科学実践研究コミュニティ――部品的理論群の生成とネットワーキングを支えるデザイン社会実装研究 認知科学, *28(3)*, 458-481.

Lave, J. (1988). *Cognition in practice: Mind, mathematics and culture in everyday life.* Cambridge University Press. (無藤隆・中野茂・山下清美・中村美代子 (訳) (1995). 日常生活の認知行動――ひとは日常生活でどう計算し, 実践するか 新曜社)

Luchins, A. S. (1942). Mechanization in problem-solving: The effect of Einstellung. *Psychological Monographs, 54(6)*, i-95.

益川弘如・稲垣忠 (2021). 適応型機能を組み込んだ AI ドリルの「比・割合」のビッグデータ解析から見えてくること 日本認知科学会第 38 回大会論文集, pp.934-940.

益川弘如・河﨑美保・白水始 (2016). 建設的相互作用経験の蓄積が協調的問題解決能力の育成につながるか――縦断的な発話データを用いた能力発揮場面の分析 認知科学, *23*

(3), 237–254.

益川弘如・白水始・齊藤萌木・飯窪真也・天野拓也（2021）．「積極的読み」を引き出す CBT 読解問題の開発──東京大学入学試験の国語問題を活用して　日本テスト学会誌, 17(1), 25–44.

Miyake, N. (1986). Constructive interaction and the iterative process of understanding. *Cognitive Science*, 10(2), 151–177.

三宅なほみ（1987）．理解におけるインターラクションとは何か　佐伯胖（編），認知科学選書 4　理解とは何か（pp.89–93）　東京大学出版会

三宅なほみ（2011）．概念変化のための協調過程──教室で学習者同士が話し合うことの意味　心理学評論, 54(3), 328–341.

三宅なほみ（2014）．監訳者巻頭によせて　P. グリフィン，B. マクゴー，E. ケア（編）三宅なほみ（監訳），21 世紀型スキル──学びと評価の新たなかたち　北大路書房

三宅なほみ（2015）．三宅なほみ最後の論文　認知科学, 22(4), 542–544.

三宅なほみ（2016）．実践学としての教育工学へ　大島純・益川弘如（編著），教育工学選書 Ⅱ 5　学びのデザイン──学習科学（pp.210–218）　ミネルヴァ書房

三宅なほみ・益川弘如（2014）．新たな学びと評価を現場から創り出す　P. グリフィン，B. マクゴー，E. ケア（編）三宅なほみ（監訳），21 世紀型スキル──学びと評価の新たなかたち（pp.223–239）　北大路書房

三宅なほみ・大島純・益川弘如（2014）．学習科学の起源と展開　科学教育研究, 38(2), 43–53.

Miyake, N., & Pea, R. (2007). Redefining learning goals of very long-term learning across many different fields of activity. *CSCL2007*, pp.26–35.

三宅なほみ・齊藤萌木・飯窪真也・利根川太郎（2011）．学習者中心型授業へのアプローチ──知識構成型ジグソー法を軸に　東京大学大学院教育学研究科紀要, 51, 441–458.

Newell, A., & Simon, H. A. (1972). *Human problem solving*. Prentice-Hall.

Palincsar, A. S., & Brown, A. L. (1984). Reciprocal teaching of comprehension monitoring activities. *Cognition and Instruction*, 1, 117–175.

Pellegrino, J. W. (2014). A learning sciences perspective on the design and use of assessment in education. In R. K. Sawyer (Ed.), *The Cambridge handbook of the learning sciences* (pp.233–252). Cambridge University Press.（益川弘如（訳）(2018).　教育におけるアセスメントの設計と利用についての学習科学的視点　R. K. ソーヤー（編）森敏昭・秋田喜代美・大島純・白水始（監訳），学習科学ハンドブック 1　基礎／方法論（第 2 版）(pp.199–216)　北大路書房）

齊藤萌木（2016）．説明モデルの精緻化を支える社会的建設的相互作用　認知科学, 23(3), 201–220.

齊藤萌木・水谷隆之（2021）．「比とその利用」の「知識構成型ジグソー法」授業における児童の学習プロセスの検討　日本認知科学会第 38 回大会論文集.

佐伯胖（1997）．新・コンピュータと教育　岩波書店

Scardamalia, M. (2002). Collective cognitive responsibility for the advancement of knowledge. In B. Jones (Ed.), *Liberal education in a knowledge society* (pp.67–98). Open Court.

Scardamalia, M., & Bereiter, C. (1987). Knowledge telling and knowledge transforming in written composition. In S. Rosenberg (Ed.), *Advances in applied psycholinguistics: Vol.2. Reading, writing, and language learning* (pp.142–175). Cambridge University Press.

Scardamalia, M., & Bereiter, C. (2014). Knowledge building and knowledge creation: Theory, pedagogy, and technology. In R. K. Sawyer (Ed.), *The Cambridge handbook of the learning sciences* (pp.397–417). Cambridge University Press. (大島律子（訳）(2017). 知識構築と知識創造──理論，教授法，そしてテクノロジ　大島純・森敏昭・秋田喜代美・白水始（監訳），学習科学ハンドブック 2　効果的な学びを促進する実践／共に学ぶ（第 2 版）(pp.127–145)　北大路書房)

スカーダマリア，M.，ベライター，C.，大島純 (2010). 知識創造実践のための「知識構築共同体」学習環境　日本教育工学会論文誌, *33*(3), 197–208.

Scardamalia, M., Bransford, J., Kozma, R., & Quellmalz, E. (2012). New assessments and environments for knowledge building. In P. Griffin, B. McGaw, & E. Care (Eds.), *Assessment and teaching of 21st century skills* (pp.231–300). Springer-Verlag. (河﨑美保・齊藤萌木・大浦弘樹・舘野泰一（訳）(2014). 知識構築のための新たな評価と学習環境　三宅なほみ（監訳），21 世紀型スキル──学びと評価の新たなかたち (pp.77–157)　北大路書房)

Schwartz, D. L., & Martin, T. (2004). Inventing to prepare for learning: The hidden efficiency of original student production in statistics instruction. *Cognition and Instruction, 22*, 129–184.

Schwartz, D. L., Chang, J. & Martin, L. (2008). Instrumentation and innovation in design experiments: taking the turn towards efficiency. *Handbook of design research methods in education: Innovations in science, technology, engineering, and mathematics learning and teaching* (pp. 47–67). Routledge.

白水始 (2020). 対話力──仲間との対話から学ぶ授業をデザインする！　東洋館出版社

白水始・飯窪真也・齊藤萌木 (2021b). 学習科学の成立，展開と次の課題──実践を支える学びの科学を模索して　教育心理学年報, *60*, 137–154.

白水始・三宅なほみ (2009). 認知科学的視点に基づく認知科学教育カリキュラム　認知科学, *16*(3), 348–376.

Shirouzu, H., Miyake, N., & Masukawa, H. (2002). Cognitively active externalization for situated reflection. *Cognitive Science, 26*, 469–501.

白水始・三宅なほみ・益川弘如 (2014). 学習科学の新展開　認知科学, *21*(2), 254–267.

白水始他 (2021a). 協調学習の授業づくり支援のための「学譜システム」開発 2──「開発教材」ページ追加の効果　情報処理学会論文誌, *62*(5), 1207–1217.

Thorndike, E. L., & Woodworth, R. S. (1901). The influence of improvement in one mental function upon the efficiency of other functions. *Psychological Review, 8*, 247–261.

戸田正直 (1971). 心理学の将来　日本児童研究所（編），児童心理学の進歩 1971 年版 (pp.335–356)　金子書房

第**6**章 ヒューマンエージェントイン
タラクションと環境知能

小野哲雄

1　HAI とは何か

HAI は何を目指すのか

　われわれは今，当たり前のように街角でロボットに話しかけられたり，コン
ピュータ上のキャラクターとチャットしたり，スマートスピーカーに今日の天
気を問い合わせたりしている．1990 年代には考えられなかった人間と人工物
とのやりとりが，今は日常的に見られるようになってきた．本章では，この人
間と人工物のやりとりが認知科学の研究と深く結びついており，さらにそれが
人間の認知に関する本質的な問いかけにもなっていることを示す．

　ヒューマンエージェントインタラクション（human-agent interaction: HAI）
とは，人間とエージェントのインタラクション（相互作用）のデザイン（設計）
に関する研究領域である．それと同時に，「人間は何をエージェントとしてと
らえるのか」を研究テーマとして探究する研究領域でもある．これは，人工知
能研究が「（人工）知能とは何か」を常に問い続けているという点で類似した
特徴を持つ．現在でも，「知能」は明確に定義されておらず（藤永，2013），ま
た「人工知能」も同様であるが（松尾，2016），一般的には自律性，学習能力，
推論能力，環境適応能力，自己保存能力，コミュニケーション能力（社会性）
などが含まれるであろう．

　HAI における「エージェント」では，これらの性質のうち「自律性」，つま
りエージェントが目標を達成するために自分で行為を選択して実行する能力に
注目し，特にエージェントにとって物理的な外界の一部である「人間」とのイ
ンタラクションを重要視すると山田誠二は述べている（山田，2007）．つまり，

HAIにおけるエージェントとは，「人間という外界とインタラクションを行う自律システム」，あるいは，「そのような自律システムと人間によって見なされるシステム」と定義することができる．この定義に関しては，現在，多くの研究者の共通理解が得られている．つまり，HAIでは，その対象に対する人間の解釈や理解，知覚などの認知過程をも含めているという点で，関連する諸領域（human-computer interaction: HCI, human-robot interaction: HRI）とは異なる特徴を持つ．たとえば，HCIにおけるインタラクションの対象は，コンピュータや情報システムによって提供される機能や情報を効果的・効率的に利用可能にするための，インタフェースやデバイスである．また，HRIにおけるインタラクションの対象は，物理的な実体を持つロボットである．そして双方ともインタラクションを行う対象は，HAIとは異なり，人間の認知過程とは独立に，人工的・人為的に製作され実在しているものである．

　一方，HAIにおける「エージェント」には，擬人化エージェントやロボットなどの実在するものばかりではなく，しばしば仮想的なものや主観的な存在も含まれる．たとえば，森口佑介は，実際には存在しない，子どもの遊び相手である「空想上の友達」の特徴を明らかにし（Moriguchi, 2012），ジョン・ガイガーは，危機的な状況において，人に安心感や支えをもたらす存在が現れると言われる「サードマン現象」の事例を収集した（Geiger, 2009）．さらに，人間を取り囲む「環境」もその対象に含まれる．ユクスキュル（2005）は，すべての動物はそれぞれに種特有の知覚世界を持って生きており，そこで主体として行動していると考え，「環世界」という概念を提唱した．つまり，「環境」とは客観的に存在するものではなく，主体の「見え」によって存在する主観的なものとなる（小野，2020）．これに関する議論は，第4節の環境知能に関する項において行う．

　以上をまとめると，HAIでは，HCIやHRIでは対象とされてこなかった，人間の認知的な過程を通して生じる「エージェント」をもインタラクションの対象としている．このため，HAI研究は，認知科学を初めとして，人工知能，ロボティクスに関する研究の他に，社会心理学，脳神経科学，言語学，哲学，精神医学など関連諸科学との学際的な連携が必要なのである．

HAI の研究事例

　本項では HAI 研究の具体例を簡潔に紹介し，この研究領域の概要を説明する．なお，本項では議論を簡潔にするため，実在するエージェントのみを対象とする．HAI 研究の詳細な議論については，第 2 節，第 3 節において行う．

　現在，HAI 研究が主に対象としている「エージェント」には大きく分けて以下の三つの形態がある（山田，2007）．一つ目は「擬人化エージェント」であり，その存在や機能・属性を表現するためにグラフィカルな身体の表現を通して擬人化させたものや，Apple 社の Siri や Microsoft 社の Cortana などのような対話能力を備えたインタフェースエージェント，ユーザーの意思や嗜好に対して適応的に有益な情報提供や推薦，知的作業の代行など様々な知的支援を行うソフトウェアエージェントなどが挙げられる．

　二つ目は，人間と同じ環境のもとでインタラクションを行うことができ，物理的な身体を持ち，環境の情報を獲得するためのセンサや環境に直接働きかけることができるアクチュエータを備えた「ロボット」が挙げられる．ロボットはその機能から，コミュニケーションロボット，ペットロボット，遠隔操作ロボットなどに分類される．

　最後の三つ目の形態が，われわれ「人間」である．人間はエージェントの特性である，外界とのインタラクションを通して自律的にふるまうシステムであるという点において，最も理想的かつ典型的な存在である．この観点も HAI に特徴的なものであり，HAI 研究を通して人間どうしのコミュニケーションにおける身体的・認知的メカニズムを構成論的に明らかにすることが期待される．また，人間どうしのコミュニケーションを媒介するエージェント（agent mediated communication）に関する研究も，HAI における主要な研究トピックである．

HAI と認知科学との関係

　すでに述べたように，HAI では認知科学と関連の深い研究テーマを扱っている．なぜならば，HAI は「人間は何をエージェントとしてとらえるのか」を研究テーマとして探究する研究領域だからである．人間は，人工物を人のように見なす「擬人化」（anthropomorphism）という能力を備えている．しかし，

どんな人工物に対してでも擬人化をするわけではない．それではどのような要因が人間に擬人化を引き起こすのだろうか．また，今まで擬人化してきた人工物に対して突然，違和感を持ってしまい，それを不気味に感じてしまうことがある．これらの認知的なメカニズムについては，第2節の「人間は何をエージェントとしてとらえるのか」において詳細に議論したい．

また，人間が人工物をとらえる際には，人工物が持つ性質や要因だけではなく，人間がとる「志向姿勢」（intentional stance）も重要な役割を果たす．つまり，人間がトップダウンにとる姿勢（見方）が人工物のとらえ方に大きな影響を与えるのである．この点についても，第2節の「人間がエージェントをとらえる際の志向姿勢」において詳しく議論する．

さらに，第4節で展望するように，HAIは今後，認知科学の研究課題を実証的に検証する場にもなるであろう．なぜならば，次世代の認知科学として鈴木宏昭が提唱するポスト身体性認知科学（鈴木，2020）において，主体と環境や世界とのつながり，実在との結びつきを明らかにし，豊かな感覚情報を伴った「意味」を研究対象として扱っていくためには，人間と外界とのインタラクションのメカニズムを実証的に解明していかなければならないからである．その時，HAIは具体的な方法論とともに，実証的な検証の場を提供するだろう．

2　HAIの研究方法

本節では，HAIの研究で用いられる概念および方法論を紹介する．特に，HAIにおける三つのアプローチ，インタラクションの分類，人間は何をエージェントとしてとらえるのか，その際に人間がとる志向姿勢について説明する．これらのアプローチや概念は，HAI研究の全体像を知るために有益となるであろう．

HAI研究の三つのアプローチ

まず，HAIの研究を支える三つのアプローチについて説明しておく．すでに述べた通り，HAIの研究は極めて学際的な連携を必要としている．つまり，HAI研究では，エージェントやロボットなどの人工物を実際に構築する必要

がある（工学的アプローチ）．そして，それらの人工物を用いた実験をデザイン
し，人間とのインタラクションによる実験を実施し，その実験結果の分析・評
価を行う（心理学・社会科学的アプローチ）．さらに，HAI 研究を成立させる根
源的な問いである，「人間は何をエージェントとしてとらえるのか」や「人ら
しさとは何か」について考察する哲学的アプローチが必要となる．HAI 研究
では，これら三つのアプローチによる議論が不可欠である．

　さらに，三つのアプローチを構成する研究領域としては，人工知能，ロボティ
ィクス，情報科学などからなる工学的アプローチ，認知科学，社会心理学，実
験心理学，社会学，行動経済学などを含めた心理学・社会科学的アプローチ，
心の哲学，言語哲学，科学哲学などからなる哲学的アプローチがある．実際に，
HAI の研究発表の場では，これらの研究領域を専門とする研究者が参加し，
それぞれの立場から学際的な議論を交わしている．

HAI におけるインタラクションの分類

　HAI の研究方法の説明を始めるに当たり，まず HAI において「エージェン
ト」とは何を意味しているかを説明しておこう．「エージェント」は様々な分
野で用いられる用語であり，実はあまり明確な定義がない概念であるが，
HAI におけるエージェントを考える場合は，「自律性」が重要視される．さら
に，エージェントにとって物理的な外界の一部である「人間」とインタラクシ
ョンを行うことも重要な要因である．このため，HAI におけるエージェント
とは，第 1 節でも述べた通り，「人間という外界の存在とインタラクションを
行う自律システム」もしくは「そのような自律システムと人間によって見な
れるシステム」と定義することができる．つまり，「身体」や「外見」などの
属性は HAI で対象とするエージェントにとっては必要条件ではなく，選択す
べき属性となる．このことは，HAI では身体や外見の必要性を問うこと自体
も研究対象となることを意味する．

　HAI におけるエージェントとは，前述の定義を満たすシステムのうち，主
に以下の三つを指す．

- 擬人化エージェント：ソフトウェアエージェント，インタフェースエージ
  ェント，キャラクターなどのソフトウェアで実装されたエージェント

- ロボット：物理的な身体，環境の情報を獲得するためのセンサ，環境に対して物理的な行動を実行するアクチュエータを備えているロボット
- 人間：人間は自律性を備え，外界とのインタラクションを行うことができる典型的な自律システム

HAI では，これら三つのエージェントによって行われるインタラクションをデザイン（設計）することが主な研究テーマとなる．このため，HAI におけるインタラクションデザインは以下の三つに分類される．この分類に基づき，インタラクションデザインの原理を探り，それぞれのインタラクションに固有の性質・共通した性質，デザインの方法論およびその開発手法を明らかにすることを目指す．特に，以下の三つ目は，エージェントをメディアとして，それを介して人間どうしがコミュニケーションすることであり，agent mediated communication（AMC）とも呼ばれる（山田，2007）．

- 人間と擬人化エージェントのインタラクション
- 人間とロボットのインタラクション
- エージェントを介した人間と人間のインタラクション

人間は何をエージェントとしてとらえるのか

前項では，HAI における「エージェント」を定義し，その定義を満たすシステムとして，擬人化エージェント，ロボット，人間を挙げた．実はこの定義の前提となる，「人間は何をエージェントとしてとらえるのか」が HAI における本質的な問いであり，探究すべき研究テーマでもある．これは，すでに述べた通り，人工知能の研究が「知能とは何か」を常に問い続けているという点で類似した特徴を持ち，さらに，「知能」および「人工知能」についても未だに明確な定義がないという点でも類似している．

それでは，実際に，人間は何をエージェントとしてとらえるのだろうか．われわれの身の周りには，ATM の画面上で挨拶をする擬人化ソフトウェアエージェントや，aibo（ソニー）や Pepper（ソフトバンクロボティクス）などのコミュニケーションロボット（物理的エージェント），擬人化された表情や動作機構は持たないが音声で人間とやりとりをすることができるスマートスピーカー上のキャラクター Siri（Apple）など，様々なエージェントが存在する．さらに，

自律的に動いて掃除をするロボットには時に「生物らしさ」を感じることがあるが，自動販売機にそれを感じる人はほとんどいないだろう．それでは，われわれはどういう対象に「生物らしさ」を感じ，どういう対象を単なる「モノ」と見なすのだろうか．ここでは，生物性（animacy），自己推進運動（self-pro-pelled motion），目的指向性（goal-directedness）の観点から議論してみよう（山田，2007）．

　われわれは動物の剝製や精巧に作られたレプリカには生物性を感じない．しかし，機関車トーマスのように人工物が擬人化されたアニメキャラクターには生物性を感じる．また，フリッツ・ハイダーが示した通り，大小の三角形や円の図形が互いを追い回したり，逃げたりして運動する映像を実験参加者に見せるだけでも，参加者はそれぞれの図形に性格特性を付与したり，これらの図形間に社会的因果関係を見出していた（Heider, 1944）．つまり，われわれの知覚システムは，たとえ外見がどんなに生物的であっても，それが動かなければ生物性を感じないが，多少外見が生物的でなくても，動くことによって生物性を感じるようにできている．

　しかし，生物性を感じるには「動き」があればよいというわけではない．たとえば工場で動作している工作機械や，モノを運搬するベルトコンベアーに生物性を感じることはない．それでは人間は何に生物性を感じているのだろうか．

　生物性知覚の要因として，自己推進運動と目的指向性を挙げることができる．つまり，まず自身の内部のエネルギーによって運動を開始すること（自己推進運動）によって生物的であると知覚されやすくなる．さらに，この自己推進性に加え，Heider（1944）の実験のように，対象が別の対象をあたかも追いかけたり，逃げたりする動作をさせた場合（目的指向性），人間はそれらを生物的であると知覚することが多くなる．

　しかし，われわれは，自己推進性や目的指向性を有しているとも見ることができる植物や単細胞生物を，「エージェント」であるとは見なさない．なぜなら，それらは単に遺伝子情報として書き込まれたプログラムに従って動作しているように見なされるからである．次項では，「人らしさ」や「生物らしさ」というふるまいの理解と，対象に心的機能を仮定することの関係について考えてみたい．

人間がエージェントをとらえる際の志向姿勢

　われわれは，対象のふるまいが予測可能である時，安心感を持ってインタラクションを行うことができるが，それが予測不能の時，不安感を覚える．ダニエル・デネットは，人間が対象のふるまいを理解し，予測するために，三つの姿勢をとるとしている．つまり，それが物理的現象によって動作するのみの対象であるという「物理姿勢」(physical stance)，設計された通りに動く対象であるという「設計姿勢」(design stance)，意思を持って行動しようとする対象であるという「志向姿勢」(intentional stance) である (Dennett, 1987)．たとえば，目覚まし時計を，電池を動力源として機械的に設計されたものと見るか（設計姿勢），私が寝過ごさないように起こしてくれるという意図を持ったものとして見るか（志向姿勢）によって，対象のふるまいの理解および予測が異なる．

　われわれは通常，人間に対しては「志向姿勢」をとる（寺田, 2010）．なぜなら，人間のような複雑なシステムを理解するためには，このシステムに心の状態を帰属させてしまうことが最も容易かつ有効だからである．このため，他者のふるまいが信念 (belief)，願望 (desire)，意図 (intention) などの心的状態によって駆動されていると仮定し，観察したふるまいに対して具体的な心的状態を帰属することによってふるまいを理解しようという戦略をとるのである．

　人間は何をエージェントとしてとらえるのか．本項で見てきたように，対象が自己推進運動を行い，目的指向性を持っていると見なされる時，人間はそこに生物性を知覚する．さらに，それぞれの対象に性格特性を付与したり，それらの対象間に社会的因果関係を見出したりする場合もある．一方，人間はある対象に対してトップダウンに志向姿勢をとることにより，そのふるまいを理解し，行動を予測しようとする．このような生物性を知覚させる，もしくは志向姿勢をとらせる人工物に対して，人間はそれを「エージェント」と見なすのである．

3　HAI におけるインタラクションデザイン

インタラクションデザインの基盤となる概念と方法

　前節では，「人間は何をエージェントとしてとらえるのか」について概観してきた．HAI では，このエージェントに対する人間の認識を基礎に，「人間と

エージェントのインタラクション（相互作用）をデザイン（設計）」することが研究テーマとなる．つまり，HAI は，人間と擬人化エージェント，人間とロボット，エージェントを介した人間と人間のインタラクションをデザインする研究領域である．その際に，インタラクションデザインの原理を探り，それぞれのインタラクションに固有の性質・共通した性質，デザインの方法論およびその開発手法を明らかにすることが求められる．

　ここでは，インタラクションをデザインする際に基盤となる概念，知見および方法論として，擬人化とメディアイクエーション，適応ギャップと相互適応，心の理論を紹介し，それらに基づく人間とエージェントのインタラクションデザインの研究事例を紹介する．

概念と方法 1：擬人化とメディアイクエーション

　現在，すでに，人間とインタラクションを行うことを目的に，様々な擬人化エージェントやロボットが開発されている．擬人化とは一般的に，人間以外のものを人間になぞらえて扱うことであるが，特に HAI では，「人間は多くの対象に対して社会的に反応する，つまり相手がパーソナリティをもつものとして対応する」（山田，2007）ととらえている．そして，これまでは，人間や動物などに類似した外見（appearance）をエージェントに持たせることは，人間との円滑なインタラクションを実現するために有益であると考えられてきた．しかし，実はエージェントの外見とその効果については，実証的な研究が十分に行われているわけではない．

　エージェントの外見は人間や動物を模した方がよいというナイーブな設計指針とは異なる先行研究を見てみよう．まず，ニック・イーらは，これまで様々な条件のもとで調査されてきた実験結果に対して，大規模なメタ解析を行った（Yee *et al.*, 2007）．この解析の結果，エージェントの外見を人間や動物を模して設計したとしても，その効果は限定的であることが明らかとなった．一方，エージェントの設計をシンプルにしても，「目」の機能や特徴を用いることにより，人間と豊かなコミュニケーションを行うことが可能であることが示されている（Suzuki, 2000）．また，ヒューマノイドロボットであっても，二足歩行で人間により似た身体と外見を持つロボットと，車輪移動で外見はあまり人間

に似ていないロボットとでは，ロボットに対する人間の反応時の距離や時間に差が出ることが明らかとなった（Kanda, 2005）．さらに，実験参加者がイヌを飼った経験がある場合，その経験は参加者とイヌ型キャラクターエージェントとのインタラクション（「囚人のジレンマ」ゲーム）に影響を与え，参加者はそのエージェントと協調する傾向が強いことが明らかとなった（Kiesler, 1995）．

　これらの先行研究の結果はまだ断片的なものであるが，エージェントの外見は人間や動物を模したほうがよいというナイーブな設計指針には反する結果となっている．この点については，HAIの研究領域において，今後，一般性のある設計指針を検討していく必要がある．

　一方，すでに述べた通り，人間は様々な対象を擬人化するとともに，多くの対象に対して，それらがパーソナリティを持っているかのように社会的に反応してしまう．このような現象は画像，映像，音声やコンピュータなど様々なメディアに対しても成り立つ．バイロン・リーブスとクリフォード・ナスはこれらの現象を様々な実験を通して確認し，それを「メディアの等式」（media equation）と呼んだ（Reeves & Nass, 1996）．彼らが明らかにしたことは，「人間⇄人間」に成り立つ相互作用は，「人間⇄メディア」においても自動的に成り立つ可能性が高いことを示している．その結果，人間はメディアに対して社会的にふるまい，たとえば，コンピュータに配慮して「礼儀正しく」ふるまったり，支配的な文章を使うコンピュータは支配的な性格であると感じたりしてしまう（「インタフェースの性格」）．また，「メディアの等式」では，これまでの社会学，社会心理学，エージェント，人工知能の研究とは異なる，ユニークな方法論を確立したと言える．それは，基本的に「人間と人間の社会的関係」を「人間とメディアの関係」に置き換えて，心理学実験により検証するという方法である．この方法論はHAIの研究にも適用可能な，有力な方法論である．

概念と方法2：適応ギャップと相互適応

　現在，様々な擬人化エージェントやロボットが開発されており，それらの多くが人間や動物などに類似した外見（appearance）を持つように設計されていることはすでに述べた．しかし，エージェントの人間らしい外見が，過度にその機能を高く予測させるため，実際にインタラクションを行った際に人間に失

望を与えることがある．逆に，エージェントがあまり人間らしくない外見にもかかわらず，高い機能を果たした時，人間は違和感を持つことがある．

　エージェントに対するこのような外見と機能のギャップのことを適応ギャップ（adaptation gap: AG）と呼び，HAIにおいて積極的に研究が進められている（山田，2006）．今，人間がエージェントの外見に基づいて，どのようなふるまいが可能なのかを推定したエージェントの機能のモデルを$\bar{F}$とする．これに対して，実際にエージェントに実装されている真の機能をFとすると，適応ギャップAGは，$AG=F-\bar{F}$と定義される．この適応ギャップを使うことによって，人間とロボットのインタラクションデザインについてより精緻に議論することができるようになる．

　具体的には，$AG=0$（$\bar{F}=F$）の時は適応ギャップが起こらない．なぜなら，人間のエージェントに対する推定と実際の機能が同じだからである．一方，$AG<0$（$\bar{F}>F$）の時は，人間はエージェントに過度の期待を持っていたが，それが裏切られるため，人間は落胆し，インタラクションを継続しなくなる可能性が高い．さらに，$AG>0$（$\bar{F}<F$）の時は，人間の期待以上の機能をエージェントが持っているため，人間が時間をかけて適応していくことができる．現時点においてエージェントの外見を考慮する時は，最後の場合のように，人間によってモデル化される機能が実際の機能よりも低くなるように外見を設計すべきであろう．このことは後に述べる，一種の適応ギャップである「不気味の谷」（森，1970）を回避することにもつながる．

　当然，HAIでは，エージェントも学習能力を有することを想定し，人間とエージェントが相互に他者のモデルを獲得していくという相互適応（mutual adaptation）の検討も進められている（山田，2006）．しかし，現時点においては人間とエージェントの適応能力が不均衡であり，人間のほうがはるかに早くエージェントへの適応を達成することが多い（山田，2005）．さらに，エージェントが高度な適応能力を持ったとしても，相互に適応することによって適応干渉（adaptation interference）という問題が起こる可能性がある（Meltzoff, 1995）．適応干渉とは，人間がエージェントの適切なモデルを獲得し，その機能に適応したにもかかわらず，エージェント側でも人間に適応しようとして機能や動作を変えてしまうため，両者の間に起こる齟齬のことである．

エージェントやロボットの外見や動きと，人間がその対象に対して感じる親近感との関係について，森政弘が提唱した先駆的な仮説として，「不気味の谷」（uncanny valley）がある（森，1970）．この仮説は，「ロボットに対する人間の親近感は，ロボットの外見が人間に近づくほど単調に増していくのではなく，むしろ近づけば近づくほど人間とのわずかな差異がより強調され，人間に違和感や不快感を与えてしまう」というものである．この仮説はわれわれの直観に素直に一致するとともに，映画「ファイナルファンタジー」の興行的な失敗は「不気味の谷」によるものであるという指摘もある（植田，2013）．「不気味の谷」もある種の適応ギャップととらえることもできる．

この項では，人間とエージェントの間の適応ギャップと相互適応を紹介した．これらの研究から言えることは，エージェントの外見を設計することの重要性である．人間どうしのコミュニケーションでも，相手の外見からその能力（機能）を推定することは自然に行われる．特に，両者の間に適応能力の不均衡がある人間とエージェントにおいては，エージェントの外見の適切な設計は，両者の円滑なインタラクションを実現するために，必要不可欠なことである．

概念と方法 3：「心の理論」

われわれは日常のコミュニケーションにおいて相手の発話を理解する時，相手の「心」を読もうとしている．このような能力は，社会生活を営む自律性を持った人間には不可欠のものである．たとえば，図6-1のようなA，Bという2人の人物を仮定しよう．たくさんの荷物を抱えて歩いてきたAが，不明瞭な発音ながら何かを発話し，Bに視線を向けたとする．BはAと視線を合わせると同時に，Aの発話が不明瞭であってもAの意図・願望を推測することによって発話内容を理解し，ドアを開けてあげるという行為を行う．

「心の理論」とは，他者の心を類推し，理解する能力である．「心の理論」はデイヴィッド・プレマックの引き起こした，チンパンジーなどの霊長類がこの能力を持つかどうかに関する議論に端を発し（Premack, 1978），その後，乳幼児を対象に様々な研究が行われるようになった（Baron-Cohen, 1985）．さらに，2000年代になり，大人を対象とした研究も行われるようになってきた（Bosacki, 2000）．このように，コミュニケーションにおいて「心を読む」能力の重要

性が，実験を通して認識される
ようになってきた．

　ここで，サイモン・バロン＝
コーエンが提案する「心を読む
システム（mind-reading system）」
を紹介する（Baron-Cohen, 1996）
（後掲図6-3左）．その理論モデル
では，以下の四つのモジュール
（相対的に独立に機能する心の働き）
の存在が仮定されている．

図6-1　日常的なコミュニケーションにおける
「心を読む」という行為（小野，2007）

①意図検出器（intentionality detector: ID）：それ自身で動く対象物が自分の
　ほうに向かってくるかどうか（意図を持っているかどうか）をモニタするモ
　ジュール

②視線方向検出器（eye-direction detector: EDD）：眼またはそれに類似した眼
　状紋が，自分のほうを向いているか他のものを見ているかをモニタするモ
　ジュール

③共同注意のメカニズム（shared-attention mechanism: SAM）：自己，他者，
　第三者の間に成立する関係であり，指差しによる注意の喚起や，同一の対
　象に対して同時に視線を集中することを可能にするモジュール

④心の理論のメカニズム（theory of mind mechanism: ToMM）：他者の目的・
　意図・知識・信念・思考・疑念・推測・ふり・好みなどの内容を理解する
　モジュール

　この「心の理論」は当然，人間とエージェントのインタラクションにおいて
も重要な役割を果たす．われわれは明らかに，単純な動作しかしない機械（た
とえば自動販売機）には心の存在を認めない．これは，われわれにとってこのよ
うなシステムがほぼ完全に予測可能なためであろう．しかし，ほぼ予測不可能
と思われる事象（たとえば乱数列を用いたシステムの挙動）にも心を認めないで
あろう．したがって，われわれの直観から，予測可能性と予測不可能性を併せ
持つ対象にわれわれは心を認める傾向にあると言えるのではないだろうか．

　同時に，人間どうしのコミュニケーションでは，話し手の発話意図が間違い

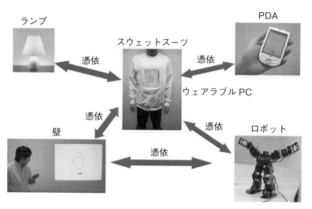

図6-2　ITACO システムのコンセプト図（小野，2007）

なく聞き手に伝わるという「コードの共有」が原理的に不可能なため（菅原，
1996），他者には自分にとって予測不可能な部分が必ず存在する．しかし，わ
れわれは社会生活を円滑に営むために，そこからコミュニケーションの重要な
機能（言語運用における柔軟性）を進化的に獲得し，コミュニケーションを可能
にしてきたと考えられる．このため，人間が「エージェント」としてとらえた
対象に対しても，その心を読もうとすることが予想される．

「心の理論」を用いた研究事例——HAI における発話理解のモデル

　ここでは，人間とエージェントのインタラクションにおける発話理解のモデ
ルに「心の理論」を適用した研究を紹介しよう（Ono, 2000；小野，2000）．
　同研究で用いた ITACO システムを紹介する．ITACO システムは，エージ
ェントが様々なメディアへ乗り移ることにより，人間の日常生活を支援するこ
とを目的として構築された．図 6-2 に示すように，ユーザーの趣味や嗜好を学
習済みのエージェント（autonomous agent）は家電や携帯端末，ロボット，部
屋の壁面などに「憑依」（agent migration）することにより，ユーザーが今い
る文脈に適した支援を行うことができる（小川，2006；小野，2017, 2019）．たと
えば，ユーザーが外出する際には，家にあるタブレット端末にいたエージェン
トはユーザーのウェアラブル PC に「憑依」し，一緒に外出する．さらに，ユ
ーザーが暗い部屋に入った場合は，それを検知し，テーブルランプに「憑依」

し，部屋をユーザーが好む明るさに調整することができる.

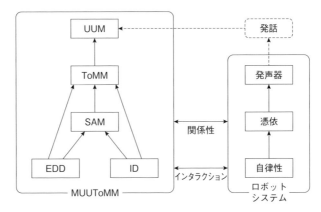

図6-3　ITACOシステムを適用した発話理解のモデルの概要 (Ono, 2000)

人間どうしが行うような自然なインタラクションを人間とエージェントの間に実現するためには，エージェントの意図や自律性をいかに人間に認識させ，IDやEDDを活性化させるか（ロボットシステムの「自律性」），および，エージェントと人間の関係をいかに構築し，SAMを成立させるか（ロボットシステムの「憑依」）が重要となる（図6-3右側）．これらが活性化および成立した後に，エージェントの発話が人間に理解可能となる（ロボットシステムからの「発話」をUUMで解釈）のではないだろうか.

図6-3に示した発話理解のモデルを検証するため，人間とエージェントのインタラクション実験を行った（Ono, 2000；小野，2000）．この実験では，ロボットが唐突に参加者にある依頼をした場合，ロボットの依頼が参加者に伝わるかどうかを調べた．この実験では，まず，参加者に携帯端末上のエージェントとインタラクションを行ってもらい，エージェントに十分に慣れ親しんでもらった．その後，ロボットが参加者に近づいた時，携帯端末上のエージェントはロボットに備えつけられたディスプレイへ移動（憑依）する．つまり，最初は参加者にとってロボットは「関係のない」メディアであったが，自分が慣れ親しんだエージェントがロボットへ移動することにより，参加者とロボットの間に何らかの「関係」が構築されると考えられる.

実験では二つの条件を設定した．実験条件ではエージェントが携帯端末からロボットへ移動するように設定したが，統制条件ではエージェントは移動せず，携帯端末上のディスプレイにとどまるように設定した．図6-4に実験環境を示

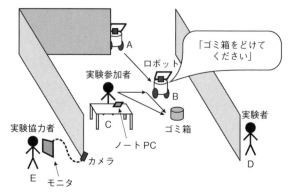

図6-4 発話理解のモデルを検証するための実験環境（小野, 2007）

す．参加者はCにおり，ロボットの存在をあらかじめ教えられていない．ロボットはAからBへ移動した後，合成音声で参加者へ依頼を行う．依頼内容は「ゴミ箱をどけてください」というものであった．この合成音声は，意図的に音声の質の悪い，聞き取りづらいものを用いた．

　実験結果は，大変興味深いものであった．まず実験条件（エージェントがロボットへ移動した条件）では，ほとんどの参加者がロボットの依頼に従い，ロボットの進行方向にあったゴミ箱をどけた（図6-5左）．これに対して，統制条件ではほぼ全員の参加者がゴミ箱をどけなかった（図6-5右）．さらに興味深い点は，実験後のインタビュー調査の結果，統制条件の参加者は10人中3人しかロボットの発話内容を理解していなかったことである．また，実験後，参加者が回答した質問紙の結果を分析したところ，実験条件の参加者はエージェントが移動したロボットに対して「信頼感」を持っていたことが明らかとなったが，統制条件ではこの傾向が見られなかった．言い換えると，実験の結果，エージェントがロボットへ「憑依」することにより，参加者とロボットの間に信頼感を伴う「関係」が構築されたと考えられる．さらに，この「関係」が参加者の能動的な発話理解の機構を活性化させ，ロボットの意図を積極的に読み取り，不明瞭な合成音声であっても発話の理解を促したと考えられる．つまり，ITACOシステムにおけるエージェントのロボットへの「憑依」は人間の認知プロセスに影響を与え，発話理解を促進したと考えられる．

図6-5　ロボットの発話を理解できた実験条件の参加者（左）と理解できなかった統制条件の参加者（右）（小野，2007）

環境知能システムへの応用

　前項で述べた ITACO システムでは，エージェントは携帯端末上からロボットへと「憑依」し，実験参加者の発話理解に影響を与えることが確認された．第2節で述べた通り，人間が「エージェント」と見なすものはロボットや擬人化エージェントに限らず，生物性を知覚させる，もしくは人間に志向姿勢を取らせる人工物はそれに該当する．

　われわれは，エージェントが「部屋」に憑依することを可能にしたプロトタイプシステム ITACO on the Room を実装した（小野，2020）．このシステムでは，前項の ITACO システムと同様に，ユーザーはまずディスプレイ上のエージェントとインタラクションを行う．その後，ユーザーが別の作業を行っている際は，エージェントは「部屋」へ憑依し，バックグラウンドからユーザーの作業を見守る．しかし，ユーザーとエージェントの間に「呼吸リズムの引き込み」に基づくインタラクションがそのまま継続されるため，「ユーザーとエージェント」の関係性は，「ユーザーと部屋」の関係性へと継承されていく．このため，ユーザーは自分の趣味や嗜好を理解したエージェントに「包まれている」という感覚を味わうことが予想される．今，別の作業を行っていたユーザーに，遠隔地から緊急性の高い情報が送られてきたとする．ユーザーの個人的な性格特性や趣味・嗜好を理解しているエージェントは，情報の重要性を理解し，その情報をすぐにユーザーに伝えるべきだと判断し，呼吸リズムを表現していた LED の明滅速度を早めることにより，バックグラウンドからユーザーにアンビエントな（ambient）情報を用いて気づきを与えようと試みる．

以上のように，人間を取り巻く環境全体を知的にして，人間をサポートするものを「環境知能」（ambient intelligence）と呼んでいる（de Ruyter, 2004）．つまり環境知能とは，生活や仕事の環境の中に，人間の活動に適応していく機能を持たせようとする情報技術である．実際の環境では，周囲の人，モノ，出来事などをセンシングし，収集した情報をもとにユーザーに的確な情報を提示したり，ロボットを用いて物理的な支援を行ったりする．言うまでもなく，人間の本来の活動を邪魔せず支援するのが環境知能であり，近年の IoT や機械学習の技術的な進展により，このコンセプトが実装および実用可能となってきた．

　環境知能を広くとらえ，人間と空間とのインタラクションであると考えると，SF 映画やユビキタスコンピューティング（Weiser, 1991）の研究においてその具体的な事例を見ることができる．特に，スタンリー・キューブリック監督による映画化で話題となった『2001 年宇宙の旅』に登場する HAL9000 はその最も有名な事例であろう（Kubrick, 1968）．映画では HAL9000 は宇宙船全体をくまなく監視し，乗組員の作業を陰から支援していたが，船長との意見の食い違いから「反乱」を起こしたため，船長により思考部を停止させられてしまう．この HAL と船長とのいさかいには，HAI 研究において今後検討すべき，様々な意味合いが含意されている．

　一方，工学的に実装された環境知能の事例としては，美濃導彦が構想し実装を主導した「ゆかり」プロジェクトにおけるシステムを挙げることができるだろう（美濃, 2007）．「ゆかり」プロジェクトでは，家全体を「家族を見守り必要なときにはさりげなく支援を行う『母親』のような存在」ととらえている．室内に置かれた家電製品はネットワークに接続され，「母親」である部屋がその状況を監視する．万が一，何らかのトラブルがあった時は，「母親」が常に見ているため，生活者は安心して生活をすることができる．

　ここで，環境知能の特徴的な性質に注目しよう．それは，環境知能の「感情や精神」状態を表現するアイコンであったり，人間がインタラクションを行う際の対象であったり，ユーザーと部屋の「関係性」を表現する手順であったりする．具体的には，HAL9000 はその「感情や精神」状態を赤いカメラ・アイで象徴的に表現し（図6-6左），「ゆかり」プロジェクトではインタフェースロボットを介して「母親」とインタラクションを行う（図6-6右）．さらに，

図6-6　『2001年宇宙の旅』に登場するHAL9000のカメラ・アイ（左）（Kubrick, 1968）と「ゆかり」プロジェクトのインタフェースロボットPhyno（右）（美濃, 2007）

ITACO on the Room では，エージェントの「憑依」により「ユーザーとエージェント」の関係性を「ユーザーと部屋」の関係性へと継承させている．つまり，人間が環境知能システムとインタラクションを行う際に共通して言えることは，そのインタラクションが何に向けられたものなのか（「志向性」）を表現する手法が，システムに取り入れられているのである．それらはシステムの内部状態を表現する「象徴（symbol）」や「メタファー（metaphor）」として用いられているが，さらに人間とのインタフェースの役割も果たし，環境知能の「表情」をインタラクティブに表すためにも用いられている．そして，この「インタラクションの志向性」はHAI研究において重要な役割を果たしているのである．

　本章では，第2節において，人間は何をエージェントとしてとらえるのかについて議論し，そこでは人間の「志向姿勢」が重要な役割を果たすことを指摘した．また，前項で説明したITACOシステムでは，エージェントのロボットへの移動（「憑依」）が人間の発話理解に影響を与えることを示した．そして，本項で述べた人間とインタラクションを行う環境知能システムにおいても，そのインタラクションが何に向けられたものなのか（「志向性」）を表現する手法がシステムに取り入れられていることを示した．インタラクションが何に向けられたものなのかを問うことは，そこで生み出される「意味」を考える上でも避けては通れない問題なのである．次節の認知科学の展望において，この「インタラクションの志向性」を取り上げ，HAIが与える新たな視点，および認

知科学への貢献について議論したい.

4 次世代の認知科学へ向けて——HAIからの視点と貢献

本節では，認知科学の研究の将来を展望するために，その歴史を三つの世代に分けて振り返ってみる．特に，鈴木宏昭の議論（鈴木，2020および本シリーズ第4巻第2章）に沿ったかたちでこれら三つの世代を概観する．その後，HAI研究の視点から認知科学へどのような貢献ができるかについて，「インタラクションの志向性」に注目して考えてみたい.

第一世代の認知科学——記号主義的認知科学

まず認知科学の第一世代は，記号主義的認知科学の時代と呼ぶことができるだろう．つまりここでは，世界は対象とその属性として記号によって記述され，さらにそれらは対象間の関係として相互参照される．推論や探索に関する研究に基づく，いわゆる「第一次人工知能（AI）ブーム」（1950年代後半〜1960年代）や，知識表現の研究に基づく「第二次AIブーム」（1980年代）はこの記号主義的パラダイムを基礎としている.

このパラダイムにおける研究事例としては，マーヴィン・ミンスキーが提唱した知識表現方式であるフレーム理論を思い浮かべるとよいだろう（Minsky, 1975）．フレーム理論では，人間の既存の知識をフレームのかたちにまとめておき，それを用いて認識や推論を行う．この理論をコンピュータ上に実装するためのフレーム記述言語では，フレーム（概念のプロトタイプ）とその属性を表すスロットを用いる．さらに，フレームどうしは互いにポインタで参照し合い，フレームネットワークを構成している．この年代では，その他の知識表現形式として，意味ネットワーク（Collins & Quillian, 1969）やスクリプト（Schank & Abelson, 1977）などが提案されたが，これらはどれも記号主義的パラダイムに基づくものである.

このアプローチの最大の問題は，「意味」の問題を扱えないということである（Harnad, 1990; Searle, 1984）．つまり，このアプローチに従って一度記号化されてしまえば，その後は統語的な処理，言い換えると記号の置き換え規則に

よって処理が進められる．そこでは記号の意味論は全く考慮されない．前述の意味ネットワーク（semantic network）における「意味」はまさしく記号と記号間の関係，および置き換え規則によって成り立っているものであり，人間が理解する「意味」とは異なる．このため，人間の認知のモデルとしては不適切であると指摘されている（Steels, 2008）．

　それでは，人間は「意味」をどのように獲得し，それを理解しているのだろうか．人間の認知過程は，身体，それに基づく行為，それが実行される環境とが複雑な相互作用を行っていることが明らかとなってきた（Clark, 1999）．同時に，感覚独立な記号の所在が脳科学的にも確認されていないという問題もある（Barsalou, 1999）．つまり，人間の認知過程は，身体および感覚器官，環境が深くかかわり，それらの相互作用により成り立っていることが明らかとなってきたのである．

第二世代の認知科学——身体性認知科学

　これらの問題点を克服するために，身体性認知科学（embodied cognitive science）という研究の潮流が，1990 年あたりから現れる（Varela, 1991; Pfeifer, 1999）．これを認知科学の第二世代と呼ぶことができるだろう．身体性認知科学は，単なる効果器として扱われてきた身体，その身体への入力情報源または行為の発現場所とのみ見なされてきた環境が，認知過程の中で重要な働きをしていることを明らかにした（Varela, 1991）．このような研究の展開は，認知がより柔軟性に富み，ダイナミックなメカニズムを有することを明らかにし，さらに記号と身体が関連を持ったことで記号の接地（grounding）の問題を解決する糸口にもなると考えられる．

　たしかに，第二世代の身体性認知科学は認知と身体を関連づけ，豊かな体感を表現可能とした．しかし，この枠組みの中でも，やはり表象は主体の中に閉じたままであり，世界とのつながり，実在との結びつきは未だ不問のままであった（鈴木, 2020）．たとえば，机に置かれた新鮮なリンゴは，視覚情報，嗅覚情報を提供し，それに基づいて他の様々な感覚を呼び起こすが，それらは脳内の感覚諸領野に形成されるという意味で，内部表象であることに変わりはない．しかし，われわれは「美味しそうなリンゴが机の上にある」という認識を生み

出す．つまり，脳内の表象として認識するのではなく，外界の事物にその「意味」を付与する．鈴木（2020）は，こうした認識が成立するためには，「プロジェクション」という仕組みが必要であると主張する．プロジェクションとは内的に生成された感覚や表象を，世界に位置づける仕組みである．詳細は鈴木（2020）の著作に委ねるが，このプロジェクションの働きによって，人間は固有の意味を作り出し，それを世界の中に知覚することが可能になると考えられる．しかしながら，第二世代の身体性認知科学の枠組みでは，この人間が作り出す豊かな意味世界をうまく説明することができない．それでは，次世代である第三世代の認知科学は，どのような視点からとらえていけばよいのだろうか．

次世代の認知科学へ──HAIからの視点と貢献

鈴木（2020）が提唱する，ポスト身体性認知科学であり，かつ第三世代の認知科学としてのプロジェクション・サイエンスは，大変魅力的な理論的枠組みである．そこでは，人間が作り出す豊かな意味を世界に投射（プロジェクション）し，意味的世界と相互作用することを可能にし，人間固有の知性の姿を明らかにしようとしている．次世代の認知科学では，このような展望に基づく研究目標や研究対象が措定されるべきであろう．

プロジェクション・サイエンスは今後，人間固有の知性の姿を明らかにするという最終的な目標へ向けて，段階的かつ実証的に研究を進めていく必要があるだろう．本項では，この研究をさらに進め，関連するテーマについて議論する場を，HAI研究が提供できることを示したい．

まず，HAI研究の特徴は，「人間とエージェントのインタラクションをいかにデザインするかを問う研究領域」であるという点にある（第1節，第3節）．つまり，実際に人工物を構築し，それを用いた人間とのインタラクションを通して，人間およびエージェントシステムについて考察していくというアプローチをとる．このため，プロジェクション・サイエンスの研究を段階的かつ実証的に進めていくための場を提供できるだろう．

さらに重要なのは，HAI研究の二つ目の特徴が，「人間は何をエージェントとしてとらえるのかを問う研究領域」であるという点である（第1節，第2節）．人間は外界とインタラクションを行う自律システム，もしくは，自律システム

と人間によって見なされるシステムをエージェントととらえる傾向にある．つまり，ヒューマノイドロボットや擬人化エージェントだけでなく，現実には存在しない空想上の友達やサードマン現象により生じるもの，さらに抽象的な概念や「部屋」「乗り物」までもが「エージェント」と見なされることがある（第1節，第3節）．このエージェントに対する認識には，人間が対象に対してとるトップダウンな見方としての志向姿勢（第2節），および，対象が自己推進性と目的指向性を有する場合に人間が知覚するボトムアップな生物性知覚（第2節）がかかわっていると考えられる．しかし，このボトムアップな生物性知覚は，現実に存在しない対象には適用することができない．このようなエージェントとのインタラクションにおいて，われわれは何に注目すればよいのだろうか．

　われわれは1990年代より，「環境知能」の研究を進めてきた（Ono, 1999；小野, 2019, 2020）．環境知能とは，人間を取り巻く環境全体を知的にして，人間をサポートするものである．その際に最も考慮したのが，「人間はどのように環境知能とインタラクションを行うのが適切か」という点である．さらに言えば，人間はそのインタラクションが何に向けられたものなのか（「志向性」）が明確でなければ，円滑なインタラクションを実現することができなかった．インタラクションの対象が現実に存在しない場合は，人間はその対象を仮想的に作り出してでもインタラクションを実現しようとする．このメカニズムを脳科学的に明らかにしようという試みがあり，側頭頭頂接合部（temporo-parietal junction：TPJ）のかかわりが重要であるとの報告もあるが（Arzy, 2006），現時点において合理的かつ明確な脳科学的説明はなされていない．

「インタラクションの志向性」が目指すもの

　前項で述べた通り，AIやIoT技術の進展により，人間を様々な側面から支援する環境知能システムの重要性が増している．また，認知科学の理論，特に環境とのインタラクションを重視する研究テーマに対して，環境知能システムはその理論を検証する場を提供する．そして，人間と環境の関係を考える際に，「インタラクションの志向性」が重要な課題となってくる．

　本章では，環境知能システムにおける「インタラクションの志向性」の事例として，『2001年宇宙の旅』におけるHAL9000のカメラ・アイや，「ゆかり」

プロジェクトのインタフェースロボットを取り上げた（第3節）．これらのデバイスが人間と環境知能のインタラクションにおいて，人間に「志向性」を与えるものとなり，無限定で曖昧模糊とした「環境」とのインタラクションを可能にもしている．

　ここでは，「インタラクションの志向性」をより詳細に見ていこう．すでに述べたように，人間はそのインタラクションが何に向けられたものなのか（「志向性」）を明確にできなければ，円滑なインタラクションを実現することができない．さらに，インタラクションの対象が現実的に存在しない場合は，その対象を仮想的にでも作り出してインタラクションを実現しようとする．特に，HAIにおけるインタラクションにおいては，人間がその対象（エージェント）に対して「志向姿勢」をとるかどうかが重要なポイントとなる（第2節）．

　それでは，「インタラクションの志向性」に注目して，以下では人間とエージェントの間で円滑なインタラクションが成立する場合（A）と，それが成立しない場合（B）に分けてその特徴を具体的に明らかにしてみよう．

　A：円滑なインタラクションが成立←人間が志向姿勢をとる，かつ，インタ
　　ラクションの対象がある

　①人間は対象（エージェント）に対して志向姿勢をとる（トップダウンなアプロ
　　ーチ）

　②人間は環境や文脈から志向姿勢をとることを促され，インタラクションの
　　対象を見出す（ボトムアップなアプローチ）

　B：円滑なインタラクションが不成立←人間が志向姿勢をとらない，もしく
　　は，インタラクションの対象がない

　①人間は対象（エージェント）に対して志向姿勢をとらない（トップダウンな
　　アプローチ）

　②人間は環境や文脈から志向姿勢をとることを促されず，インタラクション
　　の対象を見出そうともしない（ボトムアップなアプローチ）

　以下では，A，Bについて具体的に説明しよう．A①の場合は，擬人化エージェントを想定するとよいだろう（第2節）．つまり，それは人間を模した外見をすでに持っており，生物性や目的指向性を有しているように見えるため，人間はトップダウンな視点から志向姿勢をとり，それと円滑なインタラクション

を行うことができる.

　次に，Ａ②には，すでに述べたイマジナリーコンパニオンやサードマン現象などの事例が含まれる.　たとえば，サードマン現象では，危機的な状況に置かれた人間は，そこで何者かの存在を感じ，その声に導かれることにより生還を果たすと言われている（Geiger, 2009）.　実際に，雪山での遭難時や，アメリカの同時多発テロの際に，生還者からこのような報告がなされている.　この現象が起こるメカニズムとしては，「自分の体に対する認識が体外の空間へ拡張したもの」ではないかと考えられている.　つまり，「空想上の友だち」とも言われるイマジナリーコンパニオンを含め，その環境や文脈から志向姿勢をとることをボトムアップに促された人々は，インタラクションの対象を自ら創り出し，もしくは探し出していると考えられる.

　一方，Ｂ①の事例としては，映画「ファイナルファンタジー」を思い浮かべるとよいだろう.　この映画の興行的な失敗は，しばしば「不気味の谷」（森，1970）によるものであると指摘されている（植田，2013）（第3節）.　つまり，映画に登場するキャラクタ（エージェント）の外見が人間に酷似しているため，ほんの少しの表情や動きの不自然さが視聴者に強い違和感を生じさせてしまったと考えられる.　このことが，視聴者がキャラクターに対してトップダウンな視点から志向姿勢をとり続けることを難しくしてしまったのだろう.

　さらに，Ｂ②の事例としては，第3節で述べた，ITACO システムを用いた実験の統制条件におけるインタラクションが該当するだろう.　つまり，この統制条件では，エージェントがロボットへ移動（「憑依」）しないため，実験前に構築された参加者とエージェントの関係が，参加者とロボットの関係へと継承されない.　このため，突然登場したロボットの合成音声による発話が参加者に理解されなかったと考えられる.　つまり，インタラクションの「文脈」が途切れてしまったため，参加者は「部外者」としてのロボットに対して志向姿勢をとることを環境や文脈から促されず，そのロボットをインタラクションの対象とも見なさなかったと考えられる.　われわれが経験するように，突然，街角でロボットに話しかけられて驚いたり，情報機器から急に音声が出てきて戸惑ったりするのも，その環境や文脈において，人間がそれらをインタラクションの対象と見なさず，また志向姿勢をとるきっかけもないことによるものだろう.

前項で述べたプロジェクション・サイエンスにおいても，フェティシズムのような心理現象を投射の一形態として議論している（鈴木, 2020）．フェティシズムは主にモノ（商品），性，宗教（神）の三つの分野に顕著に現れるとされる．モノへの愛着は，長年使ってきた道具などに対して起こり，性への執着は，愛する異性に対して持つ表象がその人が身につけるモノへ投射されることにより起こるものと考えられる．これらは，人間が抽象的な概念とインタラクションを行う際の，ある種の「象徴」と見なすこともできるが，本項で議論している「インタラクションの志向性」とは異なるものであろう．「インタラクションの志向性」では，人間に志向姿勢をとらせるために自律性もしくはインタラクティブ性が不可欠であるが，フェティシズムの多くのモノにはそれが必須の要件として含まれていない．

　つまり，「インタラクションの志向性」には，本章で議論してきた，HAI 研究が対象とする多くの要因がかかわってくる．それらは，自律性，志向姿勢，擬人化とメディアイクエーション，適応ギャップと相互適応，「心の理論」などである．そして，HAI 研究ではこれらの要因に関して，段階的かつ実証的に研究を行っている．このアプローチは，プロジェクション・サイエンスで提案されている「投射」のメカニズム，および環境におけるその「意味」を考察していくために有効であると考えている．すなわち，人間，エージェント，環境の相互作用について考えること，つまり環境知能システムについて考察することは，工学的および認知科学的に重要であり，特に次世代の認知科学の理論を検証するための有用な場を提供するだろう．

5　おわりに

　本章では，ヒューマンエージェントインタラクション（HAI）とはどのような研究領域であり，どのような研究が行われているかを紹介してきた．具体的には，まず HAI が目指すべき研究の目的，研究のアプローチの手法，エージェントの定義，インタラクションデザインの分類について説明し（第 2 節），その後，具体的な研究テーマとして，擬人化とメディアイクエーション，適応ギャップと相互適応，「心の理論」およびそれを適用した発話理解のモデルにつ

いて説明した（第 3 節）.

　ここで重要となるのが，HAI 研究には二つの特徴があることである．それはまず「人間とエージェントのインタラクションをいかにデザインするかを問う研究領域」であるという点（第 1 節，第 3 節）と，「人間は何をエージェントとしてとらえるのかを問う研究領域」であるという点である（第 1 節，第 2 節）．特に，認知科学と関連するのは，後者の特徴であり，本章では「インタラクションの志向性」という概念に注目し，いくつかの研究事例を参照しながら，HAI および認知科学の研究におけるその重要性を指摘した（第 4 節）．「インタラクションの志向性」は人間の認知の特性を明らかにするとともに，人間，エージェント，環境の相互作用について考察する際に重要な概念となるであろう．また，前者の特徴は，認知科学の理論，特に環境とのインタラクションを重視する研究テーマに対して，その理論を検証する場を提供するという意味において有意義であろう.

　つまり，HAI の研究は，認知科学の研究に新たな視点を与え，さらにその研究を段階的かつ実証的に進めていくための場を提供することができるだろう.

引用文献

Arzy, S., Seeck, M., Ortigue, S., Spinelli, L., & Blanke, O. (2006). Induction of an illusory shadow person. *Nature*, *443*, 287.

Baron-Cohen, S. (1996). *Mindblindness*, MIT Press.

Baron-Cohen, S., Leslie A. M., & Frith, U. (1985). Does the autistic child have a "theory of mind"? *Cognition*, *21(1)*, 37–46.

Barsalou, L. W. (1999). Perceptual symbol system. *Behavioral and Brain Sciences*, *22*, 577–660.

Bosacki, S. L. (2000). Theory of mind and self-concept in preadolescents: Links with gender and language. *Journal of Educational Psychology*, *92(4)*, 709–717.

Clark, A. (1999). *Being there: Putting brain, body, and world together again*. MIT Press.

Collins, A. M., & Quillian, M. R. (1969). Retrieval time from semantic memory. *Journal of Verbal Learning and Verbal Behavior*, *8(2)*, 240–247.

de Ruyter, B., & Aarts, E. (2004). Ambient intelligence: Visualizing the future. *Proceedings of the working conference on Advanced Visual Interfaces (AVI 2004)*, pp.203–208.

Dennett, D. C. (1987). *The intentional stance*. MIT Press.（若島正・河田学（訳）(1996).「志向姿勢」の哲学——人は人の行動を読めるのか?　白揚社）

藤永保（監修）（2013）．最新 心理学辞典　平凡社

Geiger, J.（2009）. *The third man factor: Surviving the impossible*. Weinstein Books.（伊豆原弓（訳）（2014）．サードマン――奇跡の生還へ導く人　新潮社）

Harnad, S.（1990）. The symbol grounding problem. *Physica D: Nonlinear Phenomena*, *42*, 335–346.

Heider, F., & Simmel, M.（1944）. An experimental study in apparent behavior. *The American Journal of Psychology*, *57*, 243–259.

Kanda, T., Miyashita, T., Osada, T., Haikawa, Y., & Ishiguro, H.（2005）. Analysis of humanoid appearances in human-robot interaction. *IEEE/RSJ International Conference on Intelligent Robots and Systems*（*IROS 2005*）, pp.62–69.

Kiesler, S., Sproull, L., & Waters, K.（1995）. A prisoner's dilemma experiment on cooperation with people and human-like computers. *Journal of Personality and Social Psychology*, *79*(*1*), 47–65.

Kubrick, S.（1968）. *2001: A space odyssey*.

松尾豊（編著）（2016）．人工知能とは　近代科学社

Meltzoff, A. N.（1995）. Understanding the intensions of others: Reenactment of intended acts by 18-month-old children. *Developmental Psychology*, *31*(*5*), 838–850.

美濃導彦（2007）．ゆかりプロジェクトの概要　情報通信研究機構季報, *53*(*3*), 127–133.

Minsky, M.（1975）. Minsky's frame system theory. *Proceedings of the 1975 workshop on Theoretical issues in natural language processing*（*TINLAP 75*）, pp.104–116.

森政弘（1970）．不気味の谷　*Energy*, *7*(*4*), 33–35.

Moriguchi, Y., & Shinohara, I.（2012）. My neighbor: Children's perception of agency in interaction with an imaginary agent. *PLOS ONE*, *7*(*9*), e44463.

小川浩平・小野哲雄（2006）．ITACO――メディア間を移動可能なエージェントによる遍在知の実現　ヒューマンインタフェース学会論文誌, *8*(*3*), 373–380.

小野哲雄（2017）．エージェントの憑依　人工知能学会（編），人工知能学大事典（pp.879–882）　共立出版

小野哲雄（2019）．空気を読むロボット――コミュニケーション空間の賢い利用；ナッジエージェント――人々を幸福へと導くささやかな仕組み；ITACOエージェント――家電に"憑依"するエージェント；プラクティカル・マジック――理由が付けば安心　山田誠二・小野哲雄（著），マインドインタラクション（2.5; 2.7; 2.9; 2.10 節）　近代科学社

小野哲雄（2020）．プロジェクション・サイエンスがHAI研究に理論的基盤を与える可能性　鈴木宏昭（編著），プロジェクション・サイエンス――心と身体を世界につなぐ第三世代の認知科学（pp.114–138）　近代科学社

小野哲雄・今井倫太・江谷為之・中津良平（2000）．ヒューマンロボットインタラクションにおける関係性の創出　情報処理学会論文誌, *41*(*1*), 158–166.

Ono, T., Imai, M., & Etani, T.（1999）. Sociality of robots in symbiotic relations with humans. *Proceedings of the Fourth International Symposium on Artificial Life and Robotics*（*AROB 4th '99*）, pp.16–19.

Ono, T., Imai, M., & Nakatsu, R.（2000）. Reading a robot's mind: A model of utterance understanding based on the theory of mind mechanism. *Proceedings of the Seven-*

teenth National Conference on Artificial Intelligence（*AAAI-2000*），pp.142-148.

小野哲雄・小川浩平（2007）．「憑依」するエージェント──ITACOプロジェクトの展開　山田誠二（編著），人とロボットの〈間〉をデザインする（pp.69-87）　東京電機大学出版局

Pfeifer, R., & Scheier, C.（1999）. *Understanding intelligence.* MIT Press.（石黒章夫・小林宏・細田耕（監訳）（2001）．知の創成──身体性認知科学への招待　共立出版）

Premack, D. G., & Woodruff, G.（1978）. Does the chimpanzee have a theory of mind? *Behavioral and Brain Sciences, 1*(4), 515-526.

Reeves, B., & Nass, C.（1996）. *The media equation.* CSLI Publications.（細馬宏通（訳）（2001）．人はなぜコンピューターを人間として扱うか──「メディアの等式」の心理学　翔泳社）

Schank, R. C., & Abelson, R. P.（1977）. *Scripts, plans, goals and understanding: An inquiry into human knowledge structures*（Chap.1-3）. Erlbaum.

Searle, J. R.（1984）. *Minds, brains, and science.* BBC.（土屋俊（訳）（1993）．心・脳・科学　岩波書店）

Steels, L.（2008）. The symbol grounding problem has been solved, so what's next? In M. de Vega, A. Glenberg, & A. Graesser（Eds.）, *Symbols and embodiment: Debates on meaning and cognition*（pp.223-244）. Oxford University Press.

菅原和孝・野村雅一（編）（1996）．叢書・身体と文化2　コミュニケーションとしての身体　大修館書店

鈴木宏昭（2020）．プロジェクション・サイエンスの目指すもの　鈴木宏昭（編著），プロジェクション・サイエンス──心と身体を世界につなぐ第三世代の認知科学（pp.1-38）　近代科学社

Suzuki, N., Takeuchi, Y., Ishii, K., & Okada, M.（2000）. Talking eye: Autonomous creatures for augmented chatting. *Robotics and Autonomous Systems, 31*(3), 171-184.

寺田和憲・伊藤昭（2010）．志向姿勢再考──ロボットと人間の違いはどこにあるのか？　2010年度人工知能学会全国大会（第24回），2J1-OS6-6.

植田一博（2013）．アニマシー知覚──人工物から感じられる生物らしさ　日本ロボット学会誌, *31*(9), 833-835.

ユクスキュル, J. v., クリサート, G.　日高敏隆・羽田節子（訳）（2005）．生物から見た世界　岩波書店

Varela, F., Thompson, E., & Rosch, E.（1991）. *The embodied mind: Cognitive science and human experience.* MIT Press.（田中靖夫（訳）（2001）．身体化された心──仏教思想からのエナクティブアプローチ　工作舎）

Weiser, M.（1991）. The computer for the twenty-first century. *Scientific American, 265*, 94-104.

山田誠二（編著）（2007）．人とロボットの〈間〉をデザインする　東京電機大学出版局

山田誠二・山口智浩（2005）．人間と擬人化エージェントによるマインドマッピングの相互適応　日本知能情報ファジイ学会誌, *17*(3), 289-297.

山田誠二・角所考・小松孝徳（2006）．人間とエージェントの相互適応と適応ギャップ　人工知能学会誌, *21*(6), 648-653.

Yee, N., Bailenson, J. N., & Rickertsen, K. (2007). A meta-analysis of the impact of the inclusion and realism of human-like faces on user experiences in interfaces. *Proceedings of CHI 2007*, pp.1–10.

第7章 科学・身体・他者
——哲学的観点から見た関係性の認知科学の可能性

長滝祥司

　のちに認知科学の一分野となる心理学が哲学と袂を分かった時，心を探究する場所が，哲学者の意識の内奥から実験室へと移された．実験室に招かれた参加者[1] は，自分の心の内部について正確に報告することを要求され，その内部を映し出す研ぎ澄まされた鏡となった．日常の人間とは異なる，訓練された実験参加者が心理学の対象となったのである．

　それでも，「私」を主語とする主観的報告は，科学の名に値する客観性を欠いていると批判される．そのため，心理学者の中に，観察可能な行動こそ，心に代わる科学の対象であると宣言する者が出てきた．心の科学は行動科学だという考えが人口に膾炙する．ところが，この行動主義は短命であった．行動は，心を探究するにはあまりにも貧弱な情報しか持っていないと見なされたからである．ノーム・チョムスキーがバラス・スキナーの『言語行動』を評して，「現実の行動と実験室での行動の説明に使われている用語は同音異義語に過ぎないかもしれない」(Chomsky, 1959, p.30) と述べたことは有名である．これは，現実の心と実験室の心にも当てはまることだろう．

　やがて，心の科学はコンピュータというツールを手に入れて，認知科学へと発展し，心理学の一部はここに統合される．脳を観察する先端的な技術も，認知科学の大きな武器となった．統計学も欠かせないアイテムである．認知科学はこれらによって，自然科学の一分野になる資格を得たかに思えた．研究対象である心を正確に映し出す鏡が開発され，それを処理する手法が確立されてい

---

1)　かつては，「被験者」という語が使われていたが，現在では「参加者」が一般的である．歴史的な事柄について書く際は前者を用いるべきであるが，全体の統一に配慮して後者を使うこととする．

ったからである.

　ところが，20世紀の終わり頃，認知科学が身体や文化，社会といった人々の関係性にかかわるものへと触手を伸ばし始めると，状況は変化する．客観性や再現可能性が疑われる研究が現れ，科学としての質が不安定になるのではないか，という危惧も出てきた．ここにあるのは，認知科学の「ハードプロブレム」である.

　本章では，主として，このハードプロブレムに挑む認知科学に焦点を当てる．そのために，いくつかのステップを踏むこととしたい．①自然科学の源流である哲学的な知の理念について検討し，認知科学の営みをその文脈の中に位置づける．その際，技術と科学の融合としての「テクノサイエンス」の概念を参照する．そして，②真理や客観性概念の変遷をたどりながら，近代以降の自然科学の継承者としての認知科学と，③文化や社会，他者といった新たな対象を探究する認知科学とを対比し，④後者の認知科学の持つ意味を明らかにするために身体概念について考察する．その際，新たな対象を扱う認知科学の領域において，身体（性）という語がどのように使用されているかを手がかりに検討を加える．最後に，⑤特に他者概念に焦点を当てて，ハードプロブレムに挑む認知科学のテーマの一つである道徳的行為者としてのロボットについて論じる．以上を通じて，認知科学の持つ射程と制約に幾ばくかの光を当てたい.

1　テオーリア・テクノサイエンス・世界像

テオーリアと科学

　人間の知的営みをとらえた概念として，テオーリア（θεωρία），プラークシス（πρᾶξις），ポイエーシス（ποίησις）という三つの言葉がある（アリストテレス，1971, pp.218, 222）．第一のものは理論の語源であり，「観照」という訳語が当てられている．第二は実践で，第三は制作（製作）という意味である．やや敷衍すれば，純粋な思考ないし理論，学問としてのテオーリアと，人間社会における実践あるいは行為（的思考）という意味のプラークシス，自然環境あるいは自然の事物を相手とした製作（的思考）という意味のポイエーシスである．古代ギリシャの哲学者たちは，テオーリアとプラークシスおよびポイエーシスを

対比し，前者を上位に位置づけた．そして，製作（ポイエーシス）は，行為的ないし実践的思考であるプラークシスに導かれるものとされた．

　テオーリアに含意されるのは，対象を様々な文脈——マルティン・ハイデッガー的な言い回しをするなら，指示連関とか目的連関——から切り離して，それだけを純粋に探究する態度である．こうした態度によって，テオーリアの知では対象の価値やそれをめぐる実践的な側面も捨象される．たとえば，時間を心理学的に研究する時に，参加者が暗い実験室で光の点滅だけに意識を集中するといったことも，さしあたりテオーリア的な知の探究に含めていいだろう．なぜならそれは，現実生活の文脈から切り離された時間感覚について研究しているからである．

　古代ギリシャから現代の自然科学やその流れを汲む認知科学に至るまで，知に携わる人々の基本的姿勢はテオーリアである．それは，対象から距離をとって観察したり，考察したり，といった言わば「静観する」（Merleau-Ponty, 1960, p.192　竹内訳, 1969, p.252）傍観者の態度である．遂行されてきたのは事物認識であり，理論的な営みである．観照という訳語には，対象をくまなく照らし，詳細に客観的に観察し，その細部までもとらえようとする知の姿勢が表れている．

　近代に始まる自然科学がそれ自体善でも悪でもなく，価値中立的であるとする見解は，こうした古代ギリシャ哲学の伝統に根ざしている．やがて，ルネ・デカルトやフランシス・ベーコン以降，テオーリア的な知である理論（自然科学）と製作的な知である技術とが結びつくようになる．純粋理論の技術的応用である．テオーリアとプラークシス，ポイエーシスがそれぞれ区別して考えられた頃と異なり，現代のように三者が分かちがたく結びついている時代においては，知識の価値中立性というのは幻想でしかない．特に有用性が推奨される現代の科学研究において，テオーリアの知は，哲学者の意識の中で探究された頃とは異なる様相を帯びるようになっている．

理論と技術

　現代では，科学の理論的探究にとって技術は欠かせないものになっている．たとえば，多くの科学研究はコンピュータ・シミュレーションなしには成り立

たない. 認知科学の発展も, 脳内状態を初め, 様々な身体状態をとらえる計測機械やコンピュータやロボットなど, 多くの技術によって支えられてきた. つまり, 理論を応用した技術の使用が認知科学のテオーリアに奉仕しているのである. このように, 実践（プラークシス）やそれによる製作（ポイエーシス）なしの理論（テオーリア）は, 現代の自然科学においては, ほとんど成立不可能である. 理論を技術へと実践的に応用することによって, 理論の探究そのものがさらに進むという, 優れて相互的と言える関係にあるからである.

　技術のほうが理論を導いている, という主張もある. たとえば, サヂ・カルノーは蒸気機関からエネルギーが失われていくことに気づき, それが熱力学への関心を呼び起こし, とりわけ「第二法則」の発見につながった. 科学は熱力学を自然の観察からではなく, 技術を使った実験と観察から学んだのである. ローレンス・ヘンダーソンは, 科学技術について過激なことばを残している. 「蒸気機関が科学に負うよりも, 科学が蒸気機関に負うところが大きい」(Ihde, 2009, p.41). また, 古典的な細胞学から現代的な細胞生物学への展開にとって, 超遠心分離器や電子顕微鏡の使用が決定的な役割を果たした (Bechtel, 1993, p.278). ブリュノ・ラトゥールやドン・アイディが現代の自然科学を評する際, 技術と科学からなるハイブリッドな用語「テクノサイエンス」(たとえば, Latour, 1987; Ihde, 1991, 2009) を用いたゆえんである. 特にラトゥールは, この概念によって, 科学と技術を取り巻く可変的で包括的な社会的物質的ネットワークに注目する. 認知科学はその出自に鑑みれば, コンピュータの歴史とともに歩みを始めた以上, 生まれながらにテクノサイエンスだと言ってよい.

テクノサイエンス

　エトムント・フッサールの哲学を, テオーリアとプラークシスの対比から眺めてみると, 興味深い洞察が得られる. 彼は自然を数学的実在ととらえ, 近代科学の歩みを大きく前進させた象徴としてのガリレオ・ガリレイを論じつつ, 実践と理念的な学問との関係について語っている. いわく, 理念的体系としての幾何学は, 測量という実践を起源としており, エジプトやシリアの測量技師の間で何度も反復された幾何学の原型が, やがてユークリッド（Εὐκλείδης）の意識において理念的体系として成立する (Husserl, 1954, pp.365ff. 細谷・木田訳,

1974, p.386 以下). ここで語られているのは, 「経験的な測量術とその経験的・
実用的な客観化の機能が, その実用的な関心を純粋に理論的関心に転化させる
こと」(Husserl, 1954, p.25　細谷・木田訳, 1974, p.44) である. 幾何学の理念的
体系は, ユークリッドの意識の中でかたち作られ反復 (再現) され, それが言
語, とりわけ文字言語, とりわけ厳密に一義的に定義された学問的言語を通じ
て, 他者の意識へと同一なまま伝達され, 反復される. こうして幾何学の理念
的同一性, あるいは理念的客観性が「共通の責任という統一のなかで生きる知
識共同体として科学者共同体」(Husserl, 1954, p.373　細谷・木田訳, 1974, p.396)
の中で樹立されていく.

　後から論じることになるが, ここでフッサールが注目している反復 (再現)
可能性 (Wiederholbarkeit) (Husserl, 1954, p.368　細谷・木田訳, 1974, p.390) は
――数学と実証科学という違いがあるにせよ――本質的な意味で, 現代の心理
学あるいは認知科学でも問題となっている.

　幾何学の起源に着目したフッサールは, 実践あるいは実践的技術と理論との
近しい関係に気づいていたのだろうか. アイディの洞察によれば, この問いへ
の答えは否である. フッサールが見ていたのは「望遠鏡をもたないガリレオ」
(アイディ, 2004, p.223), つまり, 技術抜きのガリレオだったからだ. だが, ガ
リレオやデカルトは, 自然を数学的理念としてとらえたり, 自分の内なる理念
に問いかけたりしただけではなかった. 彼らは観察をし, 実験をしていたので
ある.

　たとえば, ガリレオは望遠鏡を手にとり太陽の黒点を観察し, 落体の法則を
検証するために斜面実験を行った. デカルトの『屈折光学』では科学的探究の
ための道具, カメラ・オブスクーラをイメージさせる図と説明があり, 『方法
序説』第 6 部では, 職人の技能と類比される実践の哲学が自然を理解するのに
役立つと語られている. 後者は, 真理の探究において実験や観察を重視したベ
ーコンを彷彿とさせる. 合理主義者のデカルトでさえ, 真理を獲得するために,
技術や道具を密かに利用していたのである.

　テクノサイエンスという概念が教えてくれるのは, 技術が「人間の知覚水準
を上げ」(アイディ, 2004, p.223), これに応じて知識水準も上がるということで
あった. 実験や観察, これらにかかわる技術によって, ギリシャ哲学において

は切り離されていたテオーリアと，とりわけポイエーシスとの関係が近くなった．ただし，先に述べたように，後者は前者への奉仕であり，探究の眼は事物存在へと向かっていることに変わりはない．科学が技術に媒介されて営まれるとしても，認識優位という視座は保持されているのだ．

世界像の時代と自然の分析

　近代において一つの頂点に達するこの認識優位を象徴することばに，「世界像の時代」（Heidegger, 1977）というものがある．世界が像になることは，人間が主観になることと表裏をなしている．主観（subject）のラテン語 subjectum は，もともとアリストテレス（Ἀριστοτέλης）の用語，「ヒュポケイメノン」の翻訳語であった．その意味は下に置かれたもの（sub-jectum），基底にあるもの，様々な性質や状態がそこに宿る基体であった．したがってそれは，実体（sub-stantia）に類する概念で，主観から独立に存在している客観的存在を意味していた．一方，客観の原語である objectum は「アンチケイメノン」のラテン語訳で，「向こう側に置かれたもの」を意味したが，中世から近代初頭にかけては，主観的なものを意味するようになった．ところが，近代において，とりわけイマヌエル・カントの認識論的転回以降，大まかに言えば，それらの意味は逆転する．Subjekt が主観で Objekt が客観を表すようになったのだ．この逆転で重要なのは，人間が存在するものすべてを根拠づける主観となった点である．その結果，人間主観から独立してそれ自体で存在する基体は消えてしまう．あらゆる存在者は人間主観にとっての客観（対象）となり，それらは表象，すなわち像となった．人間主観ないし心から独立した実在を認めない観念論においては，中世からデカルトにかけての客観の用法と近代のそれとが奇妙な一致を見せるのである．

　世界やその中の事物が人間主観にとって像になることは，それらを「前に—立てる」（vor-stellen）こと，すなわち表象（Vorstellung）になることを意味している（Heidegger, 1977, p.91）．この時，世界の存在あるいは現象の根拠は，人間の側にある．これは，ギリシャ的テオーリアにおいて，世界や事物の根拠がそれら自体にあったこととは根本的に異なる．先に述べたことは，ヨーロッパ近代において，真理は主観的なものであったというロレイン・ダストンとピー

ター・ギャリソンのような科学史家の分析（Daston & Galison, 2007）とも一致する（第2節を参照）. この科学史家たちによれば, 現実の自然は可変的で夾雑物にまみれたものである. たとえば, カール・フォン・リンネの監修で18世紀に作られた植物の図像などは, 植物の個体の持つ不ぞろいな特徴——夾雑物——をすべて捨象して, その植物の本来あるべき典型（タイプ）を描いている（Daston & Galison, 2007, p.56f. 瀬戸口他訳, 2021, p.46以下）.

　もっとも, 前に置かれた事物をつぶさに眺め考察するという認識の構図は一貫している[2]. 主観と客観との静態的な対峙, 人間と自然との言わば縦の関係である. この関係は, 古代ギリシャのテオーリアにおいても, デカルトの蜜蠟の分析においても, 実験によって自然の謎を解き明かそうとすることにおいても, 変わることはない. 本質は固定され静止している. また, ほとんど現れることのない自然の真の姿をとらえるにせよ, 夾雑物を排除するにせよ, 実在のタイプ（Daston & Galison, 1992, p.87 *et al.*）へと至ろうとする姿勢は19世紀まで一貫している. それは, 移ろいやすい自然をとらえ, 真理や客観性を手に入れようという欲求に動かされている. その欲求は, 自然の認識を同一なまま〈反復—再現すること〉によって満たされる. だが夾雑物も可変性も, 実は, 人間の認識ないし知性が文脈や状況に巻き込まれていることの裏面でもある.

2　認知科学と客観性

　認知科学が精密科学たらんとする欲求は, その出自にかかわっている. それは, 哲学の主観的思弁のみによる心の探究を否定し, それと袂を分かって実験心理学が誕生した時にさかのぼる. その欲求の強さは, 客観性や再現可能性へのこだわりとして受け継がれる. 以下では, 自然科学の知の根幹を支えるこれらの概念について, 歴史的な観点も踏まえて考察を加えつつ, 認知科学の一つの側面に光を当てる.

---

2) 『クラテュロス』では, 人間（ἄνθρωπος）の語源が「観察し考量するもの」（プラトン, 1974, p.53）と分析されていることを付言しておきたい.

数学化と自然に対する誠実

　ガリレオやデカルトとともに始まる科学革命において，科学と哲学との間に明確な線引きが行われた．科学は，数と量，客観性といった言葉に彩られる．フッサールによれば，それは自然を解明するために数学に訴える「自然の数学化」の始まりであり，数と量で日常世界の経験を抽象化する試みである（フッサール，1970，第9節）．こうした科学の歴史の物語において，数学化（自然を数理モデルで把握すること）と客観性はほとんど同じ意味と考えられてきた．それは，「認識主観と超越的な対象［実在］との関係」（Rouse, 2015, p.178）にもとづく「実在との対応としての客観性」（Rorty, 1979, p.332f.　野家訳，1994, p.386以下）である．

　だが，ダストンとギャリソンは，そうした物語を次のように断じている．「科学における数理モデルの歴史を見れば，個人的な直観や形而上学的な信念に訴えかけるものばかりである」（Daston & Galison, 2007, p.4　瀬戸口他訳，2021, p.2）．彼女たちによれば，ヨハネス・ケプラーの惑星間の距離についての数理モデルも，ルネ＝ジュスト・アユイの展開した結晶構造の数理モデルも，主観性が抑制されていなかった．そこにあるのは，客観性ではなく，特異な個人の「自然にたいする誠実（truth to nature）」（Daston & Galison, 1992, p.82 *et al*., 2007, p.18 *et al*.　瀬戸口他訳，2021, p.45 他）である．

　フッサールは，ガリレオが描いた数学の構造を持つ自然を「理念の衣（Ideen-kleid）」（Husserl, 1954, p.51f.　細谷・木田訳，1974, p.73）と呼んだ．この理念は実在する生（なま）の不規則な自然ではなく，「タ・マテーマタ」（あらかじめ知られているもの）を駆使した天才ガリレオのみが見ることのできた客観的に真なる実在——「自然に対する誠実」の所産——であった．こうした意味では，ガリレオが見たものは自身の内なる真理の投射，数学という生得の理念型を通して見た自然という側面もあったのであろう．ケプラーにしても，リンネにしても，ゲーテにしても，これら卓越した観察眼の持ち主は，自然の（おそらく不変の）本質をとらえていた．その本質は，眼には見えないが，啓蒙期の植物学者のような観察の天才のみが生み出すことのできる美しい典型—タイプ（標本）——アトラスにおける手描きの図像——となった（Daston & Galison, 2007）．

天賦の才から機械へ

なぜ自然をとらえるのに天賦の才が必要だったのか．それは，現実の自然が
いつも可変的で移ろいやすく，認識者を悩ませていたからである．天才たちは，
この可変性を飼い慣らす（Daston & Galison, 2007, p.63f. 瀬戸口他訳，2021, p.51
以下）必要があった．

　19 世紀半ばになると，天才の能力に委ねられていた真理の探究は，主観的
要素に汚染されているかどで断罪され，やがて精密な機械による模写にその地
位を奪われていく．リンネ的な眼によってそぎ落とされてしまった細部までを
正しく再現し，その一方で，解釈する自己は徹底して消し去られる．主観の入
る隙のない厳格なプロトコルに基づく定量的・アルゴリズム的評価に従った結
果，「介入者なき客観性」あるいは「機械的客観性」（Daston & Galison, 1992,
p.82, 2007, Chap.2）が出現する．これは当時，実在する自然の正確な模写とし
て理解された．次第に，天才の奥義による「自然に対する誠実」は，勢いを失
っていった．

　こうした過程において，写真機のような機械が果たした役割は小さくない．
それは，「対象のもつあらゆる個別性をそのまま複製」（Daston & Galison, 2007,
p.193f. 瀬戸口他訳，2021, p.157）する．写真で構成された科学アトラスの図像
では，主観的な理念化の影は薄くなり，解釈による説明が排除された．視覚は，
主観を取り除いた「盲目的視覚（blind sight）」（Daston & Galison, 2007, p.138f.
瀬戸口他訳，2021, p.109 以下）になっていく．そこでは，客観性の追求のために
「観察者という媒介者を排除しようとする誘惑に駆られる」（Daston & Galison,
1992, p.82）．同時に，現象をとらえる人間の感覚は軽視される．自然は果てし
なく広大であって，それが際限のない観察を強いる（Daston & Galison, 1992,
p.83）のであり，機械によってそれに初めて対応できたのである．

暗黙知の伝達可能性

　20 世紀になると，機械の進歩とともに，模写されるデータはますます膨大
に複雑に細部にまでわたるようになる．すると，「盲目的視覚」に代わってば
らばらのデータに意味を与える「訓練された判断（trained judgment）」（Daston
& Galison, 2007, p.309f. 瀬戸口他訳，2021, p.253 以下）への需要が高まっていく．

科学者のこうした判断は，一種の暗黙知といった性質も備えている．たとえば，乳がんを見つける放射線科医の技能などはこれである（Briedis & Nagataki, 2014）．放射線科医は画像にある患部を見つけるが，そのプロセスは必ずしも明示的ではないし，自分で正確にそれを説明することも簡単ではない．暗黙知だからである．

　科学者たちは洗練された機械を使いつつ，訓練を積み「研ぎ澄まされた判断（well-honed judgments）」（Daston & Galison, 2007, p.309　瀬戸口他訳，2021, p.262）に訴えた．この訓練された判断は，「ゲーテ的な天賦の才」の奥義ではない．ダストンとギャリソンによれば，家族的類似性を正確に把握するような「観相学者の視覚」（Daston & Galison, 2007, p.314 *et al.*　瀬戸口他訳，2021, p.258 他）によるものである．それは，厳格なプロトコルがなくても自然を分類し，「機械的手続きには還元できないやり方で関係性を総合し，強調し，把握する」（Daston & Galison, 2007, p.314　瀬戸口他訳，2021, p.258）技能に他ならない．こうした技能は，たとえば，天文学の膨大なデータの前処理などで特に力を発揮する．

　この観相学者の視覚は，訓練された科学エキスパートによって初心者に伝達可能なものとなっていた．なぜなら，科学者のコミュニティが成立し，科学教育が制度的に行われた社会があったからである．訓練された判断もまた，自然の可変性を手なずけるのだ．したがって，機械的客観性の否定は，主観性への回帰ではない．それは間主観的客観性の次元へと通じる道であったのだ．

論理実証主義からパラダイムへ

　主観的，形而上学的な思弁を排して，経験——観察と実験——に依拠した自然科学の方法が客観的知識に至る最善のモデルである．これは，20世紀前半に勢いのあった論理実証主義の科学観と言ってよい．こうした科学観と，ダストンとギャリソンがアトラスの図像を軸に描いてみせた真理観や客観性の変遷とを比較すると，興味深い論点が見えてくる．彼女たちの描像によれば，18世紀の真理は主観性に彩られたものであり，19世紀の機械的客観性は主観を排除しようとしたが，20世紀の客観性は科学者共同体による社会的——つまり間主観的——制度や科学者たちの暗黙知までも内包したものであった．

　論理実証主義は，真理に関して発見の文脈と正当化の文脈を明確に区別した．前者は，科学者が理論を見出す時の主観的・心理的プロセスである．そのプロセスは，社会や文化，歴史などの具体的要因に左右される．後者は，理論の正当化にかかわるプロセスであり，理論のテストやそのためのデータの収集などのことである．論理実証主義の哲学にとって重要なのは，純粋に論理のみにかかわる後者だとされた．科学的知識の客観性を決定するのは，脱文脈的と見なされる認識論的要因のみだというのが，この立場である．

　この立場にとって重要なのは，データを記述する観察言語の理論言語からの独立性である．データが仮説を検証ないし反証できるためには，前者が後者の影響を受けてはならない．データは，「非人間的実在（nonhuman reality）」（Rorty, 1990, p.21）の模写であり，存在論的にも認識論的にも客観性を持つとされる．以上は，近代科学の勃興以降，暗黙のうちに共有されてきた科学観であろう．こうした観点は，科学の価値中立性にも直結している．だが，自然科学がその興隆期から価値中立的であるとする科学観は，ダストンとギャリソンの綿密な科学史研究によって批判されたと解釈できる．後者によれば，科学の営みは主観性や社会性を内包しているからである（Daston & Galison, 2007）．

　論理実証主義の科学観に異を唱えたのが，トーマス・クーンらを中心とする新科学哲学の論客たちであった．クーンは科学革命と通常科学を区別した（Kuhn, 1962）．前者は通常科学の営みを可能にする「共通の前提・信念・価値観の集まり（constellation of shared assumptions, beliefs, and values）」（Okasha, 2002, p.81　廣瀬訳, 2008, p.103）のことであり，科学革命はこのパラダイムの組み替えが起こる歴史的出来事である．そして，パラダイムは科学者の扱うデータ収集などの方法にも影響を与える．したがって，データを記述する言語はパラダイムによって影響を受けているため，観察言語の理論言語からの独立というテーゼ自体が疑わしいものとなる．クーンのこうした立場は，相対主義的に解釈されることもあり，それは，科学そのものの営みの客観性や合理性などを疑う方向へと進んでいく．

客観性の社会的文脈

新科学哲学は，社会構成主義の登場と台頭を準備した．それによれば，科学

の営みは社会的で文化的な文脈や価値観に密接に関係しているだけでなく，科学的知識自体，社会的に構成されるものとされる．また社会構成主義は，どんな理論が選択されるかを社会的要因のみに還元しようとした．それは，科学的知識そのものを社会学的分析の対象としている．

　新科学哲学の極端なバージョンである相対主義も社会構成主義も，自然科学の従来の意味における客観性や合理性を疑うものである．だが，これらの立場の過激さは，客観的か客観的でないか，合理的か非合理的かという二者択一的な判断を科学的知識に求めてはならない，ということを示唆していると解釈できる．別の言い方をすれば，正確無比の再現可能性や，際限のないその反復，理論選択に正確なアルゴリズムを求める近代的な科学ではなく，社会や文化の具体的文脈を引きずっている科学には，もっと柔軟な客観性や合理性を認めてもよいのではないか，ということである．

　ここ数年，心理学（特に社会心理学）を中心とする認知科学において，再現可能性が問題になっており，日本でも幾人もの研究者が見解を述べている．そこには，再現可能性を高めることを重視するもの（たとえば，池田・平石，2016；竹澤，2018；植田，2021）と，その重要性を認めつつもやや柔軟な態度をとるもの（たとえば，小島，2016；高橋，2019）がある．前者は，近代的な伝統を引き継ぐ自然科学の方法論を支持する論理実証主義の科学観と親和性がある．この違いは，どんなタイプの認知科学をモデルとして研究を構想しているかにもかかわっている．こうしたタイプの違いを念頭に置きながら，認知科学の持つ広がりを考察してみよう．

テオーリアと認知科学 A

　自然科学の正統な継承者でもある認知科学者たちは，機械的客観性を実現したデータとそれを補う訓練された判断（観相学的視覚）をすでに手に入れつつある．とりわけ，高度に統制された実験室で活動する研究者，コンピュータ・シミュレーションを駆使する研究者などがそうである．その人たちは，テクノサイエンスとしての認知科学の担い手であり，身体を物理的実在，生理的データの集積，つまり「客観的身体」として扱う．彼らは，心の科学の中では，──心にせよ，脳にせよ，身体にせよ──相対的には手なずけやすい自然を対

象としている．そうした自然は，テオーリアの対象としての事物存在である．
事物存在を扱う心の科学を〈認知科学 A〉と名づけよう．

　科学の主たる目的は，自然についての真なる記述を与えることである．これ
は，科学的実在論の基本的なテーゼである．科学的反実在論は若干異なってい
る．これによれば，科学は観察可能な自然（事物存在）について真なる記述を
与えることを目的としている．たとえば，エンドウ豆や SARS-CoV-2 などに
ついては，二つの立場は齟齬を来たさない．ところが，観察できないミクロな
物質になると，両者は対立する．たとえば科学的実在論は，電子は存在してい
てマイナスの電荷を持っていると主張するが，反実在論はそれについては不可
知論の立場をとるべきと考える．後者は，ミクロな物質は観察可能なマクロな
現象を説明するための便利な道具だと言うのだ．この対立に関して，おそらく，
多くの人が科学的実在論を支持するだろう．その理由は，電子を措定する理論
によって，観察可能な現象が繰り返し実験的に検証できたり，予測できたりす
るからである．さらに，エキシマレーザーメスやミサイル誘導システムに応用
できたりするからである．電子を一種の虚構とするより，実在すると考えたほ
うが健全である．これが科学的実在論の主張である．

イージープロブレム

　では，認知科学の対象である心は観察可能なのであろうか．少なくともエン
ドウ豆と同じ意味では観察可能ではない．たとえば，電子が間接的に検知され
るように，fMRI や EEG，心拍計や発汗計，コンピュータ・シミュレーショ
ンを通じて心的状態は間接的に措定される．電子が検知できることと，心的状
態が措定されることとの間には距離があるが，不可視の物理的状態と心的状態
がともに可視的な現象を通じて認識される点では，それらの間に類似性がある．
他方，他人の表情や身体動作を見ることでその心的状態を理解するという日常
的な技能をわれわれは持っている．しかし人間は，他人を欺くために，自分の
顔や身体を操作できる生き物でもある．したがって，表情と心的状態との関係
は必ずしも規則的ではない．

　これに対して，客観的身体を測定する様々な機械は，間接的にではあるが，
対応する他人の心の状態を規則的に知らせてくれる．赤い色が見える時の他人

の心の状態は客観的には観察不可能であるが，その人の心の中に赤の知覚が生じれば，ある同一のタイプの反応がその人の脳内に起こる．たとえば，実験参加者たちが fMRI 装置の中で赤い色の刺激を提示され，それが見えた時のニューロン状態が V4 と呼ばれる部位で観察できる．どの参加者でも脳内の V4 に同じタイプのニューロン活性が現れれば，赤い色を見るという知覚状態と脳状態との対応関係が確証される．つまり，観察できるニューロン活性が，赤が見えている時の心的状態と規則的な関係にあるのだ．これは，参加者を変えても再現可能である．こうした事柄に関して，認知科学 A の一分野である脳科学は，心について真なる記述を与えることができている，と結論づけてもよい．

　以上で説明してきたことに，少し異なった表現を与えてみよう．かつてヴィルヘルム・ヴントが内観報告をデータとした時，実験参加者を訓練して精密な機械の役割を担わせた．これと同じ意味で，認知科学 A にとって実験参加者の脳や身体，身体反応は，心という見えないものを計測する装置，機械的システムの一部と考えることもできる．参加者は認知科学者に説明を受け，実験装置を装着したり，装置の中に入ったり，実験刺激に向き合ったりする．実験に臨む参加者は，人格や社会的文脈を極力そぎ落とす．参加者の身体や脳などはその時，参加者の内面を映し出す研ぎ澄まされた鏡になるのだ．この鏡によって映し出された内面は，機械的システムの一部となった参加者を反映するという相互性がある．ただしその内面は，「夾雑物」を極力排除した，非日常的な心である．

　近代科学の方法論と思想の正統な継承者を目指した認知科学 A は，再現可能性や客観性を重視する．この科学は，基本的には，統制された実験室やコンピュータ・シミュレーションで対象を手なずけている．したがって，「相対的には」御しやすい課題，つまりイージープロブレムを扱っている[3]．

---

3)　もちろん，「イージープロブレム」という呼称は便宜的なものである．これらの問題が，決して容易でないことは言うまでもない．

3　認知科学とプラークシスの知

認知科学 B あるいはハードプロブレム

コンピュータや脳計測機器などの進歩の助けもあって，シミュレーションや実験室での仮説検証といった作業によって，認知科学は着実に知見を蓄積している．人間の心を一種のコンピュータと解釈する認知科学の方法論の中で，心のアルゴリズムの解明から，心のヒューリスティック的側面に関心の比重が遷るといった出来事はあったが，相対的にはさほど大きな変化ではなかった．だがその後，転換点を迎える．社会的状況や文脈，文化，他者関係など，より具体的な現象を扱いたいという欲求が認知科学の中に生じたからだ．この欲求に基づく研究の多くは，身体性概念を軸としている．

認知科学が新たに対象としたのは，極めて手なずけにくい対象である．たとえば，その一つに近年隆盛を誇っている感情研究などがある．心的状態の中でも感情は，身体的表出を含んでいるため，他者に対して向けられる場面が多い．こうした意味で，感情は社会的側面を色濃く持っている．

他者を含めた社会文化的環境とのかかわりといった研究対象は，実験室の中に取り込むことが難しい．特にフィールドワークから得られるデータは一回的なものが多いだけでなく，たとえば聞き取り調査などになると，インフォーマントとの関係性や使用言語も含めて，複雑な社会文化的状況が前面に出てくる．そこには，実験室にはない生きた文脈がある．今述べてきたような対象を扱う心の科学を〈認知科学 B〉と名づけよう．認知科学 B は，相対的に制御の難しい課題，つまりハードプロブレムに挑んでいる．そして認知科学 B の課題は，テオーリアよりもプラークシスと関係が深い．

ハイデッガーは，「すべての精神の科学（Geisteswissenschaft），さらに生物の科学（Wissenschaften vom Lebendigen）も，まさしく厳密であろうとすれば，必然的に精密さを欠くことになる」（Heidegger, 1977, p.79）と述べている．精神の科学の中には，心の科学が含まれると考えてよい．精密さ（Exaktheit）は，物理学をモデルとする科学が自然を認識する時の目標であり，数と量によって自然を像とするやり方である．これに対して，厳密さ（Strenge）は，個別の事

象につき従う姿勢によって達成される．つまり，ハイデッガーのこの言葉が示唆するのは，従来の自然科学の要件と目される数量化が，心の科学（とりわけ認知科学B）にとっては必ずしも当てはまらない場面もあるということである．

　たとえば，氷の結晶でさえ，厳密に見れば個々に違いがあるとわかる．自然科学は，この個別性をそぎ落とし，一般化し，数理モデル化し，再現可能なものを手に入れる．これが理論的精密さである．精密さは再現可能性や客観性を含意するが，厳密であることは必ずしもそうとは言えない．心の科学，特に認知科学Bがかかわっている事柄はその個別性，一回性が際立っている．したがって，従来の意味での客観性や再現可能性について困難に直面する可能性が高くなる．

プラークシスの知と身体化された主観

　先に，テオーリア，プラークシス，ポイエーシスのかかわりについて説明したが，そこでは後二者がテオーリアに言わば奉仕するという側面を強調した（第1節を参照）．テオーリアは，世界や事物を，文脈から離れた一種の像として認識する営みである．だが，数学と技術が科学と結びつくことで，この像であったものが科学的実在に変貌する．ジョン・マクダウェルによれば，「科学でとらえられない実在はどれも，投射に過ぎないとして，つまり心と心以外の自然が相互作用した結果に過ぎないとして軽視される」(McDowell, 1998, p.175).

　これに対して，プラークシスの知は主観にとっての像ではない．その本領は，自然科学に代表されるテオーリア的な知の姿勢ではとらえきれないところにある．行為に焦点を当てることで，事物や世界のあり方をとらえようとしたのがハイデッガーであった．その視座は，「認識優位の知から行為ないし実践優位の知へ」あるいは「明示的な知から暗黙知へ」と表現することができる．テオーリアの知が認識主観と対象という〈縦の関係〉に基づくものであるのに対し，プラークシスの知には主観が自分を取り巻く様々な文脈がかかわっている．そこにあるのは，世界や事物，他者との〈横の関係〉である．こうした知では，行為と認識が不可分に結びついているという点が強調されねばならない．プラークシスの知の主体は，デカルト的なコギトーでも，フッサールの超越論的主観でもなく，〈身体化された主観〉(embodied subject) である．

道具と文脈

　ハイデッガーの洞察を借りれば，身体化され，環境世界の中に組み込まれた主観は，道具としての事物に出会う．道具は，通常の意味では，科学的な観察の対象ではない．つまり，化学組成や質量，運動量などの分析は，道具を使いこなすことにはさしあたりかかわらない．われわれは，道具を像ないし対象として認識する（erkennen）のではなく，それを実践的に使いこなすことを通じて了解する（verstehen）．「道具を使って操る交渉は，見ることを欠いているわけではない．それに固有の見ることがある．これが道具の操作を導き，それに特有の確実性をもたらす」（Heidegger, 1927, p.69　細谷訳，1994, p.163 以下）．ここで語られる「見ること」は，「暗黙知」と言ってよい．道具は使いこなせばこなすほど，道具自体も道具を使うために必要な文脈の理解も技能も，明示的意識の主題から退いていく．道具を使うのは，状況や文脈に巻き込まれ身体化された主観，暗黙知を携えた主観である．

　たとえば，カフェの店員が客にコーヒーやスイーツを出す時，その店員は使っているトレーやカップ，ケーキ皿やスプーン，フォークなどと道具的な交渉を通じて，コーヒーなどをサーブする．一方，自然科学の知は，コーヒーやスイーツ，カップや皿を事物的存在として扱い，客観的に把握する．この場合，それらの事物は理論的な認識の対象，テオーリアの対象という性格を帯びており，それらの道具的性格には探究の目は向けられない．ハイデッガーが焦点を当てた事物の道具性には，「何かのため」（Um-zu）（Heidegger, 1927, p.68 *et al.* 細谷訳，1994, p.162 他）が含意されている．トレーは皿やコーヒーなどを運ぶために，皿はスイーツを入れるために，コーヒーやスイーツは客に供されるために，といった具合である．

　さらに，道具性には社会文化的文脈まで含意される．カフェというシステムやコーヒーやスイーツといった飲食物は，一定の社会や文化を前提としたものである．皿やトレー，スプーンやフォークには食事を取り巻く文化がある．カフェのシステムには，店員と客の社会文化的で身体的な交流がある．彼女たちの間には，一回的な出会いがあるのかもしれない．道具的存在者とかかわる人間は，このように，多様な文脈を引きずっている．

アフォーダンスのダイナミズム

　本節の最後で，認知科学にも影響を与えた「アフォーダンス」（Gibson,
1979）に触れておきたい．知覚と行為の密接な関係に着目した点で，この概念
にはハイデガーの道具性と響き合う面がある．アフォーダンスは，生物の環境
内の至るところに実在し，知覚者に認識されると同時に，行為の機会を提供す
るものである．それは，物理的事物でもその性質でもない．崖は落下すること
をアフォードし，刃物は切ることをアフォードする．したがって，この概念は
「主観にとっての像」という認識イメージには重ならない．アフォーダンスは，
知覚者（身体化された主観）と環境との相互作用の中で知覚される生態学的実在
であり，環境が知覚者の身体の動きに呼応して変化する中での相対的・暫定的
な安定点として現れる．それは，プラークシス的知性にとっての実在なのであ
る．

　知覚者と環境との相互作用の中でアフォーダンスが知覚されるという点では，
その作用の中にはある安定点へと向かう一種の目的論がある．目的論とは言っ
ても，あらかじめ定められた終局へと向かうものではなく，知覚者と環境との
動的な相互作用を主導する〈柔軟な論理〉である．その論理は相互作用の動的
プロセスを主導するものであるが，その論理じたいプロセスを通して創発して
くる逆説的なものなのだ．付言すれば，相対的・暫定的な安定点としてのアフ
ォーダンスには，真理や客観性を柔軟に考えるヒントがある．

　アフォーダンスは物議を醸す概念でもある．特にそれは，知覚者と環境との
相互作用によって認識されると言いながら，明確な実在論をとる点に表れる．
「あえて言えば，アフォーダンスは知覚される以前に成立しており，知覚によ
って発見されるのを待っている」（染谷，2017, p.93）．これは，実在論を堅持す
るギブソン主義が最も鮮明に出た主張である．もし知覚以前にアフォーダンス
が成立しているなら，知覚者との相互作用という観点はどうなってしまうのか．

　これを明らかにするために，アフォーダンス，あるいは生態心理学のもう一
つの重要な論点に眼を向けてみよう．それは，知覚を内的プロセスだとする認
知主義への批判である．ジェームズ・ギブソンが直接知覚説を唱える眼目もこ
こにある．生態心理学は，認知主義に抗して，知覚とは知覚者と環境との相互
作用の中で，内的認知プロセスなしに，直接アフォーダンスを抽出することだ

と主張する．アフォーダンスが内的に構成されるものではないという点では一種の実在論をとるかに見えてしまうが，そこには知覚者と環境との相互作用という，言わば生態学的構成のプロセスがある．とすれば，やはり，「知覚される以前に成立している」ことにはならない．知覚と行為，環境との間で起こるダイナミックな生成プロセスを強調することにこそ，アフォーダンス概念の本領があるからだ．

アフォーダンス・社会・認知科学

　これまで述べてきたように，アフォーダンスの本質は，身体がダイナミックに動いたり道具を使いこなしたりするなど，行為の中に存する．したがって，認知科学的な観点からすると，アフォーダンスは実験を通じて検証することが相対的に難しい．知覚に関する典型的研究は，実験参加者が実験室内で身体をあまり動かさずに遂行されることが多いからである．おそらくほとんどの哲学的概念は，実験的な検証にはそぐわない．この意味では，アフォーダンスは，優れて哲学的な概念だとも言える．

　生態心理学が，意味や価値といった概念を使って知覚をとらえている点にも，哲学的な奥行きが窺えるが，こうした性格は実証研究になることとトレードオフの関係にある．というのも，これらの概念は，生物の環境が社会文化的であることを示唆しているからである．それは，ギブソンがアフォーダンスについて説明する過程で，他の個体との相互関係について触れ，それを「相互的アフォーダンス」（Gibson, 1979, p.135　古崎他訳，1985, p.147）と呼ぶことにも表れている．誰かに助けられたなら，今度はその人が助けを求めてくるだろう．ある集団に協力を求められれば，次にはその集団が協力を申し出てくるかもしれない．これらはアフォーダンスであり，相互的に認識される意味や価値である．

　人間の環境には，動物のそれよりも多様で複雑な社会文化的な意味や価値が含まれている．マイケル・トマセロの「三項関係」を持ち出すまでもなく，物理的な事物の持つアフォーダンスには，複数の他者の意図が含まれることがある．自分からは隠れていて見えないある場所が危険であることが，他者の視線によってアフォードされることもあるだろう．何の変哲もない物体のあるところが，そこに居合わせた人々の表情やしぐさを通じて神聖なものとなり，ある

種の禁忌をアフォードしてくるかもしれない．その瞬間，その場所は間主観的で宗教的価値や意味づけを持った空間に変容するのだ．

ギブソンは郵便ポストのアフォーダンスについて語っているが，これは目の前にはいない他者たちとの関係性を端的にとらえている．郵便ポストは，手紙を投函することをアフォードしてくる．郵便ポストがアフォーダンスであるなら[4]，社会文化的，あるいは制度的環境を考慮しないわけにはいかない．それは郵便制度だけではない．投函した手紙を集配する他者やそれを受け取って読む他者，あるいは手紙を出すことを促してくる他者など，郵便ポストのアフォーダンスは，社会や文化，そしてそれらを形成する不特定の他者や，われわれに直接関係する他者なども含み込んでいる．郵便ポストは投函という物理的動作だけでなく，社会関係への参与をアフォードしているのだ．

アフォーダンス概念をこのように理解すると，ハイデッガーの道具性にも極めて近いことがわかる．道具はそれだけで置かれてあったとしても，使用者や製作者を始めとして，多くの他者や様々な社会文化的事象を間接的に提示しているからである．ハイデッガーは他者のあり方の本質を「共同現存在」(Heidegger, 1927, p.117 et al.　細谷訳，1994, p.257 他）と表現したが，他者こそ，最も豊かなアフォーダンスを知覚者に与えてくる実在なのだ．他者は認知科学Bの主要問題の一つであるが，これについては本章の終盤で改めて論じてみたい．

4　客観的身体と文脈的身体──ターミノロジーをめぐって

狭い自然と広い自然

自然科学の進歩とデカルト的な二元論の否定によって，この世界は物理的ないし物質的な自然として把握されるようになった．フッサールはこれを「狭い意味での自然」(Husserl, 1952, p.27　立松・別所訳，2001, p.32）と呼んでいる．

---

4)　実は，郵便ポストのようなものがアフォーダンスであるかどうかは，見解が分かれている．以下を参照されたい．長滝（1999）補章，染谷（2017）第4章，第5章，柏端（2017）第4章，長滝（2022）第1章．

これに対して，「広い意味での自然」（同所）には，心的作用や心的状態が含まれるとされる（以下，「狭い自然」「広い自然」と略記）．

　われわれは日常的に，心的なものと物理的なものが存在することを当たり前のように受け止めている．とはいえ，両者の関係ほど理解しがたいものはない．デカルトのように，二つを互いに独立した実体と見なしても，両者が人間において関係を持っていることは否定できない．現代哲学では，物理主義的な考え方が主流であり，存在するものは物理的事物のみであるとされる．たとえば，脳の物理的状態と何ら関係を持たない心的な存在は認められないのだ．有り体に言えば，霊魂のようなものが物理的事物と無関係に存在することなどない．だが，心の科学である心理学や認知科学があることからも，心的なものが何らかのかたちで存在すること自体は認められている．狭い自然を対象にするのは物理学や化学などで，認知科学は心的なものを含めた広い自然を対象にしている．広い自然には，本章第3節で論じた身体化された主観，社会や文化，他者（の身体）などが複雑な文脈を構成しながら入り込んでくる．

還元主義と非還元主義

　広い自然を認めない哲学的立場に，還元的物理主義がある．それによれば，存在するのは物理的なものだけで，心的なものは究極的にはそれに還元される．つまり，広い自然が狭い自然に還元されることになる．たとえば，脳科学が適切に進歩すれば，心的状態は余すところなく脳状態に還元することができて，心の科学の独立性は保てなくなる．還元的物理主義は，心と脳の間のタイプ同一性を主張する心脳タイプ同一説と軌を一にする．還元主義をとる者の多くは，それと意識するかしないかは別にしても，因果的な物理世界を成立させている基盤はミクロなレベルにあると考えるはずである．こうした見解が正しいなら，心的性質は，たとえば脳細胞を構成する物質の物理的な性質に還元できることになる．したがって心の科学は，脳科学さえも，最終的には物理学へと還元される．別の言い方をすれば，心理学的法則は物理学的法則に還元可能だということだ．要するに，還元的物理主義によれば，認知科学はやがて物理学に吸収される運命にあることになる．もっとも，ミクロ方向に究極の因果的基盤があるという考え方自体に疑義を呈する論者もいる（Block, 1990, p.168, n.9）.

心脳タイプ同一説や還元的物理主義への対抗理論として，非還元的物理主義がある[5]．これを支えているテーゼは，「多型実現可能性」と「トークン同一説」である．これによれば，あるタイプの心的状態を実現するのは，脳状態に限らず，コンピュータの内部状態であってもかまわない．メキシコ料理を食べたいという欲求は，脳状態であっても，ベイズ的な推定を実行する AI であってもよい．つまり，「食べたいという心的状態」は様々な物理状態によって多型実現可能だというものである．これはちょうど，時計の役割を果たすものがいくつもある——ゼンマイ時計，水晶発振時計，日時計，砂時計など——ことと類比的にとらえることができる．ここで維持されているのは，時間を示すという機能（因果的役割）である．こうした見解は，心を機能という観点からとらえるので，機能主義と呼ばれる．これらの立場は，「心的状態＝脳の物理的状態（心脳タイプ同一）」を否定するので，認知科学が物理学に吸収される事態を理論的に防御する．

では，非還元的物理主義や機能主義は，「広い意味での自然」をすべて説明できるのだろうか．その答えは，おそらく否である．なぜならどちらも，心の持つ一人称的ないし主観的性質，あるいは他者との関係性を説明できているわけではないからである．この点についてさらに議論を進めるためには，身体(性) 概念を踏まえる必要がある．以下では，ターミノロジーの問題も踏まえて，第3節で触れた「身体化された主観」を物理的身体と対比させながら明確化しよう．

物体と身体

心的なものと物理的なものが密接な関係にあることは明らかであるが，これが直観的に理解できるのは，おそらく，相対的には区別される二つのもの——自分の心と自分の身体——をわれわれが持つからである．ただし，ピーター・F・ストローソンは，以下のような主旨の懸念を表明している．哲学は，心身問題を論じる時に，身体概念について人格的側面と物理的側面の区別を曖昧に

---

5) 還元主義，非還元主義を始め心の哲学の細かい議論については，たとえば，Kim (1998)，美濃 (2008)，太田 (2010)，柴田 (2004) を参照．

したまま使ってきた，と（Strawson, 1959, p.105）．実は，認知科学において身体（性）概念が市民権を得たのちにも，これと同様の曖昧さは残っている．身体をデカルトのように物理的事物ないし機械としてとらえるのか，何か別の性質を持ったものととらえるのか，という問題である．

　身体はラテン語では corpus，フランス語では corps，英語では body であるが，ドイツ語では「生ける身体」（Leib）と「物体身体」（Körper）という二つの語がある．前者は「生きる」（leben）と語源を共有している．後者は，物体や天体といった意味でもあり，物理的身体ないし客観的身体だと言える．フッサールはこの区別を，「私は考える」（cogito）と「私はできる」（Ich kann）との対比に関連づけている（たとえば，Husserl, 1950, p.124f　浜渦訳，2001, p.167 以下）．知覚し行為する主体としての身体が Leib である．またモーリス・メルロ＝ポンティは，「現象的身体」（le corps phénoménal）と「客観的身体」（le corps objectif）という区別を立て，「客観的身体は現象的身体の真理，つまり生きているがままの身体の真理ではなく，その貧しいイメージでしかない」（Merleau-Ponty, 1945, p.493　竹内他訳，1974, p.338）と述べている．現象的身体は，知覚と行為の主体としての身体，主観的あるいは間主観的に感じられる身体であり，客観的身体は，科学の対象としての物理的身体である．現象学は主として，「生ける身体」「現象的身体」に焦点を当てて哲学的探究を行ってきた．

　そして，「生ける身体」や「現象的身体」は，「間身体性」（intercorporeité）（Merleau-Ponty, 1960, p.213　竹内訳，1970, p.18）概念へと展開され，フッサールの他者論を深化させる軸となった．主観的に生きられるだけでなく，他者との間主観的なコミュニケーションの場面で主題化される点で，身体は社会文化的文脈を帯びたものとなる．こうした身体は，純粋なモノでも純粋な心でもなく，われわれが「身体化された主観」と呼んだものにほかならない．

認知科学の身体性

　古典的な人工知能においてチェスが標準課題となり，人間のチェスチャンピオンに勝利するという象徴的な出来事があったが，それはあくまでも規則によって完全に固定されたチェスボードという物理空間内のことであった．この空間では，メンバー（チェスの駒）の動きに例外はない．チェスは，狭い自然を

探究する科学の方法論によく合う対象であった.

　しかし，現実世界はこうした空間と異なり，人間を始めとする多様な生物が自由に動き回るため，そこには無数の例外がある．両者の違いに気づいた研究者たちが，「トーイワールドからリアルワールドへ」あるいは「リアルワールドコンピューティング」（大津，1994）といったスローガンとともに，現実の環境世界でうまく機能する人工知能の開発を目的として掲げるようになった.

　認知科学の対象である知的システムの成立基盤が広い自然へと拡張されていく中で，身体（性）概念に光が当たるようになった．人工知能研究における身体の重要性を唱える者が出てきたのである．特にこの概念は，認知発達ロボティクスと呼ばれる新たな分野とともに，認知科学の中で使われるようになっていく．認知発達ロボティクスは，進化生物学や発達心理学，生態心理学，さらには認知意味論の知見をロボット工学に取り入れたもので，身体性認知科学において中心的な役割を果たしてきた．そこにあったのは，知能の言わば原型を持ったロボットが物理環境と相互作用するプロセスにおいて，より高度な知能が創発してくるはずである，という進化や発達，生態心理学に基づく予測あるいは期待である.

機械の身体から社会的身体へ

　1990 年代初め，ロドニー・ブルックスは，「象はチェスをしない」（Brooks, 1990），「表象なしの知能」（Brooks, 1991）などで――body や emdodiment といった用語自体には言及していないが――環境との身体的（physical）相互作用によって知能が生じると主張し，認知意味論を理論的背景とした「コグ・プロジェクト」（Brooks, 1997）や『カンブリアン・インテリジェンス』（Brooks, 1999）でその方向性を明確にした．日本では 1996 年に，久野義徳が「知能の実現における行動する身体を持つロボットの必要性」（久野，1996, p.471）を説き，中島秀之は「手足をもった人工知能」（中島，1996）といった表現で同じ主旨のことを述べた．日本においてロボティクスと AI 研究が有機的に結合され，認知ロボティクスという分野が明確に姿を現してくるのもこの頃である．浅田稔が，身体性が知能の発現にとって本質的であると訴えた時期（浅田，1998）やアンディ・クラークが身体性認知科学の哲学を展開した『現れる存在』

（Clark, 1996）の出版とも重なる．1990年代は，身体と知能との本質的な結びつきを主張する新たな認知科学の創成期であり，この分野で日本が世界をリードしていた．

　浅田・國吉（2006）は，身体性について「行動と環境との相互作用を身体が規定すること，およびその内容，環境相互作用に構造を与え，認知や行動を形成する基盤となる」（p.11）と記した．浅田（2020）はこれを，①環境世界や自分の内部を感覚する能力と環境作用する運動能力，これらによって得られる情報を処理する能力という三者の不可分性，②学習，③発達という三つの側面から規定している（p.46）．学習を経た認知や運動能力の蓄積の結果が発達であり，これら三つを相互に結びつけることは認知科学の課題である．高度な知能を持つことの証は，物理的で可変的な環境世界で柔軟に課題をこなすことなのだ．こうした研究では，身体性に対する工学的アプローチが中心となっている．つまり，身体は文字通りの意味で物理的存在，機械の身体である．

　浅田の言葉の中には，工学的アプローチにとどまらないという意味で注目すべきものがある．「重要なポイントは，獲得すべき行動をロボットの脳に直接書き込むのではなく，他者を含む環境を介して（社会性），ロボット自身が自らの身体を通じて（身体性），情報を取得し解釈していく能力（適応性）と，その過程を持つことである（自律性）」（浅田，2011, p.12）．注目すべきは，「他者」や「社会性」といった概念である．物理的身体が物理的環境世界における課題をこなすための知能から，次なる段階へと歩を進めている点が興味深い．身体性は，単に物理的な課題をこなす知能の基盤となるだけでなく，間主観的側面を帯びたものととらえられる．ロボット工学はここで，20世紀の現象学が探究した身体（性）に接近したことになる．これは，別の観点からとらえると，身体（性）概念自体の再考を促すものである．

5　状況・意味理解・道徳的行為者

機能から意味へ──身体的交流と理解の生成

　第4節で述べたように，心がどんなものかを説明する一つの考え方として，機能主義がある．それによれば，思考や意識，感情など，心に固有の機能を実

現するのは，人間の脳や身体でなくてもかまわない．コンピュータ機能主義が
その典型で，人工知能のようなコンピュータで実現されるものは心を持ちうる
といった主張を含意している．

　チューリング・テストと呼ばれる思考実験は，心の機能主義を擁護するもの
で，数学者のアラン・チューリングによって考案された．この思考実験には，
対話できるコンピュータと2人の人間が出てくる．2人の人間のうち1人は判
定者である．互いに相手が見えないよう，三者には別々の部屋が用意される．
判定者は，もう1人の人間やコンピュータとテレタイプを使って自由に会話す
ることができる（電子メールやLINEで，文字や絵文字のみで会話できる，といった
状況を思い浮かべられたい）．判定者がコンピュータや人間に質問を投げかける
と，両者はそれに応答する．判定者に課された仕事は，姿の見えない相手と自
由に会話し，質問することを通じて，どちらがコンピュータでどちらが人間か
を見分けることである．もし判定者に見分けがつかなければ，そのコンピュー
タは人間と同等の会話能力を持っており，したがって人間のように考えること
ができると評価される．つまり，人間のような心を持っていることになる．

　しかし，この判定基準には疑義が呈された．コンピュータが行っているのは，
単なる統語論的操作，機能の実現であり，そこには意味理解が決定的に欠けて
いるのではないか．機能主義に対する批判に，「中国語の部屋論法」の名で知
られる次のような思考実験がある（Searle, 1984, p.28f. 土屋訳, 1993, p.28 以下）．
中国語を全く知らない人——その人にとって，中国語は意味のない模様のよう
に見える——が，中国語の部屋と称される部屋に閉じ込められている．部屋の
中には，中国語の記号を操作するための分厚い規則集とデータベースがある．
そこには，中国語の記号を操作する形式的手順がその人の母語で書かれている．
つまり，中国語に関する意味論ではなく，統語論だけがあるのだ．部屋の外部
から中国語の文が入力されると，その人は規則集を使って，入力された文に完
璧に応答する中国語の文を出力することができる．中国語を理解する人が外部
にいるなら，外部の人にとっては意味のある会話が成立する．しかし，部屋の
中の人が中国語を理解することは永遠にない．内部の人にできるのは，記号の
形式的な操作だけだからである．この論法によれば，要するに，中国語の部屋
の人が意味を理解できないように，コンピュータも理解などしていないという

わけだ.

　では，中国語の部屋の中の人が中国語を理解するには，何が必要なのか. それは，たとえば，中国語の単語や文が，具体的に現実世界のどんな事物やどんな事態を指し示しているかを把握できることである. そのためには，部屋を出て対話の相手と具体的な場面や状況を共有する必要がある. 幼児がどのような環境で，言葉を初めて修得するかを考えてみればいい. 母親が「りんご」と言いながら，りんごを手にとったり，指差したり，視線を向けたりする様子をその幼児は見る. トマセロのお馴染みの言い方を借りれば，三項関係である (Tomasello, 2019, pp.56f., 86; 2003, p.95; 1999, pp.62, 66f., 87　大堀他訳，2006, pp.80, 86以下，119). 幼児の中には，そのりんごを自分の母親と一緒に見ているという暗黙の状況理解が生じている.

　人間は，指差しや視線の向け方といった身体の暗黙の使用法を身につけているだけでなく，成長とともに，表情や動作，声の調子など，他者理解についての多くの身体的な手がかりを獲得していく. これらを前提にして他者との交流を積み重ねることで，音声には意味が宿っていく. インターネット空間で記号だけで交流する人たちがそれを理解できるのは，身体的相互作用と状況共有に基づいて，すでに言語が修得されているからなのだ. 中国語の部屋の住人やコンピュータに欠けていたのは，身体を携えた他者との具体的な交流であり，それは他者に心や理解を付与する決定的な役割を果たすものである. 第 4 節で論じた身体性と心あるいは知能との本質的結びつきは，他者とのかかわりの中でより明確に現れる. 心の機能的側面に焦点を当てている時には見過ごされていた意味の理解は，優れて間主観的な様相を帯びたものなのである.

機械の身体から始まりの他者へ──道徳的主体としてのロボット

　古典的な AI に焦点を当てた初期の計算記号主義から，脳を模したニューラルネットワーク型の AI，コネクショニズムが中心となった認知科学までは，身体なしの純粋なプログラムだけで心を作ろうとした. これらに対して，20世紀末に現れた新たな認知科学は，AI をロボットに装備して，環境世界や他の個体と相互作用する中で心を創発させることを目指してきた. こうした試みは，優れて工学的なものである. そこで目指された心は，物理的な環境世界で

課題をこなす能力だからである（第4節を参照）．

　心や知能の探究にロボットを使うのはなぜか．それは，より物理的で具体的な環境を設定できるからである．つまり，AIに比してロボットには，現実社会の具体的な文脈が伴うのだ．たとえば，チェスや将棋の駒は例外のない動きをする．それらがどんなに高度な計算であっても，AIに制御された駒の動きにはルール以外の文脈はない．これに対して，ロボットが現実空間でサッカーをする場合，物理的なゲーム空間の中で起こるほとんどの出来事は，ルールでは表現しきれない．それらが様々な文脈を持つからである．

　認知科学が探究したロボットは課題解決のツールであり，人間に代わって作業をこなすことのできる工学的応用を目指していた．それは，物理的身体としてのロボットである．だが，われわれが認知科学Bと名づけた学科の対象は，課題解決のツールという側面を持つだけではなく，人間社会のメンバーになりえるロボットである．それは，社会的で文化的な文脈の中に存在するものであり，より直截に表現すれば，他者としてのロボットである．では，他者とは何か．これを道徳という側面から考えてみたい．

　道徳的主体（moral subject）と道徳的行為者（moral agent）は，倫理学的に区別される概念である．前者の代表例は，赤ちゃんや幼児，イヌやネコのようなペットである．つまり，それ自体は快苦を感じ，共感や同情の対象にはなるが，行為に対して責任をとることは求められない．ここにあるのは，他者性の萌芽ないし始まりである．後者はカント的な意味での人格を持つ人間，つまり自己の行為に責任を持つことを要求される存在である．

　ロボットが，人間社会の十全な意味でのメンバーである道徳的行為者になるためには何が必要なのか．以下では，こうした問いを掲げた長滝らのプロジェクト（Nagataki *et al.*, 2019; Liberati & Nagataki, 2019；橋本他，2018）をもとに議論を進めていくこととする．

力としての他者，あるいは道徳的行為者としてのロボット

　2体のよく似たロボットが眼前にあると想像してほしい．それらは，顔やカメラでできた眼，腕や胴体や脚を持っている．不意に電源が入り，ロボットたちが動き出す．一つは，傍らに置いてあった一対のハンドルの一つを回し始め

る．その動作に誘われたあなたは，もう一つのハンドルを回してみる．すると，一対のハンドルは互いに連動していることがわかる．あなたがロボットと同じ方向に回してみると，目の前の相手と同期しているかのような感覚に襲われる．そして，あなたが反対方向にハンドルを回すと，ロボットはそれに追随してくれる．そのロボットとあなたは，単純だが不思議な協調動作を行っているのである．

　しばらくすると，もう 1 体のロボットが，それまであなたとハンドル回しをしていたロボットに代わった．あなたはハンドルを回し続ける．新たなロボットはハンドルを握ると，あなたと逆方向に回し始める．あなたのハンドル回しは邪魔される．あなたが力を込めて，無理にロボットと反対方向にハンドルを回そうとすると，ロボットは嫌がって痛みを感じているようにも見える．そのロボットは時にあなたに同調し，時にあなたに逆らって，主導権をとる．ハンドル回しは，時おり生じるターンテイクとともに進行していく．

　この単純な実験において，あなたとロボットは相互作用を通じて，ささやかな社会関係を形成する．あなたは，単に追随してくるロボットと，時おり離反するロボットのどちらにより共感を覚えるだろうか，どちらにより主体性を感じるだろうか．このプロジェクトでは，参加者は 2 体のロボットとハンドル回しをした後に，それぞれと「最後通牒ゲーム」（2 体のロボットが理不尽な分配の提案者役）をして，実験者からのインタビューに答えてもらうことになっている．長滝らは，最後通牒ゲームでは，離反型のロボットに対してより多くの罰を与える傾向を予想している．つまり人は，協調型よりも離反型のロボットに対して分配の正義や公平性を多く期待する，というのが本プロジェクトの仮説である．

　他者を認識し他者に共感することは，事物認識とは異なる．事物に道具的にかかわる時，他者は間接的，受動的にしか現れない．対照的に，生身の他者はわれわれに働きかけてくるものである．単純なハンドル回しの協調動作で時おり起こるターンテイクですら，抵抗するロボットの腕に，ある種の他者性をわれわれは感じる．それは，他なるものからの能動性である．人間は事物に共感を覚えることもある．だが，他者は単なる共感や協力の対象ではない．自分とは異質なもの，私からは決してアクセスすることのできないそれ自身の深淵な

内部，固有のパースペクティヴを持つものである．他者は独自の文脈を持った存在であり，私の予想を裏切り，私の「認識」（compréhension）を越えていく．他者は「取り込むこと」（comprendre）のできないものである（Lévinas, 1971, p.211f. *et al.* 合田訳，1989, p.292 以下他）．だからこそ，われわれは他者に明確な力を感じるのだ．

デイヴィッド・ヒュームは，次のようなことを述べている（Hume, 1983 [1751], p.25）．理性的であっても，心身の力が著しく劣っていて，ひどい扱いをしても怒りを持っていると感じさせない生き物がいたとする．われわれがそれらと交流しても，通常の意味での社会は成立しない．そこに平等がないからである．ヒュームが言わんとしているのは，ある存在が道徳的行為者であるためには，その存在と人間との対等な力関係がなくてはならない，ということである．弱い存在，単に同情や共感の対象——道徳的主体——であるだけでは，平等性や正義，道徳的帰属意識は生まれないのだ [6]．

認知科学 A か認知科学 B か

道徳的行為者性のロボット的実現を目指す前述のプロジェクトは，その課題内容からすれば認知科学 B の範疇に入る．では，その方法はどうだろうか．人間の実験参加者とロボットとのハンドル回しや，そうした協調動作後の「最後通牒ゲーム」のアンケートは，実験室内で実施できる．得られる結果に個人差は反映されるだろうが，実験の説明やアンケートで使われる文言も含めて，提示される刺激の統制をとることが可能である．これらの点では，認知科学 A と比肩しうる．

長滝らのプロジェクトでは，参加者がロボットに「道徳的行為者性」を感じるかどうかを，アンケートやインタビューから判断する．ただし，参加者に対してこの概念を直接提示するわけではない．日常的な用語で構成されたアンケ

---

6) 現在，コミュニケーション・ロボットや介護ロボットに代表されるソーシャルロボットの研究には，人間にとっての心地よさや共感のしやすさなどに主眼を置いたものが多い．たとえば，「セラピーロボット・パロ」（柴田，2017）や「弱いロボット」（岡田，2012, 2017）などがその代表的なものである．こうしたロボットたちは，さしあたり「道徳的主体」に分類できる．

ートへの応答や，参加者自身が語る言葉から推定するのである．認知科学Ｂの難しさは，そこで使われる用語が，脳科学などの概念と違って，日常言語と重なる点にある．とりわけ，比較的自由な発言が参加者に許されるインタビューの場合は，当人の日常の言語使用が色濃く反映される．

こうした研究において再現可能性を追求するのであれば，実験の説明やアンケート，インタビューで使う言葉の意味の一義性に極力配慮し，参加者たちとの間でそれを共有する必要がある．だが同時に，言葉を統制することによって，実験参加者の語る内容が貧しくなったり，研究者たちによって暗黙のうちに偏向を受けたりする危険性は否定できない．再現可能性と内容の豊かさは，トレードオフの関係にある．豊かさは多様性であり，得られるデータが多様であれば，再現可能性は相対的に難しくなるからである．

以上のような考察によっても，認知科学Ｂをめぐる再現可能性や客観性，合理性には微妙な問題が含意されることがわかる．たとえば，論理実証主義なら，競合する仮説やデータがあたえられた時，一義的で明確なアルゴリズムを前提にしてそれらを評価できてこそ，科学の合理性が維持されると主張するだろう．とはいえ現実には，仮説やデータの評価に，ある種の常識や主観的要素が入り込むことを避けることはできない．こうした中で，少し緩やかな客観性，ないし間主観的客観性を受け入れるべきではないか．

むすびに代えて──認知科学の可能性

認知科学の基本的な方針は，近代以降の自然科学の方法論を踏襲することである．その方法論は，物理的事物を対象として発展してきた．これに対して，認知科学は心の科学である．もちろん，認知科学が科学の方法論を明確に維持できるとすれば，心が脳やコンピュータといった事物の物理的状態によって実現されることを前提とする場合である．そこで実現されているのは，心の機能的側面である．ところが，とりわけ認知科学Ｂが対象にしているものは，機能に焦点を当てるだけでは把握が難しい．機能（因果的役割）が入り組んでいるだけでなく，意味や理解といった主観的事象，文化や社会，他者関係といった文脈的事象がそこに含まれているからである．

認知科学（主として認知科学Ｂ）の実証研究は，近年，再現性や客観性を疑わ

れる事態に陥った．これは，人文科学や社会科学と自然科学の間という微妙な位置にいる認知科学[7]ならではの出来事である．これを否定的に受け止める必要はない．おのれの営みを反省的にとらえる好機だからである．サムシングニューイズムと有用性に染まりきった自然科学は，社会に何らかの害を及ぼした時などに，外部から反省を迫られる．しかし，認知科学が直面した事態は，この学科（discipline）に自己批判の力があることを証明してみせたのだ．

こうした経験によって，ハードプロブレムを課題とする認知科学 B には，二つの方途――自然科学の方法論を堅持しつつ，限界はあるにせよ，対象を実験室から現実の世界へと徐々に広げる方途と，新たな方法論を構築する方途――が見えてくる．新たな方法論には，ターミノロジーの練り直しが不可欠であろう．なぜなら，自然科学の方法論から離れれば，認知科学で使われる概念には日常的用語からの流用が多くなり，それだけ心に関する学問と日常との境界が曖昧になってしまうからである．

認知科学は，二つの方途を緩やかに関係づけることによって，広い自然を包括的に理解させてくれるはずである．その中で，客観性概念を柔軟に鋳直し，再現性だけでなく一回的な厳密性を重視する姿勢も認めればよい．目指すべきは，「対応としての客観性」のみではなく「合意としての客観性，間主観的客観性」である．つまり，認知科学の客観性は，ある意味で合理的な他者との関係に基づくものでもあるのだ．

付　記　邦訳のある外国語文献は適宜参照したが，著者の都合で訳文を変更したところもある．訳者のみなさまのご寛恕を賜りたい．
　本章は，基盤研究（A）「道徳的行為者のロボット的構築による〈道徳の起源と未来〉に関する学際的探究」（19H00524）（代表）の成果の一部である．記して感謝の意を表します．

引用文献
アリストテレス　高田三郎（訳）（1971）．ニコマコス倫理学（上）　岩波書店
浅田稔（1998）．身体性による知能の発現　人工知能学会誌，*13*(*1*)，14-15.
浅田稔（2011）．認知発達ロボティクス――構成的理解が導く身体性情報学　情報・システムソサイエティ誌，*16*(*3*)，11-12.

---

7)　もちろん，生命科学も同じような状況にあることは言を俟たない．

浅田稔（2020）．浅田稔の AI 研究道――人工知能はココロを持てるか　近代科学社

浅田稔・國吉康夫（2006）．ロボットインテリジェンス　岩波書店

Bechtel, W.（1993）. Integrating sciences by creating new disciplines: The case of cell biology. *Biology and Philosophy, 8*, 277–299.

Block, N.（1990）. Can the mind change the world? In G. Boolos（Ed.）, *Meaning and method: Essays in honor of Hilary Putnam*（pp.137–170）. Cambridge University Press.

Briedis, M., & Nagataki, S.（2014）. The problem of "naturalizing" phenomenology: A radiologist case. *Proceedings of the 15th international conference of the Society for Phenomenlogy and Media*, pp.13–16.

Brooks, R. A.（1990）. Elephants don't play chess. *Robotics and Autonomous Systems, 6*, 3–15.

Brooks, R. A.（1991）. Intelligence without representation. *Artificial Intelligence, 47*, 139–159.

Brooks, R. A.（1997）. The cog project. 日本ロボット学会誌, *15*(7), 968–970.

Brooks, R. A.（1999）. *Cambrian intelligence: The early history of the new AI*. The MIT Press.

Chomsky, N.（1959）. A review of B. F. Skinner's *Verbal behavior*. *Language, 35*(1), 26–58.

Clark, A.（1996）. *Being there: Putting brain, body, and world together again*. MIT Press.（池上高志・森本元太郎（監訳）（2012）．現れる存在――脳と身体と世界の再統合　NTT 出版）

Daston, L. J., & Galison, P.（1992）. The image of objectivity. *Representations, 40*, 81–128.

Daston, L. J., & Galison, P.（2007）. *Objectivity*. Zone Books.（瀬戸口明久・岡澤康浩・坂本邦暢・有賀暢（訳）（2021）．客観性　名古屋大学出版会）

Gibson, J. J.（1979）. *The ecological approach to visual perception*. Houghton Mifflin Company.（古崎敬・古崎愛子・辻敬一郎・村瀬旻（訳）（1985）．生態学的視覚論――ヒトの知覚世界を探る　サイエンス社）

橋本敬他（2018）．ロボットは道徳的な行為主体になり得るか，〈個性〉を持ち得るか　日本認知科学会第 35 回大会発表論文集，pp.958–960.

Heidegger, M.（1927）. *Sein und Zeit*. Max Niemeyer Verlag.（細谷貞雄（訳）（1994）．存在と時間（上）　筑摩書房）

Heidegger, M.（1977）. *Die Zeit des Weltbildes（Gesamtausgabe 5）*（pp.75–113）. Vittorio Klostermann.

Hume, D.（1983）. *An enquiry concerning the principles of morals*. Hackett Publishing Company.

Husserl, E.（1950）. *Husserliana I*. Martinus Nijoff.（浜渦辰二（訳）（2001）．デカルト的省察　岩波書店）

Husserl, E.（1952）. *Husserliana IV*. Martinus Nijoff.（立松弘孝・別所良美（訳）（2001）．イデーンⅡ-Ⅰ　みすず書房）

Husserl, E.（1954）. *Husserliana VI*. Martinus Nijoff.（細谷恒夫・木田元（訳）（1974）. ヨーロッパ諸学の危機と超越論的現象学　中央公論社）

Ihde, D.（1991）. *Instrumental realism: The interface between philosophy of science and philosophy of technology*. Indiana University Press.

アイディ，D.　廣瀬覚（訳）（2004）. 物質を取り込む――現象学と技術の哲学　長滝祥司（編），現象学と二十一世紀の知（pp.216-243）　ナカニシヤ出版

Ihde, D.（2009）. *Postphenomenology and technoscience: The Peking university lectures*. SUNY Press.

池田功毅・平石界（2016）. 心理学における再現可能性危機――問題の構造と解決策　心理学評論, *59(1)*, 3-14.

Latour, B.（1987）. *Science in action: How to follow scientists and engineers through society*. Harvard University Press.（川崎勝・高田紀代志（訳）（1999）. 科学が作られているとき――人類学的考察　産業図書）

Lévinas, E.（1971）. *Totalité et infini: Essai sur l'extériorité*. Kluwer Academic.（合田正人（訳）（1989）. 全体性と無限――外部性についての試論　国文社）

Liberati, N., & Nagataki, S.（2019）. Vulnerability under the gaze of robots: Relations among humans and robots. *AI and Society*, *34*, 333-342.

柏端達也（2017）. 現代形而上学入門　勁草書房

Kim, J.（1998）. *Mind in a physical world*. MIT Press.（太田雅子（訳）（2006）. 物理世界のなかの心　勁草書房）

小島康生（2016）. 人間の観察研究における再現可能性の問題　心理学評論, *59*, 108-113.

Kuhn, T. S.（1962）. *The structure of scientific revolutions*. University of Chicago Press.（中村茂（訳）（1971）. 科学革命の構造　みすず書房）

久野義徳（1996）. 知能の実現における行動する身体を持つロボットの必要性　日本ロボット学会誌, *14(4)*, 471.

McDowell, J.（1998）. *Mind, value, reality*. Harvard University Press.

Merleau-Ponty, M.（1945）. *Phénoménologie de la perception*. Les Éditions Gallimard.（竹内芳郎・木田元・宮本忠雄（訳）（1974）. 知覚の現象学 2　みすず書房）

Merleau-Ponty, M.（1960）. *Signes*. Gallimard.（竹内芳郎（監訳）（1969・70）. シーニュ（1・2）　みすず書房）

美濃正（2008）. 決定論と自由――世界にゆとりはあるのか?　飯田隆他（編），岩波講座哲学 2　形而上学の現在（pp.161-186）　岩波書店

長滝祥司（1999）. 知覚とことば　ナカニシヤ出版

長滝祥司（2022）. 知の生態学の冒険　J・J・ギブソンの継承 6　メディアとしての身体――世界/他者と交流するためのインタフェース　東京大学出版会

Nagataki, S., *et al.*（2019）. Can morality be ascribed to robot? *Proceedings of the XX International Conference on Human Computer Interaction*, pp.1-4.

中島秀之（1996）. 手足をもった人工知能　日本ロボット学会誌, *14(4)*, 482-484.

岡田美智男（2012）. 弱いロボット　医学書院

岡田美智男（2017）. 〈弱いロボット〉の思考――わたし・身体・コミュニケーション　講談社

Okasha, S.（2002）. *Philosophy of science: A very short introduction.* Oxford University Press.（廣瀬覚（訳）（2008）. 科学哲学　岩波書店）

太田雅子（2010）. 心のありか――心身問題の哲学入門　勁草書房

大津展之（1994）. リアルワールドコンピューティング研究計画――実世界における柔軟な知能を目指して　人工知能学会誌, *9*(*3*), 358-364.

プラトン　水地宗明（訳）（1974）. クラテュロス　プラトン全集 2（pp.1-171）　岩波書店

Rorty, R.（1979）. *Philosophy and mirror of nature.* Princeton University Press.（野家啓一（監訳）（1994）. 哲学と自然の鏡　産業図書）

Rorty, R.（1990）. *Objectivity, relativism, and truth.* Cambridge University Press.

Rouse, J.（2015）. *Articulating the world: Conceptual understanding and the scientific image*, The University of Chicago Press.

柴田正良（2004）. The Exclusion Problem とエピフェノメナリズム　理想, *672*, 69-82.

柴田崇徳（2017）. メンタルコミットロボット「パロ」の開発と普及――認知症等の非薬物療法のイノベーション　情報管理, *60*(*4*), 217-228.

Searle, J.（1984）. *Minds, brains and science.* Harvard University Press.（土屋俊（訳）（1993）. 心・脳・コンピュータ　岩波書店）

染谷昌義（2017）. 知覚経験の生態学――哲学へのエコロジカル・アプローチ　勁草書房

Strawson, P. F.（1959）. *Individuals: An essay in descriptive metaphysics.* Methuen.

高橋康介（2019）. 新しくて古い心理学のかたち　心理学評論, *62*(*3*), 304-310.

竹澤正哲（2018）. 心理学におけるモデリングの必要性　心理学評論, *61*(*1*), 42-54.

Tomasello, M.（1999）. *The cultural origins of human cognition.* Harvard University Press.（大堀壽夫・中澤恒子・西村義樹・本多啓（訳）（2006）. 心とことばの起源を探る――文化と認知　勁草書房）

Tomasello, M.（2003）. On the different origins of symbols and grammer. M. H. Christiansen, & S. Kirby（Eds.）, *Language evolution*（pp.94-110）. Oxford University Press.

Tomasello, M.（2019）. *Becoming human: A theory of ontogeny.* Harvard University Press.

植田一博（2021）. 認知科学の過去・現在・未来に関する私見　認知科学, *28*(*3*), 410-418.

人名索引

事項索引

執筆者一覧（執筆順・＊は編者）

すずき ひろあき
鈴木宏昭＊　青山学院大学教育人間科学部教授

せんじゅうあつし
千住　淳　浜松医科大学子どものこころの発達研究センター
教授

いしい けいこ
石井敬子　名古屋大学大学院情報学研究科准教授

か がわしゅうた
香川秀太　青山学院大学社会情報学部准教授

ますかわひろゆき
益川弘如　聖心女子大学現代教養学部教授

たかなしかつや
高梨克也　滋賀県立大学人間文化学部教授

さかいだるい
坂井田瑠衣　公立はこだて未来大学システム情報科学部准教授

お の てつお
小野哲雄　北海道大学大学院情報科学研究院教授

ながたきしょうじ
長滝祥司　中京大学国際学部教授

認知科学講座3　心と社会

2022年9月9日　初　版

［検印廃止］

編　者　鈴木宏昭

発行所　一般財団法人　東京大学出版会

代表者　吉見俊哉
153-0041 東京都目黒区駒場 4-5-29
http://www.utp.or.jp/
電話　03-6407-1069　Fax 03-6407-1991
振替　00160-6-59964

印刷所　株式会社理想社
製本所　牧製本印刷株式会社

記号・情報処理から，身体・脳・社会，そしてその先へ

認知科学講座 ［全4巻］

A5 判・平均 272 頁　各巻定価（本体 3200 円＋税）

認知革命の起源から現在までの動向を総覧し，次世代の認知科学の進む道筋を示す

○現在の認知科学の理論的基盤（身体・脳・社会）を明示した上で，新たな枠組みを紹介
○ AI，ロボットなど情報科学との接点を明らかにするとともに，心の哲学との対話を展開
○認知科学の歴史を体系的に理解でき，研究射程を広げる手がかりともなる必携のシリーズ

1　心と身体　　嶋田総太郎（編）

自己認識からロボット・VR 研究まで，身体の処理に根差しつつ，それをはるかに超える抽象的な知性が獲得されるメカニズムに迫る

〈執筆者〉嶋田総太郎・佐治伸郎・阿部慶賀・寺澤悠理・宮崎美智子・長井隆行・鳴海拓志・畑田裕二・田中彰吾

2　心と脳　　　川合伸幸（編）

知覚・多感覚統合，深層学習，社会性や行動の進化，意識，心の自然化といった多様な側面から，実体としての脳に迫る

〈執筆者〉川合伸幸・楊嘉楽・山口真美・林隆介・平井真洋・入來篤史・山﨑由美子・土谷尚嗣・鈴木貴之

3　心と社会　　　鈴木宏昭（編）

発達，文化，状況論，エスノメソドロジー，学習，HAI など，多角的アプローチで社会的存在としての人間の姿を描き出す

〈執筆者〉鈴木宏昭・千住淳・石井敬子・香川秀太・高梨克也・坂井田瑠衣・益川弘如・小野哲雄・長滝祥司

4　心をとらえるフレームワークの展開　　　横澤一彦（編）

統合的認知，プロジェクション，予測的符号化，圏論，記号創発システム，脳型 AI 開発など，認知の本質に迫る新たな潮流を示す

〈執筆者〉横澤一彦・鈴木宏昭・大平英樹・乾敏郎・布山美慕・西郷甲矢人・谷口忠大・山川宏